現代社会論　社会学で探る私たちの生き方

CONTEMPORARY SOCIETY

編・本田由紀

有斐閣ストゥディア

はしがき

　私たちは，それを意識するかしないか，好きかいやかにかかわらず，「社会」の中で生きている。「社会」とは何かについてはあまりにもさまざまな議論があるが，ここでは簡略に，「人々の相互作用から生み出され，逆に人々の相互作用を生み出す，行為と意味の選択肢の全体集合」と考えることにする。

　私たちがどうふるまい，何を考えるかは，「社会」の中に散らばる選択肢の構造によって水路づけられている。「社会」全体の中には，いくつもの別々の部分——「経済」「政治」「教育」といった特定の意味のかたまり——があり，個人の立場やもっている資源によって，見える選択肢・選べる選択肢の範囲や内容には違いがある。さらに，さまざまな選択肢のどれを個人が選ぶかという確率が変わってくれば，選択肢の分布構造は時間とともに変化するし，新たな選択肢が生み出されたりもする。

　しかも，個人——そこには社会学者も含まれる——にとって，選択肢の分布構造のすべてを，はっきりと見渡すことはできない。だから，何かの出来事や個人の行為は，表面的な現象としては，偶然に起こっていたり，例外的なことのように見えたりする。でも実際には，私たちはこうした「社会」から切り離されて，完全に「自由に」生きることは不可能なのだ。

　社会学とは，このような「社会」の複雑なありようを，多様な角度から，多様な手法や理論・概念を使って，できる限り包括的に把握しようとする学問である。それはしばしば「謎解き」の形をとる。何が起こっているのかを指摘し，その背景に何があるのか，人々にとっての選択肢の構造がどうなっているのかを，「社会」という観点から解明しようと努めることに，社会学の使命がある。

　本書の目的は，このような社会学の考え方を，現代社会の諸事象に適用することにより，私たちが埋め込まれている「今」，すなわち私たちを取り囲む選択肢の布置状況やその変化について，理解を深めることにある。

　現代社会とはいかなる社会なのかということについて，社会学はすでにさまざまな概念を使って論じてきた。ポスト近代化，リスク社会，個人化，グローバル化，新自由主義，管理社会……。これらについて解説した書籍や論文はす

でに数多くあるため，本書ではそれをなぞることはしない。ただ，これらの言葉が表現している「現代社会」の特徴を，ごくおおまかにまとめておくならば，それは総じて，人々がばらばらで流動的になり，生活や仕事の不安定さや，厳しい競争や，冷酷な排除や，巧妙な飼いならしが，ますます強化されているような状況だといえるだろう。確かに，それらに当てはまるような事態はそこかしこで起きており，私たちの生活実感からしても，現代社会はこれらの諸概念で説明できてしまうように感じられるかもしれない。

でも，本書が試みたいのは，何らかの大きな概念で現代社会を説明することではなく，今の社会に生きる人々に覆いかぶさっている選択肢の構造とその変化の一端を，できるだけきめ細かくすくいとることである。もちろん，本書で取り上げることができているテーマはごく限られており，また多様な人々の個別の「生」に寄り添うには，私たちが使えているデータ・資料は粗すぎる網であろうという不安はある。しかしそれでも，本書が，時に私たちを閉じ込めているように感じられる選択肢の偶然性や不合理さへの気づきや，新たなよりよい選択肢を作り出すことに，少しでもつながってほしい，と思う。

そして，そのような営みこそが，社会学をするということだと考える。「社会」の現実を，可能な限りさまざまな手段を通じて，可能な限りさまざまな角度から把握し，同時にそれらを見つめている自らの視線をも常に吟味し続け，「社会」と自分について「他の可能性」を不断に探っていく営みが，社会学の核心である。読者のみなさんも，その終わりなき作業に加わってくれるとうれしい。

2015 年 5 月

本田 由紀

執筆者紹介

本田 由紀（ほんだ ゆき） 編者，第 1, 8 章
現在，東京大学大学院教育学研究科教授
〈主要著作〉『多元化する「能力」と日本社会――ハイパー・メリトクラシー化のなかで』NTT 出版，2005 年。『社会を結びなおす――教育・仕事・家族の連携へ』岩波ブックレット，2014 年。

堤 孝晃（つつみ たかあき） 第 2 章
現在，東京成徳大学人文学部准教授
〈主要著作〉「『能力観』の区別から普遍性を問い直す――教師の『学力観』を参照点として」本田由紀編『労働再審① 転換期の労働と〈能力〉』大月書店，2010 年。（山口毅と共著）「教育と生存権の境界問題」広田照幸・宮寺晃夫編『教育システムと社会――その理論的検討』世織書房，2014 年。

中川 宗人（なかがわ むねと） 第 3 章
現在，東京大学大学院教育学研究科特任研究員
〈主要著作〉「会社と個人の関係をめぐる反省――1970～2000 年代の『会社人間論』に着目して」『年報社会学論集』24，2011 年。「学歴主義の戦前と戦後」橋本健二編『戦後日本社会の誕生』弘文堂，2015 年。

鈴木 翔（すずき しょう） 第 4 章
現在，秋田大学大学院理工学研究科講師
〈主要著作〉『教室内（スクール）カースト』光文社新書，2012 年。「なぜいじめは止められないのか？――中高生の社会的勢力の構造に着目して」『教育社会学研究』96，2015 年。

久保田 裕之（くぼた ひろゆき） 第 5 章
現在，日本大学文理学部社会学科教授
〈主要著作〉『他人と暮らす若者たち』集英社新書，2009 年。「若者の自立／自律と共同性の創造――シェアハウジング」牟田和恵編『家族を超える社会学』新曜社，2009 年。

御旅屋 達（おたや さとし）　　　　　　　　　　　　　　第6章
　現在，山口学芸大学教育学部講師
　〈主要著作〉（喜始宣照・堀有喜衣・筒井美紀と共著）「横浜市の就労支援政策」筒井美紀・櫻井純理・本田由紀編『就労支援を問い直す——自治体と地域の取り組み』勁草書房，2014年。「子ども・若者をめぐる社会問題としての『居場所のなさ』——新聞記事における『居場所』言説の分析から」『年報社会学論集』25，2012年。

相良　翔（さがら　しょう）　　　　　　　　　　　　　　第7章
　現在，埼玉県立大学保健医療福祉学部社会福祉子ども学科助教
　〈主要著作〉「ダルクにおける薬物依存からの回復に関する社会学的考察——『今日一日』に焦点をおいて」『福祉社会学研究』10，2013年。「薬物依存からの『回復』に向けた契機としての『スリップ』——ダルク在所者へのインタビュー調査から」『保健医療社会学』25（2），2015年。

目　次

はしがき ………………………………………………………… i

執筆者紹介 ……………………………………………………… iii

CHAPTER 1　言　説　　　　　　　　　　　　　　　　　1
現代社会を映し出す鏡

1　「格差」の中での「負け組」 ………………………… 2
　　「格差」というキーワード（2）　何をめぐる「格差」か（3）　「親密さ」の貧困（5）　「身近な人たち」の重要性（7）

2　絡まり合うリアルとバーチャル ……………………… 8
　　インターネットの帝国（8）　現実の〈多孔化〉（11）　二次元という「癒し」（12）

3　「何か」への憎悪（ヘイト） ………………………… 15
　　宛先を求めてさまよう不全感（15）　攻撃の自己目的化（17）

4　不可視な「社会」と自分──「陳腐さ」という悲劇 ……… 20

　　Column ❶　〈虚構の現実化〉と〈現実の虚構化〉　14

CHAPTER 2　能　力　　　　　　　　　　　　　　　　　25
不完全な学歴社会に見る個人と社会

1　事件の責任は誰にあったのか？ ……………………… 26
　　事件のあらまし（26）　責任の所在をめぐる4つの立場（26）　議論の構造（28）

2　能力主義と学校教育──学歴社会の正しさ ………… 30
　　能力主義という近代社会の理想（30）　学校教育の機能：社会化／選抜・配分（31）　理想的な「学歴社会」（32）

3　適正な選抜・配分の不可能性 ………………………… 33
　　筆記試験の公平さ（33）　不正防止の難しさ（34）　正確な測定の不可能性（34）　測定すべき「能力」の内容（35）　公平性と内容のトレードオフ（38）

4　適正な社会化の不可能性 ……………………………… 41

親負担主義（41） 18歳主義（43） 卒業主義（44） Xの置かれた日本的環境（45）

5 事件の責任は誰にあるか／あるべきか？ ………………… 45
因果関係と責任（46） 責任と「能力」（47） 「能力」概念の曖昧さ（48） 「能力」の評価でつながる人間と社会（50） 「あなたの社会」を考える（51）

> **Column ❷** 「能力」と遺伝の関係　48

CHAPTER 3 仕 事　53
組織と個人の関係から考える

1 組織社会の誕生 ………………………………………………… 55
自由な個人としての私たち（55）　組織社会としての現代社会（56）　組織社会以前の仕事（57）　組織社会以降の仕事（57）

2 組織とは何だろうか？ ………………………………………… 59
公式組織／非公式組織の成り立ち（59）　成員資格の形成（60）　成員資格のメカニズムと組織の力（60）　個人の自由と労働市場の条件（61）　組織を考える視点から，日本的雇用システムを考える視点へ（62）

3 日本的雇用システムとは何だろうか？ ……………………… 63
日本的雇用システムとは（63）　日本の特異性はどこにあるか？（63）　会社身分制としての日本的雇用システム（66）

4 日本的雇用システムのゆらぎ ………………………………… 67
未曾有の不況（67）　組織の外部への排除：無業者層の増加（68）　組織の周辺への分断：雇用の多様化・非正規化（70）　組織の内部：雇用の劣化（71）　日本的組織社会の風景（73）

5 会社と向き合うために ………………………………………… 73

> **Column ❸** 「ブラック企業」問題　74

CHAPTER 4 友 だ ち　79
「友だち地獄」が生まれたわけ

1 「友だち」のあり方は社会的に規定される ………………… 80
中高生の「友だち」関係は変わってしまったのか？（80）　「友だち」が多い日本の若者（81）　「友だち」は学校で作られる（82）

2 学校は「友だち」地獄を生み出す ………………………… 85
　　協調性が重視され，閉鎖性が高い学校空間（85）　「優しい関係」
　　が生み出す「友だち地獄」（86）　曖昧で不透明な「友だち」（88）

3 学校がもたらす「友だち」関係の負の側面 ………………… 89
　　学校の人間関係が生み出す「いじめ」と「スクールカースト」
　　（89）　ヨコナラビの関係性からタテナラビの関係性へ（91）

4 「自分らしさ」と複数の「キャラ」の両立 ………………… 92
　　「自分」は複数あっていい（92）　友人関係は演技によって維持さ
　　れている（93）　タイムラインは「友だち」関係を変化させる
　　（94）

5 答え合わせと解説 …………………………………………… 95

6 友だちのルールは変えられる ……………………………… 99

　　Column ❹　親しさをコントロールできる「友だち」　90

CHAPTER 5　家　族　103
なぜ少子高齢社会が問題となるのか

1 「少子化」——減りゆく子どもと変わりゆく家族 ………… 104
　　社会問題としての「少子化」（104）　未婚化・晩婚化とその背景
　　（107）　少子化対策は結婚支援から？（109）

2 「婚活」——結婚はお金？　それとも愛情？ ……………… 111
　　日本における結婚の歴史（111）　恋愛結婚の時代と「婚活」の台
　　頭（112）　結婚の不安定化（115）

3 「近代家族」——孤立する家族と子育ての困難 …………… 116
　　「近代家族」と家族の愛情（116）　家族の孤立と「マイホーム主
　　義」（117）　イクメンの理想と現実（118）　子育ては誰の責務なの
　　か？（120）

4 「家族難民」——家族を超えるセーフティネットは可能か？ ……… 120
　　家族からこぼれ落ちる人々（120）　家族だけで高齢期を支えられ
　　るのか？（123）　「家族からの疎外」と「家族への疎外」（124）
　　家族を超える共同生活の試み（125）

5 子育てと共同生活の再編へ ………………………………… 127

　　Column ❺　ジェンダー　118

CHAPTER 6　居場所　131
個人と空間の現代的関係

1　"どんな人にも「居場所」"がある東京 …………………… 132
東京には「居場所」がない!?（132）　「居場所」とは？（133）

2　「居場所のなさ」と生きづらさ …………………………… 134
生き方の変化と「居場所」（135）　文化的目標化する「居場所」（136）

3　「居場所」化する社会 …………………………………… 138
職場という「居場所」（138）　自立支援化する「居場所」／「居場所」化する自立支援（140）　「居場所」化する社会運動／社会運動化する「居場所」（142）

4　地元は「居場所」の終着地点か？ ……………………… 144
空間性の差異の縮小と地元志向（144）　日本中が「居場所」になる（146）　地元つながりという財産（147）

5　「居場所がある」ことと「居場所がない」こと ………… 151

> Column ❻　人と人のつながりは個人の財産？ 社会の財産？　150

CHAPTER 7　排　除　155
犯罪からの社会復帰をめぐって

1　「元犯罪者の社会復帰」から見る「社会」 ……………… 156
「社会」と「自分」のあり方を見つめるために（156）　「あした，どうしよう。あさって，どうしよう」の本当の底辺よりマシ？（156）

2　社会的なバリアの存在？——統計から見る「元犯罪者の社会復帰」… 159
犯罪件数は増えている？減っている？（159）　問題は再犯者！（161）

3　「元犯罪者の社会復帰」が成功するには何が必要か？ ……… 162
住居と就労（162）　どうやって「犯罪者」になるのか？（165）　どうやって「元犯罪者」になるのか？（166）

4　「元犯罪者の社会復帰」の現状 ………………………… 167
元犯罪者の就労は困難か？（167）　元犯罪者はどんな仕事に就くのか？（169）　元犯罪者は他者とどのような関係になりやすいのか？（170）

5 「ふさわしい場所」で生きていく　……………………………… 171
　　Xさんのその後（171）　元犯罪者の「ふさわしい場所」とは？（173）

> Column ❼　デュルケムの犯罪観　158
> 　　　　❽　保護観察制度　162

CHAPTER 8　分　断　179
社会はどこに向かうのか

1 世界の中での日本　………………………………………………… 180
　　日本の人々の閉塞感（180）　「失われた20年」（181）

2 独特な「近代化」プロセス　……………………………………… 182
　　「半圧縮近代」という経緯（182）　「戦後日本型循環モデル」の成立・深化そして破綻（184）

3 世代間の価値観の接近，現実の乖離　…………………………… 185
　　各世代が生きてきた時代（185）　自由と平等の実現に向かっているのか？（186）　保守化する若者？（190）

4 世代を貫くさまざまな分断線　…………………………………… 190
　　性別に囚われた人生（190）　男性の中で高まる無力感（192）　階層と地域（193）

5 閉塞と分断を覆い隠す言葉　……………………………………… 198

6 現在を超えて，その向こうへ　…………………………………… 200

> Column ❾　連鎖する貧困　197

事項索引　…………………………………………………………………… 203
人名索引　…………………………………………………………………… 208

本文イラスト：こぴょ

本書のコピー，スキャン，デジタル化等の無断複製は著作権法上での例外を
除き禁じられています。本書を代行業者等の第三者に依頼してスキャンや
デジタル化することは，たとえ個人や家庭内での利用でも著作権法違反です。

CHAPTER

第 1 章

言　説

現代社会を映し出す鏡

　動機について申し上げます。一連の事件を起こす以前から，自分の人生は汚くて醜くて無惨であると感じていました。それは挽回の可能性が全くないとも認識していました。そして自殺という手段をもって社会から退場したいと思っていました。痛みに苦しむ回復の見込みのない病人を苦痛から解放させるために死なせることを安楽死と言います。自分に当てはめますと，人生の駄目さに苦しみ挽回する見込みのない負け組の底辺が，苦痛から解放されたくて自殺しようとしていたというのが，適切な説明かと思います。自分はこれを「社会的安楽死」と命名していました。（中略）

　いわゆる「負け組」に属する人間が，成功者に対する妬みを動機に犯罪に走るという類型の事件は，ひょっとしたら今後の日本で頻発するかもしれません。グローバル経済体制の拡大により，一億総中流の意識が崩壊し，国民の間の格差が明確化して久しい昨今です。日本は東西冷戦下の高度成長期のようなケインズ型の経済政策を採用する体制にはもう戻れないでしょう。格差が開こうとも底辺がネトウヨ化しようとも，ネオリベ的な経済・社会政策は次々と施行されるのです。現在の刑事裁判で最も悪質な動機とされるのは利欲目的です。自分と致しましては，この裁判で検察に「成功者の足を引っ張ろうという動機は利欲目的と同等かそれ以上に悪質」という論理を用いて，自分を断罪して頂きたいのです。

（出所）　渡邊（2014: 159, 168）。

INTRODUCTION

　この，自己否定と自己愛が絡み合ってあふれ出しているような，異様な語り（＝「言説」）はいったい何だろう。そして，このような言説を生み出す現代社会とは，どのような空間なのだろうか。

　冒頭の引用は，人気マンガ『黒子のバスケ』の作者の出身校やイベント会場，タイアップ商品を扱う店舗などに対して，2012 年から 2013 年にかけて執拗に脅迫を繰り返していた犯人（ここでは"W"と呼ぶ）が，2013 年 12 月に逮捕されたのちの初公判（2014 年 3 月 13 日）で行った被告人意見陳述からの抜粋である。

　もちろん，誰もが W のような事件を起こすわけではない。しかし，ある特異な事件を起こした者が自分と周囲をどのように考えるか，そして事件について述べる「**動機の語彙**」には，その人間が生きている「社会」のあり方が反映されている。だからこそ，1960 年代の連続殺人犯の永山則夫，1980 年代の連続幼女誘拐殺人犯の宮崎勤，2008 年の秋葉原通り魔殺人犯の加藤智大など，各時期の重大事件とその犯人像は，社会学の分析対象として，繰り返し取り上げられてきた（見田 2008，大澤 2008，中島 2011 など）。

　なかでも，W の饒舌な独白は，日本社会のさまざまな現実を多面的にすくいとって表現している点で，過去の大きな事件と並ぶ貴重な素材となる。それゆえ本章では，W の言説という拡大鏡を通して，その向こうにある現代社会が，いかなる特徴を備えるにいたっているのかを読み解いてみたい。主な論点は，格差，親密性，リアル／バーチャル，憎悪，不可視性，である。

1　「格差」の中での「負け組」

「格差」というキーワード

　冒頭の引用の中には，「格差」という言葉と，「負け組」という言葉が，それぞれ 2 回ずつ登場している。また引用した部分以外の陳述には，W 自ら「自分はこの事件の犯罪類型を『人生格差犯罪』と命名していました」（渡邊 2014: 159）という文言もあり，「格差」という言葉は陳述全体で合計 4 回使われている。少なくとも W の主観にとって，現代社会は「グローバル経済体制」や

---

keyword

動機の語彙　アメリカの社会学者ライト・ミルズ（訳書 1971）の概念。人が自分の行動の動機を説明するとき，その説明は「真の動機」というよりも社会の中に流通している「それらしい動機」のメニューから選び取られる。

「ネオリベ的な経済・社会政策」によって「国民の間の格差が明確化」した社会であり，その中でWは自分を「負け組」であると認識していることは間違いない。「『黒子のバスケ』が自分の人生の駄目さを自分に突きつけて来る存在でしたので，それに自分が満足出来るダメージを与えることで自分を罰する『何か』に一矢報いたかのような気分になりたかったのです」(同書：162)と考えたことが，犯行の直接の動機であるとWは述懐している。

　この「格差」というキーワードは，すでに1980年代から日本社会を記述する言葉としてしばしば用いられるようになっており，たとえば1985年刊の小沢雅子『新「階層消費」の時代——消費市場をとらえるニューコンセプト』(日本経済新聞社)は，「一億総中流社会」「平等社会」といわれていた戦後日本の終焉を指摘していた。しかし，「格差」の実感と言葉が日本社会に広がったのは，1990年代初頭にバブル経済が崩壊して以後の長期不況下，とくに90年代後半からである。所得格差，学力格差，地域格差などさまざまな事柄をめぐる「格差」の実態や要因を分析・議論する書籍・論文・記事が，前世紀末から今世紀はじめにかけておびただしく生み出されてきた。なかでも，2004年に刊行されベストセラーとなった山田昌弘『希望格差社会——「負け組」の絶望感が日本を引き裂く』(筑摩書房)は，そのタイトルが示しているように，社会と自分に対するWの認識ときわめて重なる内容であった。

　Wは逮捕時の年齢が36歳であり，1977年生まれである。1997年から2007年にかけて，ちょうど「格差」問題が日本で非常な盛り上がりを見せていた時期が，Wが20代の年齢であった時期と合致する。「格差」の中で自分が「負け組」であるというWの認識は，時代の言説状況から強烈に影響されていたことは容易に推測できる。

何をめぐる「格差」か

　ただし，上記のように，「格差」といっても，何についての「格差」なのかは非常に多様でありうる。では，Wにとっての「格差」の内実は何であったか。まず，Wが収入や仕事といった物質的な生活基盤の面で，「格差」の下層に位置づいていたことが確認できる。Wは陳述の中で，「自分のこれまでの人生での総収入額は1000万円に満たないです。年収が200万円を超えたことは

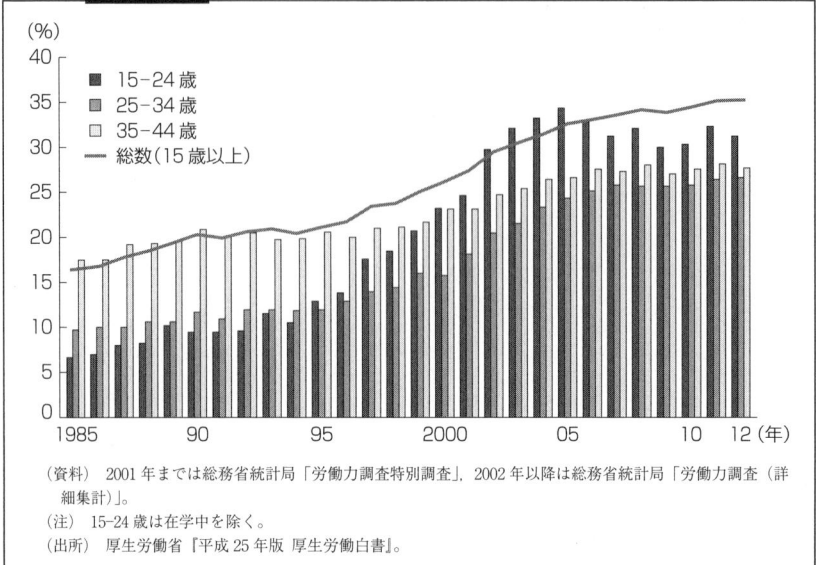

図 1.1　年齢階級別非正規雇用比率の推移

（資料）　2001 年までは総務省統計局「労働力調査特別調査」，2002 年以降は総務省統計局「労働力調査（詳細集計）」。
（注）　15-24 歳は在学中を除く。
（出所）　厚生労働省『平成 25 年版 厚生労働白書』。

一度もありません。月収が 20 万円を超えたことも数回しかないです」（渡邊 2014: 164-65）「そもそもまともに就職したことがなく，逮捕前の仕事も日雇い派遣でした」（同書: 170）と述べている。

　周知のように，日本ではバブル経済の崩壊以降，景気低迷とデフレ経済の深化のもとで，所得水準の低下と雇用の非正規化が著しく進んだ（→第 3 章）。それ以前の日本では，非正規雇用は主婦パートや学生アルバイトなど，就労以外に主たる役割をもつ人々が補助的な収入を得るためのものであり，新規に教育機関を卒業した若者はもっとも正規雇用の職に就きやすい恵まれた層であった。しかし 1990 年代半ば以降，新規学卒者をはじめ若者の中にも，非正規雇用や失業・無業の状況にならざるをえない人々が増加した（図 1.1）。彼らを言い表す「フリーター」や「ニート」という新造語は，そうした雇用構造の変容の原因を若者自身の就労意欲の低下などに求める議論の中で，盛んに使われていた。

　非正規雇用はパート・アルバイト，派遣社員，契約社員など多様な形態をとるが，いずれも有期雇用で不安定であること，正規雇用に比べて賃金が低いこと，教育訓練機会も限定的であるためスキルを身につけにくいことなどが問題視されてきた。しかし，それとは逆に安定的で高賃金であるとされてきた正規

雇用も，とくに今世紀に入ってから，長時間労働や賃金水準の低下，職場におけるハラスメントなど，労働条件の劣悪化が指摘されるようになっている。2010年頃から若者の間に普及し2013年には流行語大賞の1つにも選ばれた「ブラック企業」という言葉は，正規雇用の中にも過酷な働き方が広がっていることを象徴している。こうした非正規・正規いずれにも及ぶ労働市場の「荒れ」は，もはや「格差」にとどまらず，時に生命の危機すらもたらす「貧困」の問題を顕在化させている。

　このような，バブル経済後の「失われた20年間」に深刻化した仕事と収入の問題に，Wの経歴も直撃されている。2002年から2008年の「いざなぎ越え」と呼ばれる景気回復期に，Wはすでに20代後半であり，その頃の新規学卒者が享受していた就職機会の拡大の恩恵にはあずかれなかった。自分より数歳年下の年齢層が，就労に関してより有利だったことは，Wの不遇感を掻き立てる方向に作用していただろう。

　すなわち，Wにとっての「格差」の中には，仕事や収入に関する側面が含まれていたことは確かであると考えられる。しかし，このことだけではWにとっての主観的な「格差」の一端しか説明したことにならない。Wの陳述全体の中で，こうした物質的な格差や困窮に触れられている部分はごく少なく，力点も置かれていない。では，それと同等か，おそらくそれ以上に，Wを苦しめWの「負け組」意識の根源となっていたのは，どのような「格差」か。

「親密さ」の貧困

　本章冒頭の引用にあるように，Wは「自分の人生は汚くて醜くて無惨である」と感じていた。その理由についての説明が，以下の部分にある。

　　自分が初めて自殺を考え始めてから今年がちょうど30年目に当たります。小学校に入学して間もなく自殺することを考えました。原因は学校でのいじめです。自分はピカピカの1年生ではなくボロボロの1年生でした。この経緯についてここで申し上げても詮ないので，詳細については省略します。自分を罰し続けた何かとは，この時にいじめっ子とまともに対応してくれなかった両親や担任教師によって自分の心にはめられた枷のような

ものではないかと，今さらながら分析しています。(同書：161-62).

　ここでは，Wの「負け組」意識を形づくる重要な要素の1つが，幼い頃から，学校の同級生，両親，担任教師といった身近な他者に，存在そのものを否定されるような扱いを受けてきたことであったと述べられている。両親については，「母親から『お前は汚い顔だ』と言われ，26年前に『聖闘士星矢』のテレビアニメを見たいとお願いして父親に殴り飛ばされ」(同書：160)という具体的な記述もある。さらにWは，「他の親族とも疎遠で全くつき合いはありません。もちろん友人は全くいません」(同書：170)，「恋人いない歴＝童貞歴＝年齢です」(同書：170)とも述べている。これらの記述から，Wが他者と互いに肯定し合う親密な関係性の中にいないということはおそらく確実であろう。

　Wがなぜ学校でいじめを受け，両親とも疎隔であり，孤立状態にあったのかについて，事情は詳細にはわからない。ただし，「31年前に同性愛に目覚め」(同書：160)と述べられているように，Wが性的マイノリティであったことは，今なお差別意識が色濃い日本社会において，Wを関係性から疎外する一因であったであろうと推測される。

　こうした親密な関係性の欠落についてWは，「無用な人間関係がないことを清々しいとすら思っています」(同書：171)と，自分にとってダメージではないことを強調してみせているのだが，それとは相反する感情が，以下に引用する部分には露呈している。

　　自分は現在は留置所で寝泊まりしております。他の被留置者と仲良く話をしたりもできました。自分が人とまともに長く会話をしたのは本当に久しぶりです。少なくとも過去10年にはありません。若い被留置者と話していて「こんなにかわいい弟がいれば，自分はやらかしていなかったろうな」とか「こんなに明るくて，カッコ良くて，ノリの良い友人が子供の頃にいたら，自分の人生も違っていたろうな」などと感じました。自分の人間関係は逮捕前より充実しています。(同書：168-69)

　Wは，それまでの人生においてほとんど得ることができなかった，他者と

の良好な関係を，留置所においてようやく経験することができた。それさえあれば事件を起こしていなかったと思えるほどに，他者と承認し合える「親密な関係」は，Wにとって重要な意味をもっていたのである。

「身近な人たち」の重要性

この点で，Wは同時代の多くの人々と比べて例外ではない。先述したように，1990年代以降の経済的低迷の中で，豊かさや安定の獲得といった，それまで重視されていた価値や目標に陰りが濃くなってきた際に，それに代わるものとしてせり上がってきたのが，「身近な人たち」の重要性であった。図1.2が示しているように，高度経済成長期の終盤である1973年には，「しっかりと計画をたてて，豊かな生活を築く」ことを生活目標とする者の比率は「身近な人たちと，なごやかな毎日を送る」を上回っていたが，前者はその後に減少を遂げ，後者は一貫して増加して，2008年時点では倍ほどもポイント差が開いている。「身近な人たち」の中でもとくに「家族」は，他に頼りになるものが失われていくにつれ，あたかも最後の拠り所であるかのように，近年になるほど存在感を増している（図1.3）（→第5章）。そして家族だけでなく「友だ

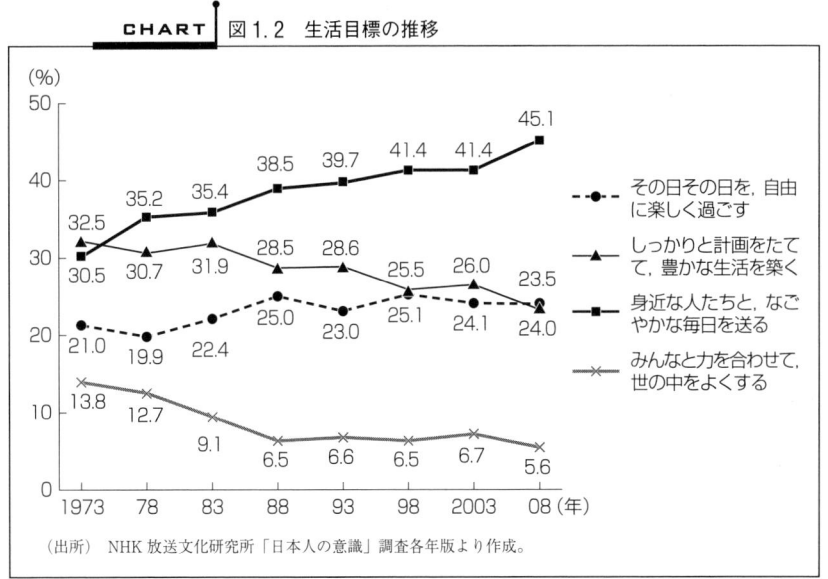

CHART 図1.2 生活目標の推移

（出所）NHK放送文化研究所「日本人の意識」調査各年版より作成。

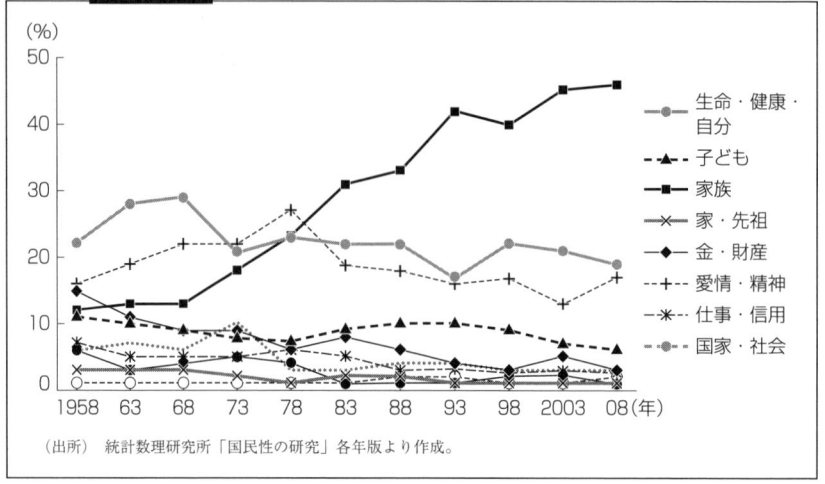

図1.3 「一番大切なもの」の推移
（出所）統計数理研究所「国民性の研究」各年版より作成。

ち」もまた，不安定な仕事や生活でも「何とかやっていく」うえで，あるいは「地元」にとどまって生き続けるうえで，不可欠な資源となっていることについて，若者を対象とする調査研究では多くの指摘がある（中西・高山編 2009，乾編 2013 など）（→第6章）。

これほどに「親密な関係」が重要化した社会では，そうした関係をもてないことのダメージも増大するのであり，それがWの「負け組」意識の重要な要素であったと考えられる。ただし，「親密な関係」をもてている層であっても，それを失わないように維持するためのさまざまな負担——たとえば後述する新たなコミュニケーション・ツールにおける「即レス」や「既読スルー」などの圧迫——が増幅する。偶発性に満ちた他者との関係が支配する現代とは，不安と不透明さの立ち込める時代でもあるのである（→第4章）。

2 絡まり合うリアルとバーチャル

インターネットの帝国

ここで忘れてはならないのが，他者との関係は，生身の人間と物理的に対面するリアルな世界のみならず，何らかの媒体（メディア）を介したバーチャル

な世界にも求められうるということである。とくに，Wのようにリアルな対人関係が希薄である者にとって，近年ほどアクセスや発信がますます容易になっている後者の世界は，もう1つの住処として大きな意味をもっていた。あるいはWにとって，いわばバーチャルな世界こそがリアルな世界よりもいっそうリアルであったという逆説が，その陳述からはうかがい知れる。

　Wの陳述には，そうしたバーチャルな世界への言及が繰り返し見られる。その1つの側面は，インターネットへの執着である。「ここ10年くらい自分は重度のネット依存症状態でした」(同書：170)という述懐にも，それが表れている。そしてWは自分が起こした犯罪や自分自身がネット上でどのように論じられているかを，非常に気にしている。それは，「ネット上では『喪服（引用者注：Wは脅迫文を送る際などに「喪服の死神」と自称していた）は恐い刑事さんからきつい取り調べを受けて涙目になっているんだろうな。ざまあwwww』などと言われているかと思いますが，そのようなことは全くありません」(同書：158)，「ネット上などに流れた『黒子のバスケ』の熱狂的ファンによるファン感情の暴走による犯行説は全く間違いです」(同書：160)といったように，ネットに出回っている自分の情報の中で間違っている点を執拗に修正していることからもわかる。また陳述では，「魔法使い」(同書：170)（恋人がいた経験がない人のこと），「無敵の人」(同書：171)（失うものがないため犯罪に心理的抵抗がない人のこと）といった数多くのネットスラングが，自分自身を形容するために用いられてもいる。これらの点から，Wはインターネット空間に没入した生活を送っていたことが推測できる。

　先に見た「親密な関係」の重要性と同様に，インターネットへの没入も，Wが例外であるわけではない。総務省の『平成25年版 情報通信白書』によれば，インターネットの人口普及率は2002年には57.8％であったものが2012年には79.5％にまで上昇しており，13歳～49歳では90％を超えている。図1.4は，2012年時点でインターネットのどのような機能やサービスを利用しているかを世代別に示している。40代以下と50代，50代と60代の間に断層がみられ，40代以下では商品・サービスの購入やホームページ・ブログの閲覧などが高い比率になっている。40代以下の年齢層では，すでにインターネットは日常生活の一部になっているといえる。このような状況は，ここ20年間に

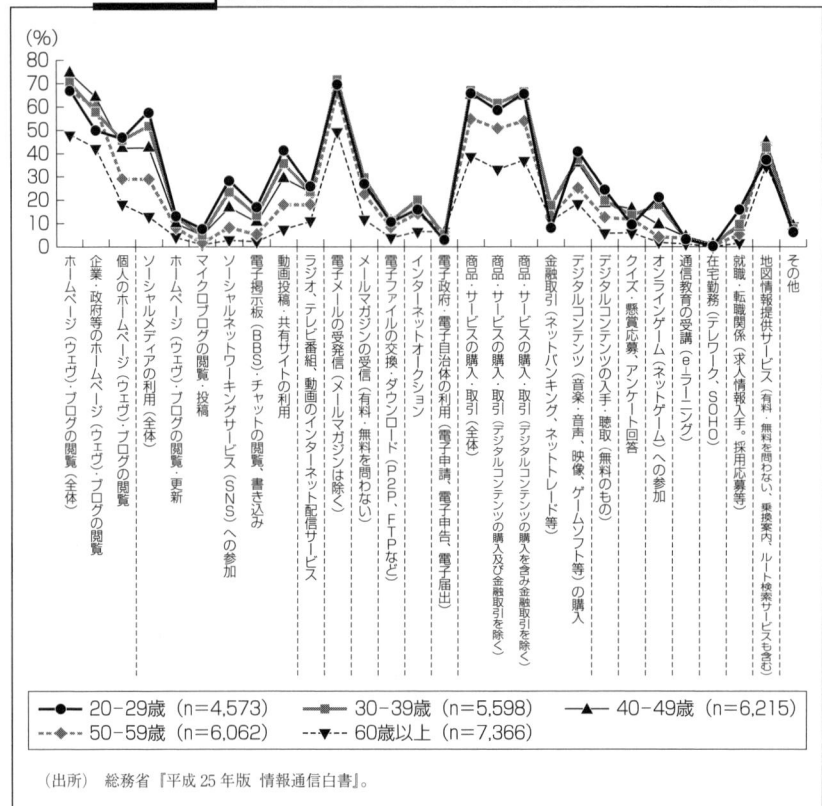

図1.4 世代別インターネット利用の機能・サービス（成人）

（出所）総務省『平成25年版 情報通信白書』。

急激に進行したものであり，日本のみならず世界にとっても未曾有といっていい出来事である。

インターネットにアクセスするためのツールにも，大きな変化が見られる。同白書において，2012年末時点の端末別のインターネット利用状況は，「自宅のパソコン」が59.5％と最多であり，続いて「携帯電話」（42.8％），「自宅以外のパソコン」（34.1％），「スマートフォン」（31.4％）となっており，年齢計ではいまだパソコンが主となっている。しかし，若年層では携帯電話やスマートフォンによるインターネット利用の伸びが顕著である。内閣府の「平成25年度青少年のインターネット利用環境実態調査」によれば，2010年度から2013年度の間に，中学生のスマートフォン所有率は2.6％から47.4％へ，高校生では3.9％から82.8％へと著しく増加している。小中高生の中で携帯電話・スマー

トフォンを所有する者がそれらを通じてインターネットを利用する時間（平日）は，2009年度には77.5分であったものが2013年度には107.4分にまで伸びており，スマートフォンに限定すれば132.6分に達している。携帯・スマートフォンによるインターネット利用時間は高校生では2時間以上が過半数，3時間以上が3人に1人となっており（平均134.3分），とくに女子ではそれぞれ6割・4割（平均156.1分）を占める。

現実の〈多孔化〉

使用できる場所が固定されているパソコンとは異なり，携帯電話や，とくに機能が豊富なスマートフォンの場合，インターネットは個人がどのような場所にいても影のように身体につきまとう。それは現実空間をいつでもどこでも侵食してくるのであり，それによってリアルな世界の意味をも変質させる。鈴木謙介はこのような事態を「現実の〈多孔化〉」と呼んでいる。すなわち，「いまや現実空間はメディアを通じて複数の期待が寄せられる多孔的なものになっており，また同じ空間にいる人どうしがその場所の意味を共有せずに共在するという点で，空間的現実の非特権化が起きているのである」（鈴木 2013: 137）。こうした現状のもとで，Wにとってはインターネットの世界がもっとも重要な

自己確認の場となっていた。
　そこは，Wが愛着を寄せる対象と，唯一接点をもてる場所でもあったことが，次の部分で述べられている。

　　　逮捕の3カ月くらい前から自分は36歳にして，生まれて初めて芸能人が好きになりました。自分は同性愛者ですから，もちろん男性です。好きになったのは男性のグループです。逮捕前はそのグループについて書かれたブログに日参していましたし，情報を得るために新たに言語を習得しようかと思ったくらいでした。身柄を確保された瞬間も，スマートホンを使って，そのグループの曲を聞いていました。逮捕された直後は「俺の嫁の一重王子にもう会えないし，曲も聞けないし，活動の情報も追っかけられないのか」とか「あの人たちの惑星の住人になりたかった」などと思って悲しくなりましたが，心の中でお別れを済ましましたので，今はどうでもいいです。（渡邊 2014: 169-70）

　インターネットという宇宙の中で，「あの人たちの惑星」を追い求め続けることが，Wにとってかけがえのない拠り所だったのである。
　このようなインターネットへの没入は，2008年に秋葉原で7人を殺害し10人を負傷させた加藤智大（ともひろ）にも見られた。加藤自身の述懐によれば，事件の直接のきっかけは，加藤がしばしば書き込んでいたインターネット掲示板の加藤のスレッドで「成りすまし」による書き込みがあり，その内容に反発した読者から「荒らし」によってスレッドが攻撃されたことにある。加藤は，「成りすましらが事の重大さに気づき，謝る気になる」ことを目的とし，あらかじめ告知した大事件を実際に起こしてみせた（加藤 2013）。むろんそれは弁護される余地の一切ない行為である。ここで確認すべきは，今世紀を生きる者にとって，インターネットという世界，そこで自分の占める位置というものが，かつてよりもずっと重要性を増しているということである。

二次元という「癒し」

　それに加えて，バーチャルな世界には，インターネットと深く関わりながら

も，一定の独立性をもつ，もう1つの側面が含まれる。それはいわゆる「二次元」の世界，すなわちマンガ・アニメおよびゲームという，「絵」（動画を含む）で表現されたフィクションの世界である。Wが脅迫の対象に選定したのが人気マンガの作者であったということが，何よりもそれを物語っている。詳しくは次節で論じるが，Wは「自分が『手に入れたくて手に入れられなかったもの』について列挙しておきますと，上智大学の学歴，バスケマンガでの成功，ボーイズラブ系二次創作での人気の3つになります」（渡邊 2014: 159）と陳述しており，それらをすべて手に入れている「巨大な相手にせめてもの一太刀を浴びせてやりたい」（同書: 159）ということが，犯行の直接の理由であった。

さらにWは，「ここからは完全に冗談で申し上げますが」と断ったうえで，次のように述べている。

> 自分としては『黒子のバスケ』というコンテンツに対する殺人未遂が，自分に最も相応しい罪ではないかと思います。またマンガ，アニメ，ゲームにおける表現規制推進の根拠に「キャラクターの人権」を挙げる論者もいますから，『黒子のバスケ』の全キャラクターを代表して主人公の黒子テツヤに対する殺人未遂を適用というのもコールドジャップもといクールジャパン政策を推進している日本らしくて面白いかなと思います。確かに自分は黒子テツヤの人権を侵害したと思います。（同書: 167-68）

この「冗談」は，議論を呼ぶことを意図した「釣り」とも解釈できるが，このような「冗談」を思いつくということ自体が，Wにとってフィクションとリアルの間の壁が相当に薄く低いものであったことを示唆している。

「バスケマンガ」「二次創作」における他者の成功を妬んだがゆえの犯罪。繰り返しになるが，現代社会においてここまで濃縮された考え方・感じ方やふるまいが広く観察されるわけではむろんない。それゆえWは特異なケースであるが，その背後には，裾野の広がりと呼んでいいような現象が観察される。

たとえば，「青少年研究会」は，2012年に東京と神戸で16～29歳の若者を対象に実施した「都市住民の生活と意識に関する世代比較調査」を，10年前の2002年の調査結果と比較している（青少年研究会 2013）。それによれば，「テ

> Column❶ 〈虚構の現実化〉と〈現実の虚構化〉
>
> 　リアル（現実）とバーチャル（虚構）の関係について，宮台真司は〈虚構の現実化〉と〈現実の虚構化〉の2種類があるという議論を展開している。筆者自身の解釈を交えて説明するならば，〈虚構の現実化〉とは，現実から虚構への逃避であり，現実の不毛さを無視して虚構の世界に浸り，楽しむことである。他方の〈現実の虚構化〉とは，現実に対して虚構（演出やゲームなど）を持ち込むことにより，現実を充実させることである。宮台によれば，前者の典型が二次元に萌える「オタク」であり，後者の典型が恋愛ゲームに興じる「ナンパ師」であるとされる。そして，1990年代半ばまでは後者のほうが前者よりも価値的に上位であったが，その後この2つは価値的に横並びになり，〈総オタク化〉するとともに，〈社会的文脈の無関連化機能〉という点では同じ作用をもつ，と宮台は述べている。「社会はクソ。俺もクソ。お前もクソ。だからこそクソな現実を，あり得たかもしれない（絶対にあり得ない）想像的世界と併せて，拡張現実的に享受する他ないのです。」（宮台 2014：519）
>
> 　宮台の指摘をふまえて，たとえば「リア充」，「コミケ」，「コスプレ」，「聖地巡礼」，「意識高い系」，「合コン」などの，より今日的な事象を考察することができるだろう。さらには，〈クソ社会〉の〈終わりなき日常〉を生きるために，虚構をどう使いこなすことができるのか，あるいは，〈クソ社会〉の現実を少しでもクソでなくするために，虚構から得られるものはないのか。社会学的な思考の可能性は広がっている。

レビドラマファン」は2002年の12.1%から2012年には5.8%へと減少しているが，「マンガファン」は4.4%から9.4%に，「アニメファン」は1.4%から7.1%に，「テレビゲームファン」は4.0%から7.5%に，いずれも増加している。また，「テレビゲームの登場人物（キャラクター）に思い入れを持ったことがある」比率も，10.1%から20.4%へと倍増している。

　「ファン」の定義は調査結果概要では示されておらず，またどの値もインターネット利用ほどの普及度を示してはいないが，趨勢としては「二次元の世界」は拡張する方向にあるといえるだろう。Wも言及していたように，マンガやアニメのコンテンツ産業が「クールジャパン」と称されて政策的に推進され，いわゆる「萌え絵」が書籍の表紙や官公庁のポスターにも普通に掲載され

るようになり，マンガやアニメに登場した「聖地」の巡礼が観光政策として注目されるといった社会の動向にも，それは表れている。80年代に，新しく出現した異様なマイノリティとして多くは否定的な意味で注目を浴びていた「オタク」は，その後30年の間に「ノーマライゼーション」を遂げ，浅く軽くなりつつ広範囲に普及してきた（辻ほか編 2014）。そこには，「二次元の世界」がもつ，リアル世界の苦しさやつまらなさを容易に忘れさせてくれる機能が関係していることは否定できないだろう。

　以上に見てきたように，インターネットとアニメ・マンガという2つの面でのバーチャルな世界は，現代社会において肉厚さを増しつつ，現実と溶け合い始めている。それはWにとっても，リアルの代替としてのリアリティをもつ世界であった。そこに喜び・楽しみを見いだし，リアル世界を生きていく資源にできるなら，問題は少ないだろう。しかし，バーチャルにおいてすら自分が不遇であり疎外されていると感じたとき，その憎しみは，いくら何を叫んでもつるつると手ごたえのないその世界から溢れ出て，再び本物のリアル世界へと向かうことになる。

3　「何か」への憎悪(ヘイト)

宛先を求めてさまよう不全感

　以上に見てきたように，現代社会においては仕事や賃金などの物質的な生活基盤が不安定化することと並行して，リアル・バーチャルの両世界における他者との関係を獲得できるかどうかが重要性と緊張感を増している。言い換えれば，人々にとって，生活基盤および他者との関係を失うことの脅威や，失うことがもたらす困窮・孤立などのダメージは増大している。このような不安とストレスに満ちた社会状況は，自分を脅かす対象への憎悪の温床となる。重要なのは，その憎悪が，社会全体の構造的な問題点に対してではなく，特定の具体的な集団や個人に向けられがちであるということである。

　図1.5は，『朝日新聞』『毎日新聞』『読売新聞』『産経新聞』の見出しと本文に，「バッシング」と「ヘイトスピーチ」という言葉が登場した回数の推移を

CHART　図1.5　「バッシング」「ヘイトスピーチ」を含む記事数の推移

（出所）日経 goo 新聞記事検索より作成。

示したものである。新聞記事というデータは粗い指標にすぎないが，言説状況のおおまかな変化は把握することができる。図に見られるように，1990年代から現在にかけて，「バッシング」という言葉を含む記事数が，やや変動はありながらも趨勢としては増加しており，加えて2013年には「ヘイトスピーチ」という言葉が急増している。

「バッシング」という言葉が日本で広がったきっかけは，1980年代後半に，日本の対米輸出超過によりアメリカの対日感情が悪化した際に，日本車を破壊するパフォーマンスなどの「ジャパン・バッシング」が生じたことである。その後，バブル経済の崩壊により日本が長期不況に突入してからは，日本国内において，「公務員バッシング」「教員バッシング」「若者バッシング」「生活保護バッシング」など，特定の職業・属性の人々や，芸能人・政治家などの個人に対する批判や攻撃が相次いでいる。他方の「ヘイトスピーチ」は，日本では主に在日韓国・朝鮮人に対して向けられた激しい否定的言説のことであり，2010年頃からは頻発する「ヘイトデモ」などが社会問題化している。Wが陳述内で「自分の両親も祖父母も曾祖父母も日本人です」とあえて強調しているのは，Wは「在日」ではないかという憶測がインターネット上で出回っていることへの反応である。

これらの「バッシング」や「ヘイトスピーチ」においては，その対象に対して，「ずいことをしている」「甘えている」「既得権益をむさぼっている」「無能である」など，多くは道徳的な欠陥を当てはめ，かつその対象が社会全体に

およぶ大きな弊害を生み出している，というロジックが用いられることが多い。ターゲットとされる対象は，従来から差別を受けてきた「社会的弱者」の場合と，社会的位置づけは有利・優位であり何らかの特権性をもつ「社会的強者」の場合のどちらも見られる。しかし後者の場合であっても，その特権性こそが道徳的に許されないものとして貶められ，批判される。

こうした「バッシング」や「ヘイトスピーチ」を主に行っているのはどのような人々なのか。たとえば，排外的な言動の多い「ネット右翼」に関するいくつかの調査研究によれば，それらの担い手はとくに困窮層や若者に偏るわけではなく，中〜高収入層や高学歴者，中年層まで幅広く含まれている（辻 2008, 古谷 2013, 樋口 2014）。つまり，他者への憎悪を抱いているのは，「格差」の中でもっとも厳しい位置にある層だけだと考えるのは間違っている。

では，憎悪の担い手には，収入や学歴，年齢など以外の何らかの特徴は見られないのだろうか。これに関して，部落差別に焦点を当てた阿久澤麻里子の実証研究では，「能力主義・自己責任志向性」，すなわち「差別される人にも問題がある」「競争社会では能力による差別は仕方がない」といった意識が，差別意識と関連していることが指摘されている（阿久澤 2013）。この研究から推測されるのは，個々人が自らの「能力」によって勝ち残ること――筆者の表現では「個人化された能力主義」（本田 2014）――に高い価値を置く人々が，そのようなふるまいをとっていないとみなされる他者に対して，懲罰的な意味で憎悪を向ける状況が，現代の日本では広がっているということである（→第2章）。その背後にあるのは，教育制度の不備（教育費の負担構造および教育内容の意義＝レリバンスの低さ）および社会保障制度の不備という，日本社会の慢性病ともいえる諸問題に，90年代以降の社会変容がかぶさったことによる精神的余裕の喪失であろう（→第8章）。

攻撃の自己目的化

では，こうした憎悪のメカニズムは，Wにも当てはまるのだろうか。第1に，上記のように日本で広く見られる「バッシング」や「ヘイト」は，その対象に内在する欠点を叩くものであるのに対して，Wの場合には憎悪を向ける『黒子のバスケ』の作者に対して欠点ではなくすぐれた点のみを見いだしてい

る点で，通常の「バッシング」や「ヘイト」とは異なっている。「藤巻氏（引用者注：『黒子のバスケ』作者）には全く落ち度はありません。この事実ははっきりとさせておかなくてはならないと思います」（渡邊 2014: 160）。自分よりもすぐれた対象への憎悪は，フリードリヒ・ニーチェが「ルサンチマン」と名づけたものであり，Wにはこれが該当する（ニーチェ 訳書1993）。その点ではWは特徴的だが，第2に，憎悪の矛先が「特定の誰か」に向けられているということについては，Wと「バッシング」や「ヘイト」および他の無差別殺人事件などは共通している。「社会構造」や「社会システム」といった，人々に苦しみをもたらす根源に対して問題意識が向けられることはなく，「特定の誰か」，とくにWの場合は自分との間に勝手な親近性を見いだしていた対象に対して，憎悪が噴出している。そしてWはそのことについてきわめて自覚的でもあるのである。

　以上をWの陳述から確認しよう。先に触れたように，Wは，自分の脅迫行為が向けられた対象とその理由について，まず次のように説明している。すでに引用した部分との重複も含め，やや長くなるが引用する。

　　　自分が「手に入れたくて手に入れられなかったもの」について列挙しておきますと，上智大学の学歴，バスケマンガでの成功，ボーイズラブ系二次創作での人気の3つになります。あと，取り調べでは申し上げませんでしたが，新宿出身というのもあります。（中略）上智大学への自分の執着につきましては，自分が上智大学出身者だけにのみ強烈なコンプレックスを抱くようになったきっかけは，19年前にささやかな屈辱を味わったことに端を発します。バスケマンガと二次創作につきましては，色々な出来事が複雑にリンクしています。31年前に同性愛に目覚め，同じ年に母親から「お前は汚い顔だ」と言われ，26年前に「聖闘士星矢」のテレビアニメを見たいとお願いして父親に殴り飛ばされ，24年前にバスケのユニフォームに対して異常なフェチシズムを抱くようになり，22年前にボーイズラブ系の二次創作同人誌を知ったという積年の経緯があります。また，新宿につきましては，16年前に自殺をしようとしてJR新宿駅周辺を彷徨し，11年前にJR新大久保駅周辺を歩き回ったことがきっかけです。いず

れも昨日今日に端を発することではないのです。自分にとってはとてつもなく切実であったということだけは申し上げさせて下さい。(同書: 159-60)

このようにWは脅迫の対象者と自分との接点，その「切実」さをこまごまと説明する。しかし，そのあとで，さらに次のようにも述べている。

　人生で初めて燃えるほどに頑張れたのが一連の事件だったのです。自分は人生の行き詰まりがいよいよ明確化した年齢になって，自分に対して理不尽な罰を科した「何か」に復讐を遂げて，その後に自分の人生を終わらせたいと無意識に考えていたのです。ただ「何か」の正体が見当もつかず，仕方なく自殺だけをしようと考えていた時に，その「何か」の代わりになるものが見つかってしまったのです。それが『黒子のバスケ』の作者の藤巻氏だったのです。ですから厳密には「自分が欲しかったもの」云々の話は，藤巻氏を標的として定めるきっかけにはなりましたが，動機の全てかと言われると違うのです。(同書: 161)

このように，Wにとって，今回の事件は，自分を苦しめるよくわからない「何か」への攻撃として開始され，繰り返すうちに「燃えるほどに」自己目的化していった行為であったということができる。Wの場合，無差別殺人事件でしばしば犯人が述べる「誰でもよかった」という言葉ほどには，対象選定が偶発的であったわけではない。Wは自らをそれらから差異化することを意図しているようにすら見える。しかしやはり，Wにおいても，核となっていたのは自分の中にある憎悪であり，それが向けられる対象は藁人形的に形骸化していた。この点では，他の「バッシング」や「ヘイト」と変わりはない。自分の中でただ膨らむ憎悪を，特定の誰かに投影しているだけである。現代社会には，このような憎悪が，総量を増しながら，常に対象を探して彷徨っているのである。

4. 不可視な「社会」と自分

▶「陳腐さ」という悲劇

　ここまで本章では，格差，親密性，リアル／バーチャル，憎悪という角度から，Wの陳述を検討してきた。しかし最後にもう1つ付け加えたいことがある。

　数多く引用してきたWの言葉からわかるように，Wは，「社会」をも自分自身をも，すべて見通しているかのようである。評論家たちがこの事件に対して加えそうな解釈や論評のおおかたは，W自身によって先取りして述べられている。「人生格差犯罪」「社会的安楽死」など，この事件へのラベルさえ自ら提供している。自分の動機や心理についても非常に分析的である。あたかも，超越的（メタ）で反省的・再帰的な視線によって，自分の行動や考えと，事件に対する人々の反応を，Wはくまなく把握しているようにさえ見える。

　しかし，そのようなWの饒舌で詳細な陳述は，総体として，きわめて「陳腐」である。その「陳腐さ」とは，第1に，本章で述べてきたようにWが浸されている格差，親密性，リアル／バーチャル，憎悪という現実そのものが，現代社会の多くの人々を巻き込んでいる平凡な事実であるということにあり，第2に，自分と周囲をすべて把握できているようなふるまいと自意識，自分と

周囲を語る言葉づかいそのものが,「2ちゃんねる」を例に出すまでもなく,現代社会において広く見られ,使い古されたものであるということにある。すなわち,Wはこうした「陳腐さ」に閉じ込められたまま,メタにメタを重ねることで,出口のない堂々巡りをしているように映る。Wが自らに見いだしている悲劇よりも,この閉塞性こそが悲劇である。

　Wはいたましい。しかし,私たちはここまでWの言葉を素材として現代社会を透かし見てきたが,その素材が含む「陳腐さ」をなぞるだけにとどまっているわけにはいかない。そのためには,どのようなスタンスが必要になるだろうか。

　本書のはしがきで述べたように,「社会」の全体は把握しきれない。すなわち,「社会」の全体は不可視である。しかも,「社会」は変化する。さらに,自分自身をも自分が把握しきることはできない。すなわち,自分の全体も不可視である。しかも,自分自身も変化する。このような「社会」と自分の不可視性と可変性を認めて,あたかもそれらが可視的・固定的であるかのようにふるまうことをやめること。なおかつ,その不可視性に居直り居座るのでもなく,すべてを知りえない「社会」と自分を驚きをもって見つめ,出会い続けようとすること。そこにしか,Wが陥っていたような閉塞性からの出口はない。

　出口を,探そう。あなたも,私も。

CHECK POINT

- ☐ 1　現代社会では,生活基盤と親密な関係性のいずれもが脅かされている。
- ☐ 2　現代社会は,インターネットと「二次元」という2つの面でのバーチャルな世界が重要性を増している。
- ☐ 3　こうした現代社会の特徴は,「特定の何か」に対する憎悪を生み出しがちである。
- ☐ 4　このような現代社会からの「出口」は,社会と自分の不可視性と可変性を認めることにある。

読書案内　　　　　　　　　　　　　　　　　　　　　Bookguide

鈴木智之『「心の闇」と動機の語彙——犯罪報道の1990年代』青弓社，2013年．
→犯罪を語る語彙としての「心の闇」という言葉の成立と普及の過程を丹念に分析．

安田浩一『ネットと愛国——在特会の「闇」を追いかけて』講談社，2012年．
→排外的「ネトウヨ」の典型である「在特会」の担い手の素顔を，踏み込んだ取材を通じて描き出した書．

濱口桂一郎『若者と労働——「入社」の仕組みから解きほぐす』中公新書ラクレ，2013年．
→企業の「働かせ方」と労働市場の変化の中で，若者が直面している現実を構造的に説明．

ジョック・ヤング著／青木秀男・伊藤泰郎・岸政彦・村澤真保呂訳『排除型社会——後期近代における犯罪・雇用・差異』洛北出版，2007年．
→包摂型社会から排除型社会への変容が人々に何をもたらしたのか，いかなる対処が可能かについて多角的に考察している．

引用文献　　　　　　　　　　　　　　　　　　　　　Reference

阿久澤麻理子，2013，「部落問題とその解決に対する市民意識の現状——自己責任論の台頭と，公的な問題解決に対する信頼の低下をめぐって」大阪市立大学『人権問題研究』12・13合併号．
乾彰夫編，2013，『高卒5年　どう生き，これからどう生きるのか——若者たちが今〈大人になる〉とは』大月書店．
大澤真幸，2008，『不可能性の時代』岩波新書．
加藤智大，2013，『解＋——秋葉原無差別殺傷事件の意味とそこから見えてくる真の事件対策』批評社．
鈴木謙介，2013，『ウェブ社会のゆくえ』NHK出版．
青少年研究会，2013，「都市住民の生活と意識に関する世代比較調査」
　　http://jysg.jp/img/flash20130724.pdf
総務省，2013，『平成25年版　情報通信白書』．
辻大介，2008，「インターネットにおける『右傾化』現象に関する実証研究調査結果概要報告書」http://www.d-tsuji.com/paper/r04/report04.pdf
中島岳志，2011，『秋葉原事件——加藤智大の軌跡』朝日新聞出版．
中西新太郎・高山智樹編，2009，『ノンエリート青年の社会空間——働くこと，生きること，「大人になる」ということ』大月書店．

ニーチェ，F.／信太正三訳，1993，『ニーチェ全集 11 善悪の彼岸 道徳の系譜』ちくま学芸文庫．

樋口直人，2014，『日本型排外主義——在特会・外国人参政権・東アジア地政学』名古屋大学出版会．

古谷経衡，2013，『ネット右翼の逆襲——「嫌韓」思想と新保守論』総和社．

本田由紀，2014，『もじれる社会——戦後日本型循環モデルを超えて』ちくま新書．

見田宗介，2008，『まなざしの地獄——尽きなく生きることの社会学』河出書房新社．

宮台真司監修，辻泉・岡部大介・伊藤瑞子編，2014，『オタク的想像力のリミット——〈歴史・空間・交流〉から問う』筑摩書房．

ミルズ，C. W.／I. L. ホロビッツ編，青井和夫・本間康平訳，1971，『権力・政治・民衆』みすず書房．

渡邊博史，2014，『生ける屍の結末——「黒子のバスケ」脅迫事件の全真相』創出版．

CHAPTER

第 2 章

能　力

不完全な学歴社会に見る個人と社会

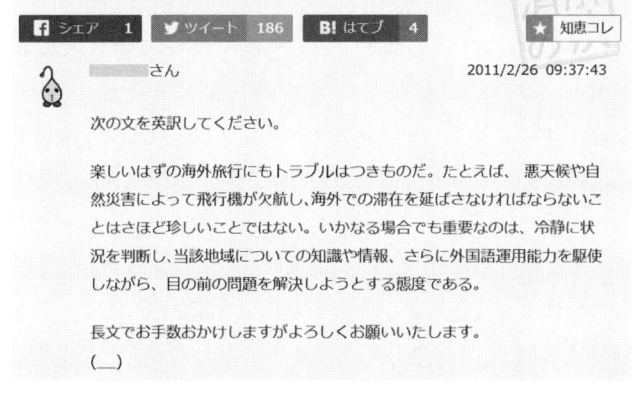

> 次の文を英訳してください。　楽しいはずの海外…
>
> f シェア 1　　ツイート 186　　B! はてブ 4　　★ 知恵コレ
>
> 　　　　　さん　　　　　　　　　　　　　　　2011/2/26 09:37:43
>
> 次の文を英訳してください。
>
> 楽しいはずの海外旅行にもトラブルはつきものだ。たとえば、悪天候や自然災害によって飛行機が欠航し、海外での滞在を延ばさなければならないことはさほど珍しいことではない。いかなる場合でも重要なのは、冷静に状況を判断し、当該地域についての知識や情報、さらに外国語運用能力を駆使しながら、目の前の問題を解決しようとする態度である。
>
> 長文でお手数おかけしますがよろしくお願いいたします。
> (＿)

（出所）©Yahoo!知恵袋

INTRODUCTION

2011年2月25・26日に行われた京都大学の入学試験（2次試験）のうち、数学と英語の問題の一部が、インターネット掲示板「Yahoo!知恵袋」に正解を求める書き込みとともに投稿された（上図参照）。問題は、これが試験時間中に携帯電話から投稿されたものであり、たった6分後（2011年2月26日9:43:27）には解答も寄せられていたという点であった。つまり、インターネットを使った前代未聞のカンニングが発覚したのである。新聞はこれを連日大きく取り上げ報道した。その後、この投稿者は、京都大学のほかにも同志社大学や立教大学、早稲田大学などの有名大学の入学試験でも、同様に試験時間中に試験問題を投稿していたことが確認された。この事件、あなたは誰に、どの程度、なぜ責任があると考えるだろうか。

1　事件の責任は誰にあ・っ・たのか？

▎事件のあらまし▕

　まず，事件のあらましを簡単に紹介しておこう。
　カンニングが発覚し，京都大学はこれを大学の入試業務を妨害するもの（偽計業務妨害罪）として警察に被害届を出した。新聞や各種マスコミはこぞってこの事件を取り上げ，試験時間中の正確な投稿であったことから，高度な手法を用いた複数犯の仕業ではないかといったさまざまな憶測が飛び交った。しかし数日後，逮捕されたのは仙台の男子予備校生ただ1人。以降，彼を，「X」と呼ぼう。
　Xは，高校3年生時に父親を亡くしたショックから受験に失敗していた。そして，予備校の寮で浪人生活を送った末に，親にこれ以上「金銭的に負担はかけられない。今年こそは」とプレッシャーを感じ，机の下で画面を見ないまま携帯電話を操作して投稿に及んだという。真相は，恵まれたとはいえない過去をもつ少年が起こした，警察幹部いわく「きわめて単純」な不正行為でしかなかった。メモを持ち込んだり，隣の受験者の答案を盗み見たり，試験時のカンニング行為自体はよくある話だ。さまざまな憶測を呼んだこの事件は，詰まるところ携帯電話とインターネットを用いていたという，ただそれだけのことでしかなかったのである。

▎責任の所在をめぐる4つの立場▕

　さて，ここで1つ問うてみよう。この事件の責任は誰にあ・っ・たのか？
　今あなたはこの問いに，責任はXにあるに決まっていると答えるかもしれない。ルールを破ったのは他でもなく彼であり，事実，逮捕されたのも彼1人であるから——その答えは，正しい。しかし，それほど単純に話が済まないのが社会というものであるらしい。実のところ，この「きわめて単純」なはずのカンニング事件は，真相発覚のあとも，X以外にも責任を求める人たちがたくさん現れたのである。

この事件に関する立場は，責任の所在をめぐって大きく4つに分類できる。それぞれがどのような主張を行っているのかを簡単に整理しよう。

《A「X」派》　事件が起こってすぐの反応としてもっとも多く目につくのが，カンニングを行ったX本人を厳しく責める，A「X」派の議論である。新聞の投書欄には，絶対に許せないと彼への怒りを露わにし，以降の再発防止のための措置を講じるように強く望む受験生の声が複数掲載された。『AERA』（2011年3月14日）にも，「公正・公平であるべき入試でルール違反を犯した点で，責めは逃れられない」と，彼を咎める言葉が並ぶ。ここで重要なのは，入学試験の公平さである。

《B「京都大学」派》　不正を行い逮捕されたのはXである。しかし彼を責めると同時に，被害者であるはずの京都大学にも責任があったという議論も多く見られる。これがB「京都大学」派の主張である。

　たとえば，「カンニングは，入試の公平性を損なう行為。見逃すのは大学の危機管理意識が乏しいからだ」（『読売新聞』2011年3月4日，東京夕刊）。「不正を誘発しない環境づくりは教育者の務め。本人とは別に，京大など4大学と試験官の責任も問われるべきだ」（『朝日新聞』2011年3月4日，朝刊）といったものである。ここでも重視されているのは公平さであったといえる。

《C「入試制度」派》　これに対し，入試制度の問題を指摘するのがC「入試制度」派である。たとえば元『AERA』編集長の一色清（『WEBRONZA』2011年3月7日）は，携帯電話等の電子機器の持ち込みを完全に管理することはできないと指摘する。であるとすれば，そもそもそうした試験の方法を選ぶこと自体が間違っているとも考えられる。加えて，入学試験の内容やその評価基準にも問題があると論じる論者も多い。事件が起きたのは筆記試験であったが，入試は何もそればかりが方法ではない。たとえば推薦入試やAO入試のように別の方法もある。つまりこの立場の主張は，そもそも適切な方法で試験がなされていないのだから，そこから考え直せというものだ。

《D「大学・社会制度」派》　また，入試制度にとどまらず，さらに広く大学や社会のあり方を問う議論を行うのが，D「大学・社会制度」派である。

　たとえば東京大学大学院教授の須藤靖（『WEBRONZA』2011年3月7日）は，「入学後の大学の教育に対して全く関心を持たないまま入り口の厳密さだけに

拘泥する社会の矛盾こそ，今回の事件を契機として再考すべき点ではあるまいか」と問う。また同じく東京大学大学院教授の本田由紀（『WEBRONZA』2011年3月11日）も須藤と同様に，「もし，入試ではなく入学後にどれほどしっかり勉学に励んだかによって厳しく評価がなされるような大学教育のしくみだったら」，今回の事件は起きていなかったのではないかと，彼をカンニング行為へ追い込んだ大学制度のあり方を問うている。

つまりこの立場は，彼がカンニングを犯そうとしてしまうような社会状況に，そもそもの問題があったのではないかと主張するのである。

議論の構造

ここまで4つの立場を簡単に説明した。それぞれの主張には，共通点と相異点があることがわかるだろうか。それを整理してみよう。

まずA「X」派とB「京都大学」派は，一方が加害者を責め，一方が被害者であるはずの京都大学を責めるという点で正反対の議論だ。しかし，どちらも試験に求められる公平さを重視している点で共通している。

これに対しC「入試制度」派は，A「X」派とB「京都大学」派が前提としていた筆記試験という方法の公平さよりも，別の方法で測ることもできるであ

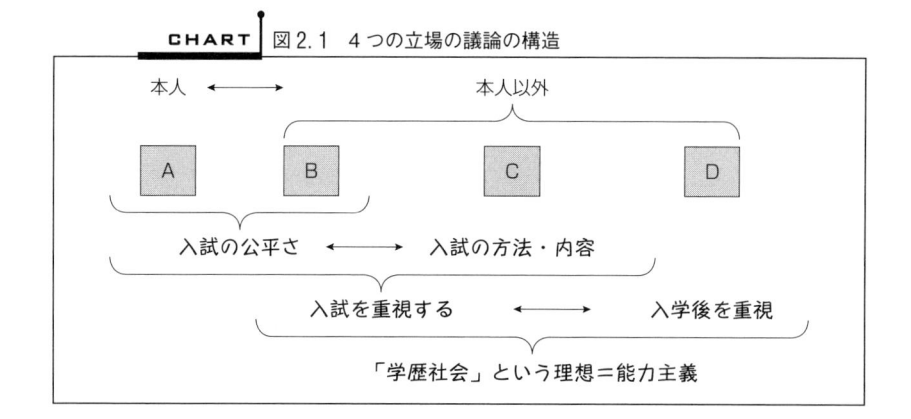

CHART 図2.1 4つの立場の議論の構造

```
    本人 ←——→        本人以外
         ┌─────────────────────────┐
      [A]   [B]         [C]        [D]
      └─────┴──┬────────┘
       入試の公平さ ←——→ 入試の方法・内容
             └────────┬──────────┘ ←——→
              入試を重視する          入学後を重視
                      └──────────┬──────────┘
                    「学歴社会」という理想＝能力主義
```

ろう「能力」の内容を重視する。しかし，対立するように見えるA・B・Cの三者は，大学入試を重視するという点で共通している。

　そしてこの三者に対しD「大学・社会制度」派は，大学入試を過度に重視しすぎることを批判し，大学入学後の教育のほうを議論しようとする。

　こうした違いが見られる4つの立場であるが，一方で，それぞれが共通している点があるだろう。それは，大学が受験生や学生を評価すること自体を否定するわけではないことである。つまり，この4つの立場は，実のところ根本的な社会の仕組みを同じ理想として共有した議論といえる。そして，その理想的な社会の仕組みとは，「学歴社会」というあり方だ。

　まとめると，4つの立場は，学歴社会という理想を前提とした図2.1のような関係にある。それぞれは，理想的な「学歴社会」のあり方と比べて，この事件には間違いがあることを批判している点では共通している。しかし，どこにその欠陥があったのかという判断が異なったため，立場が4つに分かれた。したがって，それぞれの立場を理解し，誰にどの程度責任があるのかを再考するためには，まずその理想的な学歴社会を把握しなければならない。そのうえで，それぞれが指摘する現実の学歴社会の欠陥を具体的に検討しよう。

2 能力主義と学校教育

▶ 学歴社会の正しさ

　本節では，理想的な学歴社会のあり方を把握したい。そこで重要なのが，「能力主義」という近代社会のあり方と，学校教育に求められる役割である。少し迂回するように思えるが，これがすべての議論の出発点になる。

能力主義という近代社会の理想

　時代は，近代の始まりまで遡る。近代が始まる以前の中世では，基本的に身分による世襲制が敷かれており，そこで人々は，生まれによって生き方が定められていた。つまり図 2.2 のように，生まれ落ちた身分（出身階層）によって，最終的にどれくらい富や地位といった社会的な財を得るのか（到達階層）が決まっており，その断絶を乗り越えるのは容易いことではなかったのである。典型的には，江戸時代の士農工商の身分制度をイメージすればよいだろう。しかし，現在私たちが生きている近代社会では，身分制・世襲制が廃止されている。近代社会においては，どのような生まれかにかかわらず，誰もが社会的な財，そして自分のなりたい自分を，自由に追い求めることができることが大原則とされているのである。

　それでは，それぞれが自由に社会的財を求めた結果，誰がより多くを手にすることができるかといえば，社会により多く財を生み出す人である。近代社会においては，社会的な財は，それを生み出した人のもの（私的所有物）とする。そのために，他の人と競争し，より多くを生産できる高い「能力」を獲得した人が，より多くを手に入れることができるようにルールが設定されているのが，私たちの暮らす近代社会だ。要するに，私たちは，自分が「何であるか」ではなく，「何ができるか」によって生き方を決定できる——「能力」によってこそ，自由になることができる社会に生きている。このような，「能力」を基準とした社会的財の分配原理のことを「能力主義」と呼ぶ。

　さらに，能力主義にとって重要なことは，「能力」を身につけるチャンスが，すべての人に「平等」に与えられていることにある。なぜなら，社会の財を配

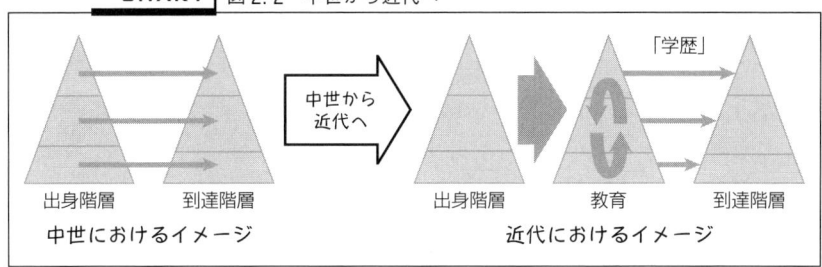

CHART 図2.2 中世から近代へ

中世におけるイメージ：出身階層 → 到達階層

近代におけるイメージ：出身階層 → 教育（「学歴」）→ 到達階層

分する基準となる「能力」を身につける機会そのものが生まれによって決まってしまっていれば，生まれた時点で生き方が決定しているという意味で中世と変わりがないことになってしまうからだ。だから，自由に「能力」を求める機会がすべての人に平等に与えられていること，これが能力主義の理想的な姿となる。これを「機会の平等」と呼ぶ。

学校教育の機能：社会化／選抜・配分

この能力主義の理想を実現するうえで重要な**社会的機能**を果たすとされるのが学校教育である。それは，とくに次の2つの役割をもっている。

第1に，学校教育は人々の「能力」を向上させなければならない。私たちは，赤ちゃんや未熟な子どもの状態では社会生活を営むことはできない。そうした存在は，社会に適応すると同時に他人と競争し，社会的な財を生み出すことができるだけの「能力」をもった存在へバージョンアップされる必要がある。各人の生まれにかかわらず機会の平等を確保しつつ，実際に「能力」を向上させるための役割を中心的に担うよう，近代社会に作られたのが学校教育である。これを学校教育の「社会化」機能と呼ぶ。

第2に，学校教育は，「能力」によって人を選び出し，適切な位置に振り分ける役割を果たさなければならない。適正な社会化機能によって学校教育が

---

keyword

学校教育の社会的機能　ある目的に対して適した作用が見られる場合に，その作用のことを「機能」と呼ぶ。社会的機能とは，要するに，社会においてそれが果たしている役割のことをさすと考えればよいだろう。また，教育の社会的機能としては，本文で説明した「社会化」と「選抜・配分」に加え，「正当化」という機能があげられることが多い。これは，たとえば職業資格や収入の格差などさまざまな社会の事象に対し，それが正しい状態であるという根拠を与える役割のことをいう。「学歴社会」は学校の正当化機能の賜物であり，その欠陥を論じる本章は，実のところ正当化機能の弛緩を論じている。

人々の「能力」を向上させているとすれば，そこで育てた「能力」を適正に測ることによって，誰が高い／低い「能力」をもっているのかを明らかにすることができる。さらに，出身階層と到達階層が一致していた中世とは違い，「能力」形成のチャンスが平等に与えられている（機会の平等がある）近代においては，出身階層と到達階層の間の直接的な対応関係がなくなっているはずであろう。つまり図2.2のように，もともとの順序が，学校教育によってシャッフルされランダム化されているはずなのである。こうした役割を担うのが学校教育であり，その作用を学校教育の「選抜・配分」機能と呼ぶ。

理想的な「学歴社会」

　社会化と選抜・配分という2つの社会的機能をもつ学校教育が，その役割をじゅうぶんに果たすことができれば，どのような学校に入学し卒業したかという「学歴」や「学校歴」は，「能力」の重要な判断材料となる。

　なぜなら，第1に，よりよい学校で教育を受けるほど，より多くの社会的な財を生み出す高い「能力」を身につけている（よりよく社会化されてきた）はずだからである。また第2に，そうしたよりよい学校に入学し卒業できたということは，他人との競争に勝つだけのより高い「能力」をもっている（選抜・配分されてきた）ということを意味するはずだからだ。こうして，学歴が「能力」の証明として意味あるものとしてみなされ，さらにそれが実際にその後の人生を大きく左右する社会を，「学歴社会」と呼ぶ。つまり学歴社会は，能力主義という原則を理想とし，それを具体化した1つの制度であるといえる。

　そして，たとえば第3章図3.6にあるように，日本においては男女ともに年齢を経るに従い，どの学校を卒業したかによって賃金水準の格差は大きく広がっていく。つまり現在の日本もまた，学歴によって得られる財に大きな差が生じる，確かな学歴社会であるといえるのである。

　しかし注意してほしいことは，現在の日本の学歴社会が，必ずしも理想的な

---

keyword

学歴と学校歴　　一般に，両者は使い分けられることが多い。「学歴」は中学校／高等学校／専門学校・短期大学／大学といった学校段階の違いを，「学校歴」は同じ学校段階（学歴）の中の，学校間の差を示す言葉として用いられる。日本の学歴社会の特徴として，「学歴」だけでなく「学校歴」が重視され，偏差値をもとにした学校間の細やかな序列構造が形成されていることがあげられる。

あり方をしているわけではないという点だ。そもそも学歴社会が能力主義の原則を反映した理想的な形であることは，学校教育が2つの社会的機能を適正に果たしているという前提のうえに成立していた。しかし実際にはさまざまな困難が生じており，それらがじゅうぶんに機能しているとは言いがたい。それでは，実際にはどのような困難が生じているのだろうか。これが，この事件の責任をめぐって立場を大きく4つに分けるポイントとなる。

3 適正な選抜・配分の不可能性

それでは，学校教育が適正に機能した能力主義という学歴社会の理想に照らして，第1節で概観したA派・B派・C派の立場の根拠を整理しよう。ここで見るのは，選抜・配分のための「能力」の測定に関わる難しさである。

▍筆記試験の公平さ

京都大学をはじめ多くの大学で実施されており，Xがカンニングを行ったのは，いわゆる筆記試験である。高校以前の定期試験やセンター試験，各種資格試験でも採用されているもっとも一般的な試験方法であろう。

この筆記試験形式が採られる理由は，大きく2つの条件を同一に整えられる点にある。1つは，評価者側の条件，つまり多くの場合にあらかじめ解答が1つに定まっており，誰が採点を行っても同一の結果が得られることである。2つめは被評価者の条件，つまり試験時間を厳密に測ったり，他人の助けを借りられないよう受験者が席を離れることを禁止したりできることである。

これらによって，誰か特定の人間が有利になることがないよう公平さを保ち，学校教育の選抜・配分機能を正当なものとすることが意図されている。そして，ここで確認しておきたいことは，「能力」というものが同一条件で発揮されるべきものであり，かつ他人に頼らない――つまり他人の「能力」を借りない形で，はじめて認められるものであるという点だ。

不正防止の難しさ

　Xは，この公平さを保つための筆記試験のルールを破ってカンニングを行い，京都大学はそれを見逃してしまった。A「X」派とB「京都大学」派が批判していたのは，このポイントである。

　しかし，C派が指摘するように，カンニングを完璧に防止することはきわめて難しい。実際，現在の大学入試やセンター試験の監督者マニュアルは，数十ページ以上，100ページを優に超えることも珍しくない。そこには，一日の分単位のスケジュールがびっしりと書き込まれ，受験生への指示が一字一句違わぬよう監督者の「セリフ」として定められている。試験監督はそれを細心の注意をもって演じるのである。そしてまた恐ろしいことに，そのマニュアルは毎年のさまざまなトラブルに対応するために，年々分厚さを増している。

　暗数となってしまうため，カンニングは実際の件数を正確に把握すること自体が困難である。とはいえ，すでにこれだけのコストをかけているにもかかわらず，不正は古今東西で必ず起こっているはずだ。かといって巧妙化する手法を追いかけるように監視手法をいくら洗練させても，そのコストは莫大なものとなるし，イタチごっこで終わりはない。たった一度の試験実施のために，試験監督に1000ページのマニュアルを理解させることはあまりにも不合理だ。

　つまり，この事件の責任が「X」にあると考えるか「京都大学」にあると考えるかは別として，そもそも完璧な監視体制を整えることは現実的ではない。しかしそれを前提に，なお実施されているのが現在の入学試験なのである。

正確な測定の不可能性

　学校教育が選抜・配分機能をじゅうぶんに果たすための課題は不正の防止だけではない。より重要なことは，そのテストが測ろうとしている「能力」を，どの程度適切に測定できているのかである。これを「**妥当性**」と呼ぶ。

　テストの妥当性を高める方法は，テスト理論と呼ばれる分野で長年洗練されており，TOEICなどの語学試験や，入社試験に取り入れられているSPIなど

---
keyword

暗数　実際の件数と統計上の数字の誤差，つまり実際には起こっているが認知・把握されなかった数をさす統計用語。具体的には，第5章4節や第6章2節を参照。

では，すでにこの成果を取り入れた試験が実施されている。それらは，他の試験方法よりずっと高い精度で妥当性が確保されていることは間違いなく，とくに膨大な受験者を短時間に評価しなければならない場合には，もっとも現実的で合理的な選択といえる。しかし，そこで保証されているのも確率的に一定水準の確実性であり，どんなテストも100%の妥当性を保証することは不可能だ。さらに，多くの大学の2次試験はそうしたテスト理論の成果に基づいて作成されているわけではない。つまり現行の大学入学試験は，実のところかなりの程度不確実な妥当性を前提に実施されているのである。

測定すべき「能力」の内容

以上のような，不正防止や妥当性の不確実さに目をつむったとしても，さらに学校教育による選抜・配分を難しくするものがある。それは，そもそもどのような「能力」を測定すべきなのかという問題だ。

学歴社会がめざす能力主義は，社会的な財の配分原理であった。「能力」に応じて財が分配されるのは，その「能力」が財を作り出すからである。たとえば，携帯電話の画面を見ずに問題文を打ち込めるXの操作「能力」は驚くべきものだが，それは評価されない。あるいはあなたが，一面の草原から四つ葉のクローバーを思いどおり探し出すことができれば，それはとても素敵な「能力」だ。しかし社会はおそらくそれを求めない。これと同様，筆記試験で測ろうとしている「能力」は，ほんとうに社会的財を生み出すのに適しているのだろうか。つまり，たとえば労働者として，あるいは社会の一員たる市民として求められる「能力」と一致しているのかという疑問だ。この点に着目し，そもそもの入試のルールを批判したのがC「入試制度」派である。

《メディアの活用》　たとえばカリフォルニア工科大学教授の下條信輔（『WE-BRONZA』2011年3月8日）は，「入学後，あるいは大学卒業後に求められる知性とは何か」と問い，情報メディアが発達した現代において求められるのは，

---
keyword

妥当性　良いテストの条件は，「妥当性」に加え「信頼性」が高いことであるとされる。「信頼性」とは，時間をおいて複数回テストを実施した場合の結果の安定性のことをさす。テストを的当てに譬えれば，妥当性とはどれほど中心に近い箇所に当たるかの精度であり，信頼性とは当たる場所にかかわらずどれくらい狭い箇所に当たるかの精度であるといえる。これは，広く統計的な社会調査にも当てはまる概念である。

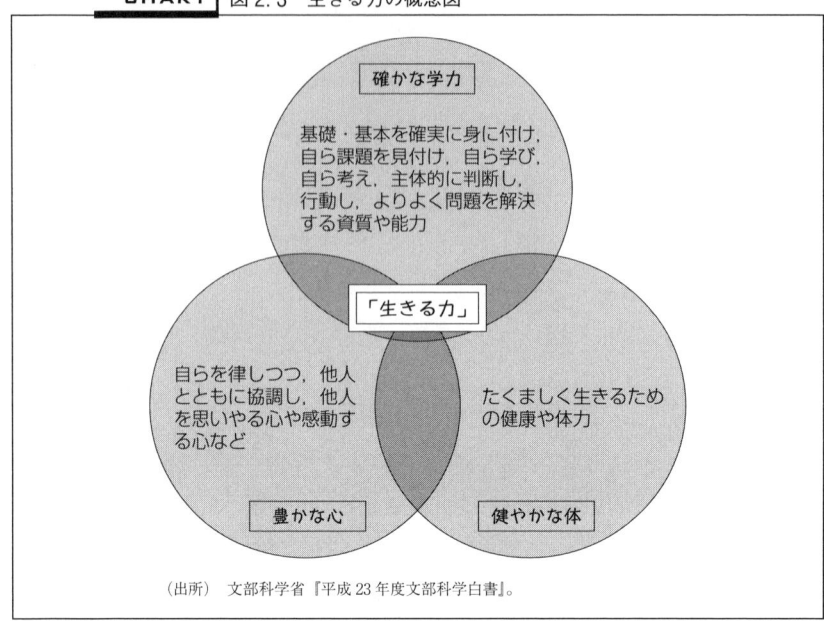

CHART 図2.3 生きる力の概念図

```
          ┌─────────────┐
          │ 確かな学力  │
          └─────────────┘
    基礎・基本を確実に身に付け，
    自ら課題を見付け，自ら学び，
    自ら考え，主体的に判断し，
    行動し，よりよく問題を解決
    する資質や能力

           「生きる力」

  自らを律しつつ，他人      たくましく生きるため
  とともに協調し，他人      の健康や体力
  を思いやる心や感動す
  る心など

  ┌─────────┐              ┌─────────┐
  │ 豊かな心 │              │健やかな体│
  └─────────┘              └─────────┘
```

(出所) 文部科学省『平成23年度文部科学白書』。

「インターネット（や他の情報源に）アクセスを禁止された状況で，特殊な問題を解く能力でないことは確かだ」と説く。下條は，この事件をきっかけに，「情報メディア環境の大変化をどう捉え，その中で個人の能力評価をどうするのか。より大きな視点の転換が求められている」という。そのうえで彼は，環境の変化に伴って生じた「知性の中身の変容に入試は対応せよ」と説くのだ。

《対人関係》　求められる「能力」は，情報機器についてだけではない。きわめて多く指摘されるのが，感情や対人関係をコントロールする「能力」である。

たとえばC派の一色は，携帯電話を使って答えを求めても構わないことにする「『携帯持ち込み可』のススメ」を説く。問題をとびきり難しいものにして，それを解くことができる人の協力を求めることができるかを試す入試があってもよいだろうと提案するのである。これは，下條のように情報機器の利用を強調しているだけではない。彼が重視するのは人脈や人間関係だ。なぜなら豊かな人脈をもつことは，現在の「ネット社会で生きていくために必要な能力」であり，実際の仕事というものが，そのように行われるからである。

そしてそもそも，日本の学校教育の目標を定めている学習指導要領が掲げる

CHART 表2.1　企業の採用で重視される能力（大学卒）

	1999年	2004年	2008年	2012年
1位	行動力・実行力	熱意・意欲	熱意・意欲	熱意・意欲
2位	熱意・意欲	行動力・実行力	行動力・実行力	行動力・実行力
3位	論理的思考力	協調性	協調性	チームワーク力（コミュニケーション能力，協調性等）
4位	創造性	論理的思考力	論理的思考力	誠実さ・明るさ，素直さ等の性格
5位	専門知識・研究内容	表現力・プレゼンテーション能力	問題解決力	課題発見・解決力

（出所）　厚生労働省『平成25年版　労働経済の分析』143頁より抜粋。

CHART 図2.4　文系大学4年生が考える，企業が就職採用試験で評価すべき「能力」

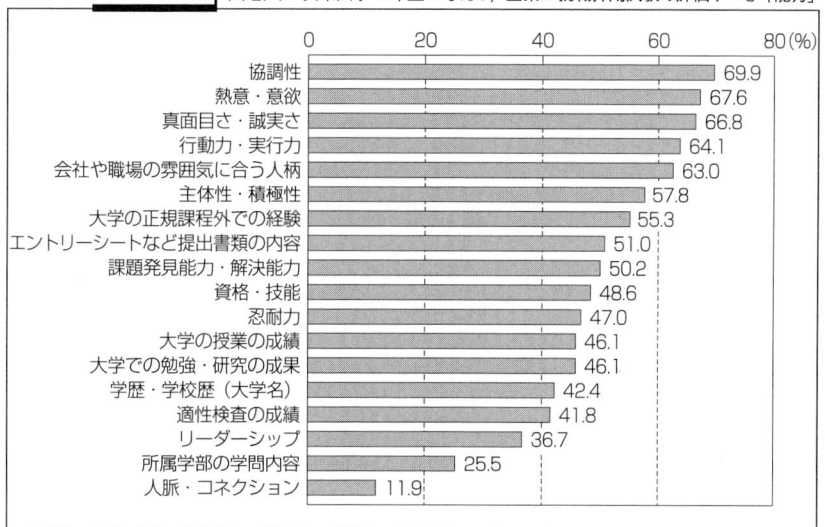

項目	%
協調性	69.9
熱意・意欲	67.6
真面目さ・誠実さ	66.8
行動力・実行力	64.1
会社や職場の雰囲気に合う人柄	63.0
主体性・積極性	57.8
大学の正規課程外での経験	55.3
エントリーシートなど提出書類の内容	51.0
課題発見能力・解決能力	50.2
資格・技能	48.6
忍耐力	47.0
大学の授業の成績	46.1
大学での勉強・研究の成果	46.1
学歴・学校歴（大学名）	42.4
適性検査の成績	41.8
リーダーシップ	36.7
所属学部の学問内容	25.5
人脈・コネクション	11.9

（出所）　全国の大学の社会学部・教育学部・法学部・経済学部の4学部に所属する大学4年生（675人）を対象に2014年12月に行った，独自のインターネット調査より。「就職の採用試験（公務員試験や教員採用試験を含む）の際に，採用する側（企業など）は，一般的に何を評価すべきだと考えますか。（複数選択可）」という質問に対する回答。

のが，「生きる力」という「能力」である。図2.3のとおり，ここには筆記試験でこれまで測ろうとしてきたものに比較的近い「確かな学力」に加え，「豊かな人間性」や「健康・体力」という項目が加わっており，人間としてより包括的な「能力」がめざされている。

　さらに付け加えれば，日本の労働者の多くが日本的雇用慣行の続く企業で働くとすれば，そこで求められるのは具体的な職業技能ではないことが多い（→

第3章)。事実，表2.1のように，企業が採用の際に求める「能力」の上位は，「熱意」や「行動力」「協調性」など，筆記試験では測定できないし，そもそも測定しようとしていない「能力」である。そしてまた，図2.4からわかるように，評価する側の企業だけでなく，評価される側の大学生も同様に，「協調性」「熱意・意欲」などを評価すべきであると考えており，両者の考えは概ね一致しているといえるだろう。

《人間としての全体性》　これらに加え，筆記試験の問題点としてしばしば指摘されるのが，測定される「能力」が一面的であるという点である。

中央教育審議会は，2014年12月22日，「新しい時代にふさわしい高大接続の実現に向けた高等学校教育，大学教育，大学入学者選抜の一体的改革について」を答申した。そこでは，2020年度よりセンター試験を廃止し，各大学の個別入試を「大学の入り口段階で求められる力を多面的・総合的に評価するという，個別選抜本来の役割が果たせるものにする」ことを打ち出している。ここで重要なのは，多面的で総合的な「人物本位」の評価である。

こうした方針を歓迎する読者もいるだろう。なかには，「私」の"全体"によって判断されることを期待する読者も少なくないはずだ。なぜなら，私たちは，仕事をするときであれ社会生活を営むときであれ，部分的な断片によって生きているのではない，あるいは少なくともそう生きていたくはないとしばしば感じるからである。これに対し，「生きる力」や「人物本位」という言葉は，そうした人間全体の評価を期待させる。そして「学歴・学校歴」や「適性検査の成績」など，測定の公平さに注意が払われているものは，むしろ評価の対象とすべきでないと考えられている。

これらC「入試制度」派の主張は学歴の基準となる筆記試験で試される「能力」が，現在の社会において社会的財を生み出すこと——メディアの活用や対人関係，あるいは財を生み出す人間そのもののありよう——と一致しておらず，能力主義における選抜・配分の基準として適切ではないという指摘である。

公平性と内容のトレードオフ

まとめれば，現在の大学入試は，方法，妥当性，内容のすべてにおいて根本的な不完全さを抱えているにもかかわらず実際に実施されており，選抜・配分

| CHART | 図2.5 国公立・私立別 入学難易度別の大学入学者選抜方法の構成比

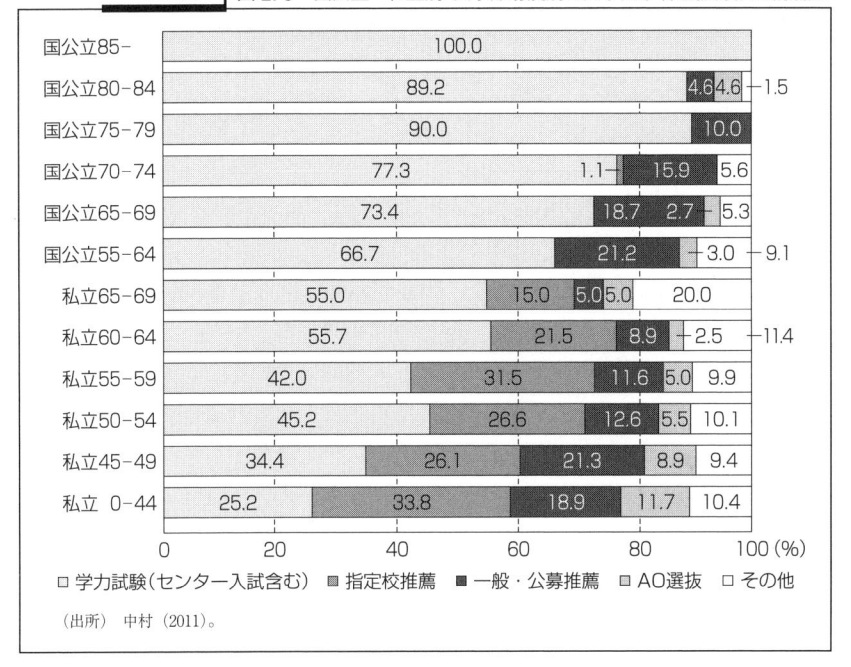

区分	学力試験	指定校推薦	一般・公募推薦	AO選抜	その他
国公立85-	100.0				
国公立80-84	89.2		4.6	4.6	1.5
国公立75-79	90.0			10.0	
国公立70-74	77.3	1.1	15.9		5.6
国公立65-69	73.4		18.7	2.7	5.3
国公立55-64	66.7		21.2	3.0	9.1
私立65-69	55.0	15.0	5.0	5.0	20.0
私立60-64	55.7	21.5	8.9	2.5	11.4
私立55-59	42.0	31.5	11.6	5.0	9.9
私立50-54	45.2	26.6	12.6	5.5	10.1
私立45-49	34.4	26.1	21.3	8.9	9.4
私立 0-44	25.2	33.8	18.9	11.7	10.4

□ 学力試験(センター入試含む) ■ 指定校推薦 ■ 一般・公募推薦 ■ AO選抜 □ その他

(出所) 中村 (2011)。

機能はじゅうぶんに機能していないということになる。しかしこれは，入試の完全な破綻を意味しているのではない。現在の入試は，もちろん"それなり"に機能している。しかし一方で，それは"それなり"にしか機能していない。それをどの程度の問題と捉えるかということである。

能力主義を理想とする私たちが，現状，学校の選抜・配分機能を完全には手放せないとすれば，"それなり"の状態を"より良い"かたちに修正すればよいだろう。しかしこれは，そう容易いことではない。

あなたは，「能力」の内容についてのC「入試制度」派の議論の際に，推薦入試やAO入試を思い出したかもしれない。確かに推薦入試やAO入試は，より実質的な「能力」を測ることを求めて作られ，筆記試験に代わる新しい入試方法として増加してきた。しかしその拡大には興味深い特徴がある。

図2.5の入学偏差値別の入試方法を見ると，筆記試験は入試難易度の高い大学ほど，推薦入試やAO入試は難易度の低い大学ほど実施している（中村2011）。つまり高い「能力」を証明するはずの難易度の高い大学ほど，社会で

実際に有効であるとされる「能力」とは異なるものを指標としてきたように見えるのである。

　この理由の1つは，大学入学後に学ぶ学問の基礎的素養として，筆記試験で測られる「能力」が必要だからだろう。しかしそれだけではない。筆記試験以外のテストでは，選抜の公平性を確保することが難しいという理由もきわめて重要である。たとえば前述の中央教育審議会答申は，以下のように指摘する。「知識の再生を一点刻みで問う問題を用いた試験の点数による客観性の確保を過度に重視し，そうした点数のみに依拠した選抜を行うことが『公平』であるという，従来型の『公平性』の観念が社会に根付いている。」

　ただし，筆記試験が公平さを確保しやすいのは，何も数値化できる試験方法を用いているからだけではない。前述したように，重要なことは，評価者と被評価者の双方の条件について，それを同一に整えられることである。しかしその点，たとえば「コミュニケーション能力」はどうだろう。それは，採点する面接官によって大きく点数が異なるのではないだろうか。あるいは面接官の性別や年齢といった条件によって，受験者の話しやすさも変わってしまいやすい。

　また，高校での実績によって評価がなされるとして，多額の資金が配分されたスーパーサイエンスハイスクールに通った生徒とそうでない生徒では，アピールできる材料に大きく差が生まれてしまうだろう。また学校以外での取組みに関しても，裕福な家庭に生まれさまざまな活動にお金が使える生徒とそうでない生徒とでは，出身階層によって有利／不利に差が出やすい。

　つまり，学校外の社会で求められているとされるものに近い，より実質的で複雑であるはずの「能力」を測定する入試内容を選択すれば公平性が損なわれやすく，逆に公平性を高くすると測定される「能力」が形式化しやすいというトレードオフの関係が，現状としては生じてしまう。その結果，競争率の高い上位大学ほど，筆記試験が実施され続けているのであろう。

　本節では，A・B・C派の主張の根拠となる背景を概観した。それぞれが論じるように選抜・配分機能を能力主義の理想へと少しでも近づけることは重要だ。しかしその改善は，単一の解決策が得られない困難に，「とりあえず」の解答を与えるものであるということは理解しておく必要がある。

4 適正な社会化の不可能性

それでは次に，D「大学・社会制度」派の主張の根拠を概観する。ここで現実の学歴社会が抱えている困難は，「社会化」機能にまつわる難しさである。それを，矢野眞和（2011）の議論にしたがい国際比較によって探ってみる。

日本は確かに学歴社会であるが，世界の他国と比べれば，実はそれほど強い学歴社会というわけでもない。しかし日本の大学教育には大きく3つの特徴がある。これが，日本の学校教育の社会化機能の困難を如実に示す。

親負担主義

Xは，親が学費を負担することにプレッシャーを感じていたという。まずこれが，日本の大学の1つの特徴を示している。それは，図 2.6 のように日本の大学の学費は国公立・私立ともに高額化し続けており，しかもそれを親が負担することが当然視されているからである。これを「親負担主義」と呼ぶ。

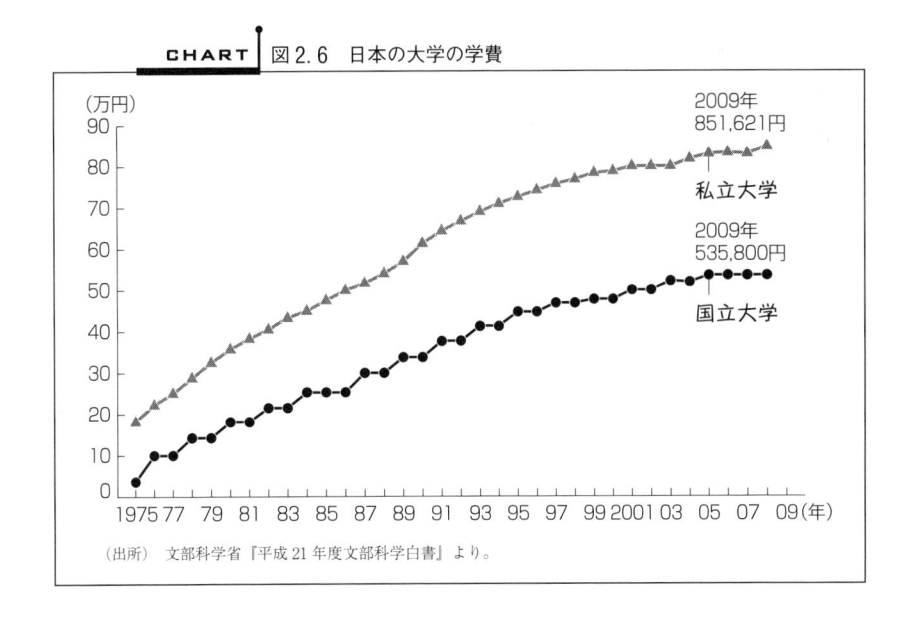

CHART 図 2.6 日本の大学の学費

私立大学 2009年 851,621円
国立大学 2009年 535,800円

（出所）文部科学省『平成 21 年度文部科学白書』より。

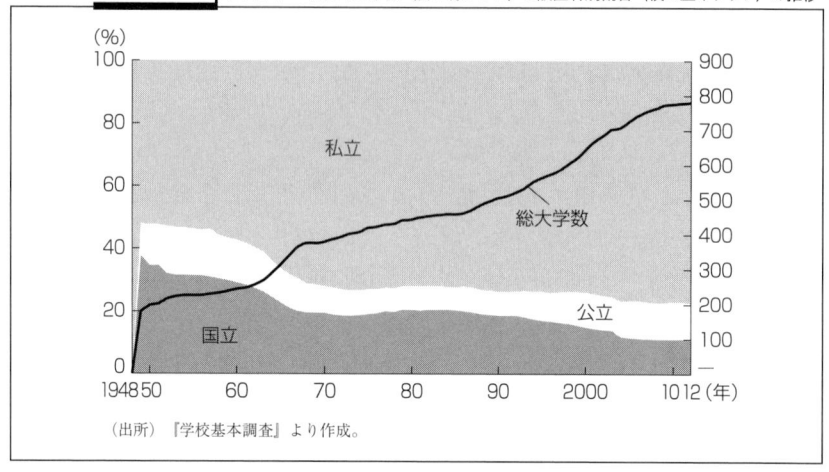

CHART 図2.7 戦後の大学数（折れ線グラフ）と設置者別割合（積み上げグラフ）の推移

（出所）『学校基本調査』より作成。

　また日本では、よりよい大学とされる偏差値の高い大学は、私立大学に比べ授業料の低い国公立大学によって多くが占められている。つまり日本は、より偏差値の高い大学に入学するほど、より小さい投資（授業料）でより高い収益（賃金）が得られやすい社会なのである。

　そもそも日本の大学は、図2.7に示すように、1960年と1990年代以降の2度の拡大期があった。これを大学の「大衆化」と呼ぶ。大学の大衆化は、先進諸国が共通に直面する、大きく3つの課題を同時に生じさせる。それは、「大学教育の量的拡大」「大学教育の質の確保」、そして「財政問題」である。

　大学を大衆化すると、大学に入学してくる学生が多くなり必然的に学生の質が低下する。これに抗して高い質を確保するためには、大学はそれだけ手厚い教育を行う必要がある。しかし、そのためには大きなお金がかかる。一方、大衆化を実現しつつ、そこに支出するお金を低く抑えれば、教育の質が確保できない。かといって、少ないお金で教育の質を確保すれば、量的な拡大が実現しない。つまりここには、3つのうち2つを選択すれば、残りの1つを犠牲にせざるをえないトリレンマと呼ばれる関係が生じる。

　日本はこのトリレンマに、私立大学を拡大する、つまり各家庭の私的負担を拡大することで対処してきた。質の高い教育は公費で賄われる国公立大学によって確保しつつ、私費負担の大きい私立大学を拡大させることによって大学教

育の裾野を広げたのである。これが，国公立大学の偏差値が高く，比較的新しい私立大学で偏差値が低いという日本の大学階層構造の歴史的背景である。この日本の大学の構造は，本人の「能力」だけでなく，出身家庭の経済的状況によって進学の可否が左右されやすい状況を招く。これは，学ぶ（社会化される）機会が平等に与えられていることを理想とする能力主義に反する構造をもっているということになるだろう。

日本ではこうしたあり方が当然のように思われるかもしれないが，諸外国を見渡せば，別の選択肢も確かにあった。たとえば，ヨーロッパでは，高等教育の国家負担を大きくして，量・質の問題をともに公的支出によって解決してきたし，アメリカでは量的拡大を公的財政（国公立大学）によって賄い，一方で教育の質の確保を私費負担（私立大学）で賄ってきたのである。

18歳主義

また別の日本的特徴を示そう。図2.8は，OECD主要加盟国のそれぞれの

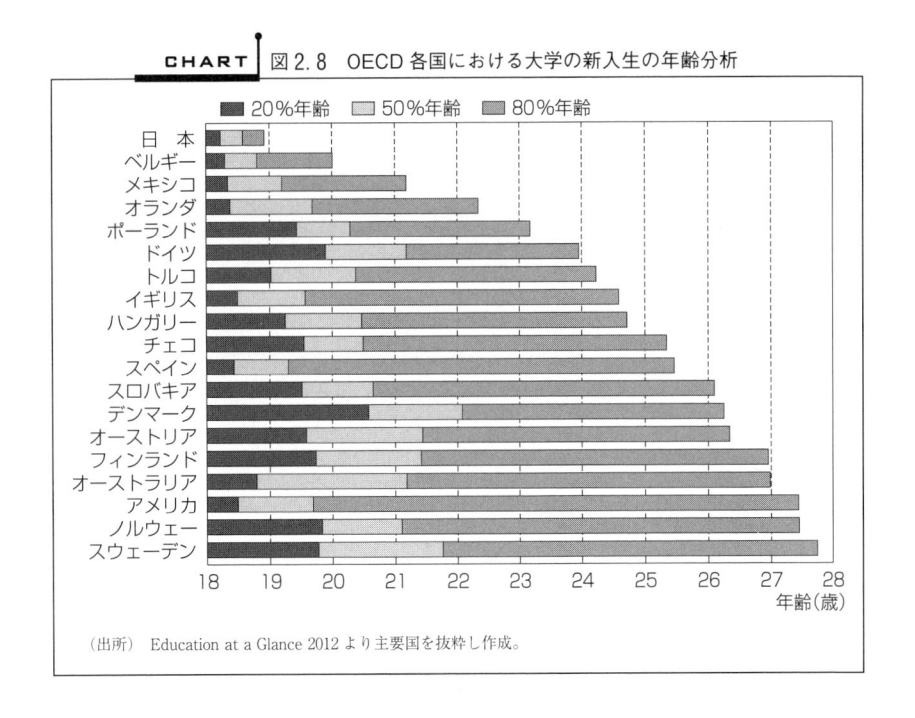

CHART 図2.8 OECD各国における大学の新入生の年齢分析

（出所） Education at a Glance 2012 より主要国を抜粋し作成。

国で大学の新入生を年齢順に並べた際，下から2割，5割，8割が何歳に当たるかの分布を見たものである。日本では，全体の8割が19歳以下であり，ほとんどが高校を卒業してすぐに（あるいは1年の浪人で）大学に進学していることがわかる。これが日本の大学の「18歳主義」である。

これに比べ，たとえばスウェーデンでは8割で27歳を超えている。これは，一度働いたあとに大学に入学する，あるいは仕事と学校を比較的自由に往復することが認められているためだ。

日本では，一度大学入試に失敗したり，何らかの事情で高校卒業後すぐに大学へ進学できなかったりした場合には，改めて大学で学ぶことも，大卒資格を取得することも難しい。学校で学ぶ機会，つまり学校教育が社会化する時期が就労前の段階までにほぼ限定されているのである。

卒業主義

さらに日本においては，いったん入学すれば，卒業することが何より重視される。実際に，日本の大学生の修了率は90%を超え，OECD諸国と比較してもきわめて高い（図2.9）。誤解してはならないのは，これが単に日本の大学生が優秀であることを示しているのではないことである。このデータは，日本においては大学で何をどれだけ学んだかが大きな問題とされず，容易に卒業が可能であることを示すものだ。

卒業証書がよりよく社会化された「能力」を保証しないと考えられている日本では，大学での成績や学んだ学問分野が就職試験でそれほど重視されないし，評価される大学生も評価すべきでないと考えている（図2.4）。また，新規学卒一括採用が一般的である日本では，卒業が決まる前に就職先が決まっているために，学生も大学も卒業することを前提としてしまう。これが「卒業主義」である。

日本では，何を学んだかという教育内容よりも，学校に所属し通過することこそを重要視する考え方が根強い。つまり，学校教育の社会化機能がじゅうぶんに評価されてこなかったのである。そして，それにもかかわらず選抜の結果である学歴だけは重要視される。こうした日本的特徴をもつ学歴社会によって，大学の入学試験がきわめて大きな分岐点として意味づけられ，また入学時の大

CHART 図2.9 大学生の修了率

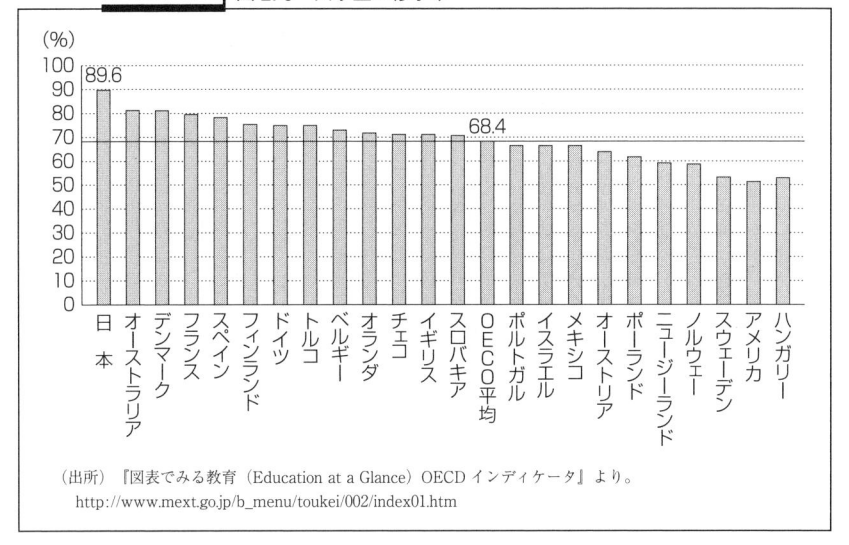

(%)
日本 89.6 / OECD平均 68.4

順位：日本、オーストラリア、デンマーク、フランス、スペイン、フィンランド、ドイツ、トルコ、ベルギー、オランダ、チェコ、イギリス、スロバキア、OECD平均、ポルトガル、イスラエル、メキシコ、オーストリア、ポーランド、ニュージーランド、ノルウェー、スウェーデン、アメリカ、ハンガリー

(出所)『図表でみる教育（Education at a Glance）OECDインディケータ』より。
http://www.mext.go.jp/b_menu/toukei/002/index01.htm

学間の序列はそのまま学生の「能力」を示す指標として固定化する。

Xの置かれた日本的環境

　もし親に負担をかけずに大学へ進学することができる制度が整っていたとすれば，Xはカンニングを行わずに済んだかもしれない。あるいは，もし高校卒業後すぐに大学に行かずとも学び直しの機会が用意されていれば，そして不正をしてまでより高い偏差値の大学に入学せずとも，大学での学びによって逆転可能なチャンスが残されていたとすれば，Xはカンニングを行わなかったのではないか。つまり，学校教育の社会化機能がじゅうぶんに機能していなかったことに，この事件の根本的な責任があると考えるのが，D「大学・社会制度」派の主張である。

⑤ 事件の責任は誰にあるか／あるべきか？

　ここまで，AからDまでのそれぞれ主張の根拠となる状況を説明してきた。それは，能力主義を理想とする学歴社会と，実際の日本の学歴社会とのさまざ

まなズレによって一望できる。さて改めてここで問う。
　このカンニング事件の責任は，どの程度，誰にあるのだろうか？

因果関係と責任

　誰の責任か？　結論から示せば，誰の責任とも考えうる。なぜなら，責任というものはそういうものだからだ。責任の所在は1つに定めることはできず，立場によって複数示しうるものであり，Xの「能力」にも，それ以外の環境にも，責任の帰属先は"考えうる限り"拡大できる。

　そもそも責任なるものは，ある状況が生じた際に，それを引き起こした行為や出来事についての決定を下したものに求められる。たとえば，ある時点でC1（お酒を飲む）という選択ではなくC2（コーヒーを飲む）という選択をしていれば，問題のあるE1（終電を逃す）という結果を回避し別のE2（無事家に帰る）という結果が生じていたと考えられる場合に，C1という原因となる行為の選択を決定したものにE1という結果の責任があると考えられる。こうした考え方に必要なのは，一定の時間によって隔てられたCという原因とEという結果の間に想定される因果関係であろう。つまり多くの場合，誰かに責任を求めるためには，その誰かが原因を作っていなければならない。

　しかし，そもそも「責任」を確定させるための因果関係は，それほど容易く確定できるものではない。この事件に則して「持参した携帯電話でカンニングをする」という1つの行為について考えてみよう。

　おそらく，その行為の原因はXにあるとまず誰しもが考える。しかし，彼をその行為に走らせた原因は何かと問えば，父親の死という家庭環境かもしれない。さらに家庭環境の悪化が彼をカンニングに向かわせてしまった1つの原因は，学歴社会の日本的特徴にも求められる。

　また，「持参した携帯電話でカンニングをする」という1つの行為は，「携帯電話を無事持ち込むこと」という原因と，「問題文を送信すること」という結果を含んだものであるといえないだろうか。そして「携帯電話を無事持ち込むこと」は，「京都大学の監視体制が甘いこと」という原因と，「持ち込みが成功する」という結果を含んだものでもあろう。すると，当初1つに思えた「持参した携帯電話でカンニングをする」という行為は，因果関係を含む3つの行為

に分割できてしまった。さて，真の原因と結果はどこにいったか？

　ここで行ったのは，因果関係の延長と細分化である。つまり，結果につながる原因は，"原理的"には結果という出来事から過去に向かって無限に延長することも枝分かれさせることもできるし，またそのつながりは細分化することもできるのである。この結果として彼の行為の責任は，それを見る人の立場によって，彼の「能力」にも，大学にも，日本社会にも，はたまた運命にも委ねられることになる。これらはすべて，彼の行為の原因と考えられるからだ。

責任と「能力」

　原因と結果になりうる一連の行為や出来事は，原理的には，無限に延長でき，かつ細分化できる。しかしこれでは，「責任」という概念が意味をもたなくなるだろう。にもかかわらず，私たちがそれを日常的に意味あるものとして使用しているとすれば，私たちは一連の行為や出来事をどこかで意味あるものとして断ち切りつなぎ合わせることで，原因と結果を確定しているということになる。そのうえで私たちは，しばしば原因となるものに責任を帰属する。

　この因果連鎖の確定と責任の帰属には，大きく2つのパターンが考えられる。それは，ある個人とその個人を取り巻く環境（あるいは他者）である。たとえばこの事件の責任が，カンニングをしたXと，その環境としての監督体制や入試制度や日本社会に分けられたように（図2.1を参照）。

　そして，環境にではなく個人の側に責任が帰属されるとき，そこでしばしば「能力」という概念が用いられる——今あなたが苦しいのは，あなたが適切な「能力」をもっていないからであり社会のせいにするな，というように。

　つまり，「能力」という概念は，責任をめぐる問題解決の方法の1つであるといえる。しかし，それはあくまで方法の1つでしかない。なぜなら，責任を個人に帰属できるとき，同時にそれは環境にも帰属しうるからだ。因果連鎖がさまざまに延長・細分化できるように，責任の宛先は，個人と環境という2つが常にセットで私たちに用意されており，それらは責任の所在を確定するという意味では同じ機能をもつ（山口・堤 2014）。そのどちらを選ぶのかは，社会のあり方や個人の決定に委ねられているのである。

Column ❷ 「能力」と遺伝の関係

　本章第2節では，能力主義の理想として，機会の平等が実現できていれば出身階層と到達階層の間の関係はランダム化されているはずであろうと述べた。しかしここには1つの前提がある。それは，「能力」の形成に遺伝の影響がないという仮定である。到達階層が出身階層の影響を受けた遺伝的「能力」によって決定しているとすれば，機会としての環境を平等に整えたとしても，出身階層と到達階層の関係はランダムにはならない。

　これまで遺伝と環境の影響を識別することはきわめて困難であった。それは，双方の条件を同時に統制することができず，相関関係と因果関係を区別できなかったからである。しかし近年，これを区別することを試みる研究が大きなインパクトを与え始めている。それが，双生児研究だ。

　双子は通常生まれてから同じ親のもとで育つため，家庭の生育環境を同一に統制しやすい。そのうえで，遺伝子が一致している一卵性双生児と遺伝子が一致していない二卵性双生児を比較することにより，遺伝の影響を推計できることになる。あるいは，一卵性双生児が違う学校に通った場合に，その学校の効果を推計したりすることも試みられている。

　この研究方法を用いた例として，一卵性双生児がどの大学に進学するかは将来の収入に影響がないという結果が報告された（Nakamuro and Inui 2013）。これは，学校歴を重要な指標としてきた日本社会にとって衝撃的な知見だ。

　ただしこれは，あくまで現在の日本の学校制度の影響を推計したものであり学校の効果自体が否定されたとは一概にはいえないし，そもそも双子がどの程度同一の生育環境を共有していると想定できるのかも厳密には検証されていない。加えてとくに日本においては調査環境がじゅうぶんに整っておらず課題も多い。今後のさらなる研究の進展が待たれるところである。

　また，こうした遺伝の影響を考慮したとしても，本章で論じた困難や曖昧さがすべて解消できるものではない。私たちが，個人と社会の関係をどう考え，決定していくのかという本章が示した課題は残されている。

「能力」概念の曖昧さ

　さらにもう一歩踏み込んでおく。それは，4つの立場が共有し，本章が議論の前提としてきた「能力主義」を疑っておくためだ。

ここまでの議論は，個人の「能力」と「環境」が明確に区別されるからこそ成立する。しかし，そもそもどこまでが「能力」で，どこまでが「環境」なのか，あなたは明確に答えられるだろうか。たとえば，筆記試験で測られる「能力」の内容を問い直していたＣ派の議論を思い起こしてみてほしい。彼らは，実際に仕事をするときと同じように，インターネットや人脈を使うことを個人の「能力」だと捉えていた。つまり，筆記試験においては不正だった手段もまた，個人の「能力」に含めてしまおうというのである。ここでは，筆記試験に比べて「能力」が拡張されていることがわかるだろう。

　拡張できるとすれば，同様に縮小もできる。たとえば，視力が悪く裸眼では試験問題がよく見えない学生がメガネを利用して試験を受けたとして，メガネは彼の「能力」に含まれるだろうか，それとも環境なのだろうか。メガネがよくて，辞書やインターネットがダメなのはなぜか？　あるときは他人の「能力」を借りることが不正であり，あるときは本人の「能力」なのはなぜか？――いろいろと理由は考えられるだろうが，こうした事例を「能力」／環境の対比を用いて考え直せば，その境界はいっそう曖昧になる。つまり私たちは，その場の目的や文脈に応じ，「能力」と呼ぶものをそのつど選び，作り直している。

　だとすれば，「能力」という概念を基礎に成り立つ能力主義という理想も，もちろん学歴社会もまた，そのつど選び，作られている。それはいわば，私たちの生きる近代社会が選択した物語なのである。

　しかし勘違いしてはいけないことは，この物語が不都合を生み出すばかりではないということだ。繰り返すように，少なくとも現在の社会において私たちは，「能力」という概念を使ってこそ自由になれる。もちろん，ときにそれこそが私たちを不自由にもする。しかし「能力」がなければ，私たちはまた違った不都合に苦しむことになるだろう。ただし，能力主義も，それが制度化した学歴社会も，別のあり方が可能だということは間違いない。

　ここにきて私たちに与えられた問題は，どのような物語を選ぶのかである。どこまでを認め何を否定するのかは，私たちの社会と私たち自身が決定している。それは，図2.1のように，A派からD派までのそれぞれが，現在の学歴社会のどこまでを認め，何を批判しているかによって立場が分かれたように。

「能力」の評価でつながる人間と社会

　振り返れば，第3節で述べたような，私たちがどのように測られるのかという問題も，選択すべき物語のうちの1つだ。中央教育審議会の答申で示された以上，日本の学校教育はその評価の実質化をめざし，今後ますます人間の「全体」を測定する方向に舵を切っていくだろう。「能力」評価の方法は，ますます複雑化するはずである。そして，あなたもそれを歓迎するかもしれない。

　しかし，いくら評価方法を改善したところで，私たちが正しい自分自身の「全体」を他者に理解してもらうことはできない。理解してもらえる，つまり（意識的にせよ無意識的にせよ）私たちが表現できる「能力」は，私たちの「部分」でしかないからだ。英語が得意で，楽器の演奏がうまく，人を思いやることができ，笑顔が素敵で……といったあなたの「能力」をすべて足し合わすことができるとして，それがあなたのほんとうの，ありのままの「全体」を表現できたとはいえない。あなたはいつも，あなたのすべての「能力」を足し合わせた何かよりも豊かな存在であることを，私たちは知っている。

　そうであるとすれば，あなたは根本的に不完全でしかない入学試験や入社試験でほんとうにそれを評価されたい——あるいは評価されたことにしたい——だろうか。人間の全体を評価する試験が行えるということは，あなたはあなた

全体としてその優劣を決められるということを意味するかもしれない。「能力」とは自分のすべてを投げ込むべきものなのか？　それとも，あくまで私たちの「部分」や「持ち物の一部」でしかないのか？　これは単なる事実をめぐる争いではない。私たちがよりしあわせでいられるための物語の選択の問題である。

「あなたの社会」を考える

　本章が繰り返してきた，「カンニング事件の責任が誰にあるか」という問いは，あなたの暮らす社会のあり方を問うものである。しかしこの答えは，「責任が誰にあるべきだ」と考えるかの各人の判断，つまり社会の見方による。今あなたが誰に責任があると考えているのかは，あなた自身が望み，選んでいるであろう個人と社会の関係のあり方——あなたの中の社会の姿——を映し出しているということだ。そうして選ばれた各人の社会は，どれもが私たちを自由／不自由にするものとしてある。

　そして，「責任が誰にあるべきか」という，今現れた新たな問いは，ふたたびあなたに差し戻されている。本章が提供した視野と，本書別章を含めた多くの議論を参考にしながら，ぜひ取り組んでみてほしい。

　さて本章は，あなたの社会を映し返すよき鏡となれただろうか。

CHECK POINT

- □ 1　学校教育は社会化と選抜・配分という機能をもっており，それは近代社会の能力主義という理想に照らしてさまざまな困難を抱えている。
- □ 2　日本の大学制度の特徴は，親負担主義，18歳主義，卒業主義に求められる。
- □ 3　社会問題は，個人の責任としても社会の責任としても処理できる。
- □ 4　「能力」は，個人の問題として責任が処理される際に用いられやすい。
- □ 5　「能力」は社会の基本的原理であるとともに，常に曖昧さを孕んでいる。

読書案内　　　　　　　　　　　　　　　　　　　　　　　　Bookguide

矢野眞和『「習慣病」になったニッポンの大学——18歳主義・卒業主義・親負担主義からの解放』日本図書センター，2011年。
　→日本の大学の特徴を概観した本章第4節は，矢野の議論にほとんどを負っ

ている。それを初学者向けにわかりやすく，具体的に解説した入門書。
OECD『図表でみる教育――OECDインディケータ』明石書店（各年版）。
→OECDが毎年発行している国際調査報告書の翻訳。分厚い本に興味深いデータが敷き詰められている。国際比較によって得られる知見はきわめて多く有益だ。まず手にとって眺めてみるだけで，必ず新しい発見が得られるだろう。

星加良司『障害とは何か――ディスアビリティの社会理論に向けて』生活書院，2007年。
→第5節で示した「能力」と社会の関係についてより深く知りたければ，「障害」をめぐる議論を参照してほしい。「障害とは何か」というきわめて難解な問いに取り組み，次のステップへの方向性を明快に示してくれる社会学の快著。

引用文献　　　　　　　　　　　　　　　　　　　　　　Reference ●

中村高康，2011，『大衆化とメリトクラシー――教育選抜をめぐる試験と推薦のパラドクス』東京大学出版会。

矢野眞和，2011，『「習慣病」になったニッポンの大学――18歳主義・卒業主義・親負担主義からの解放』日本図書センター。

山口毅・堤孝晃，2014，「教育と生存権の境界問題」広田照幸・宮寺晃夫編『教育システムと社会――その理論的検討』世織書房。

Nakamuro, M. and T. Inui, 2013, *The Returns to College Quality in Japan: Does Your College Choice Affect Your Earnings?*, ESRI Discussion Paper Series No. 306.

CHAPTER

第3章

仕　事

組織と個人の関係から考える

> 「今度，君に辞めてもらうことになった。ついては依頼退職してもらいたい。」
> 　高野はその途端，背中から"サッ"と血が引いていくのを感じた。
> 「なぜですか。理由を聞かせて下さい。」
> 「それは君が胸に手をあてて考えてみればわかるはずだ。」部長の声が冷たく響いた。
> 「理由は，入社試験の際に出した身上書に書くべき事を書かなかったからだ。もしそれを書いてあったら会社は君を採用しなかっただろう。そういう者は将来の幹部として信頼するわけにはいかない。」
> 「君の考えていることが会社にとって好ましくないのだ。他の社員に影響を及ぼす可能性が十分にある……。」
> 「納得できるかどうかではない。会社は君を本採用しないと決定したのだ。」
> 　（出所）高野不当解雇撤回対策会議編（1977）より抜粋。

INTRODUCTION

　現代社会で働くとは，どのようなことなのだろうか。仕事の世界の成り立ちや，そこで私たち個人を待ち受けているものは何なのだろうか。
　本章では，現代社会における仕事について，社会学的にアプローチしていく。その際に手がかりとなるのが，組織という存在である。私たちの働き方，仕事における自由は，組織と密接に関わっている。ここでは，そのことを切実に表している1つの事件の紹介を導入として，仕事について考えていこう。

囲みの会話は，三菱樹脂・高野事件の発端となった解雇（本採用の停止）の場面である。1963年6月，三菱樹脂株式会社に入社して3カ月目だった高野達男さんは，大学生時代に学生運動に関わっていたことを隠していたという理由で，会社から解雇された。この解雇を不当として撤回を求めた高野さんと，三菱樹脂との13年にわたる裁判闘争の中で，1973年12月12日に最高裁は，個人の自由や平等を守る憲法の効力は「もっぱら国または公共団体と個人との関係を規律するもの」であり，法律上の私人である会社と個人の関係には適応されないという判決を下した（長谷部 2004）。個人の思想・信条を理由として，会社が採用で差別することを認めたのである（岡田 1987）。

他方，解雇撤回を求めて最高裁判決後も高裁で争いを続けた高野さんは，1976年に三菱樹脂との和解を勝ち取り復職を果たした。その後は1999年まで同社に勤め部長に昇進し，2000年には子会社の社長に就任，2005年に亡くなる前の2003～2004年には同子会社常勤顧問を勤めた（札幌学院大学法学部2005年度法学部講演会情報WEBページによる）。復職後はサラリーマンとして，ある意味で日本的雇用システムの典型ともいえるキャリアを歩んだのである。

高野さんに起こった出来事は，今日の私たちとは無関係に見えるかもしれない。しかし現代社会における仕事について考えるとき，私たちにとってこの事件は，2つの重要な意味をもっている。

1つは，今でも効力をもっているこの判決が突きつけていること，つまり解雇や採用によって私たちの仕事のあり方や自由を左右することができる，強大な会社組織というものをどう考えればいいのかという問題である。

本章で論じていくように，現代社会は組織社会とも呼ばれ，多くの人が何らかの形で，さまざまな組織に属して仕事をしている社会である（→第1節）。それらの組織は，自らが求める者だけを成員として採用し，その活動を統制することができる存在である。つまり私たちの仕事における自由や社会生活は，組織がどのように成員を採用するのか，また成員をどのように処遇するのかに，かなりの程度左右されてしまうのだ（→第2節）。したがって現代の日本社会における仕事を考えるためには，組織とは何かを理解しなければならないということを，この事件は投げかけている。

もう1つは，高野さんの復職後のキャリアを，現代日本の仕事の世界の混迷

と比較したときに浮かび上がってくること，つまり日本的雇用システムをめぐる問題である。

高野さんは大学卒業後，新卒採用で三菱樹脂に入社し，事件に際しても転職という形で会社と決別することなく最後まで勤め上げた。それは正規採用した成員と長期雇用関係を結び，勤続に応じて昇給・昇進という年功的な処遇を与えるという，日本的雇用の典型ともいえる。

だがその日本的雇用システムは他方で，高野さんと違って大卒でも男性でもない人々をシステムにおいて下位の成員として扱ってきた（→第3節）。もし高野さんが女性だったとしたら，あるいは大卒ではなかったとしたら，復職はかなっただろうか。23年勤続し部長まで昇進できただろうか。

それはもちろん高野さん個人の問題ではない。その背景にある日本的雇用システムの構造が作り出す問題である（→第4節）。高野さんのキャリアの裏にあるその構造を見すえること。これが，高野さんの事件が今日の私たちに問いかけている，もう1つの課題である。

本章では，大きくこの2つの問題を考えることを通じて，現代社会における仕事とは何かについて迫っていこう。

1 組織社会の誕生

自由な個人としての私たち

仕事や会社組織について考えていく前に，確認しておくべきことがある。それは，私たちは働いているときもそうでないときも，「自由な個人」だということだ。この理念は，キリスト教を背景として18・19世紀のヨーロッパやアメリカにおいて生まれた（佐藤 1993，ウェーバー 訳書1960-62）。それは今の日本でも，憲法や法律という形で表現されている（長谷部 2004）。

「自由」ということを難しく考えなくてもいい。たとえば好きな場所に行く，好きな格好をする，好きな本やマンガを読む，好きな人と話をする，好きな仕事をする，そういう具体的なことをイメージしよう。嫌いなことをしない自由もある。現代社会は，この理念に基づいて成り立っている。

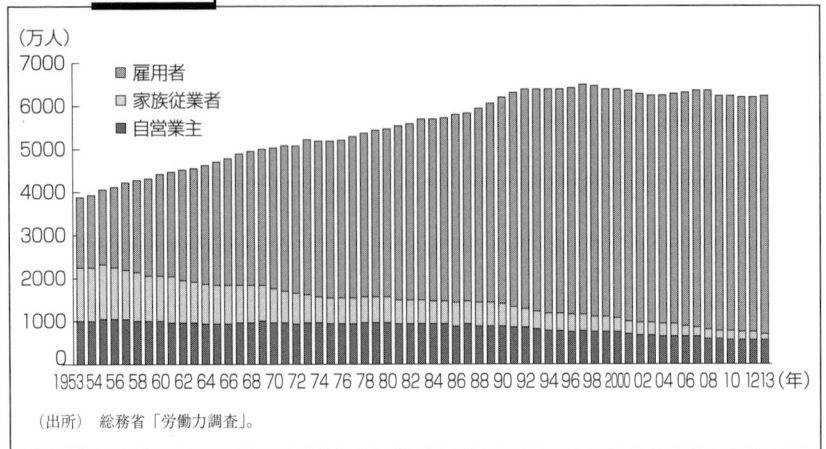

CHART 図 3.1 従業上の地位別従業者数の推移

(出所) 総務省「労働力調査」。

組織社会としての現代社会

しかし，毎日の社会生活の中では，大学では決まった時間に講義を受けなければいけないし，バイト先には決まった時間に出勤して働かなければならない。ほかにも私たちは一生のうちに，学校，部活動，会社，病院，役所，ボランティア組織などさまざまな組織と関わらずには生きていけない。現代社会での生活は，組織に縛られた生活ともいえるのである。

こうした組織との関係は，組織が生産・販売する商品やサービスを買う消費者としての関係，組織を創造・経営するという起業家・経営者としての関係，そして組織に参加して活動する成員としての関係に整理できる（桑田・田尾 1998）。とくに仕事という観点から大事なのは，会社に雇われて働くという関係である。実際にどれだけの人が会社組織に属して働いているかを見てみよう。

図 3.1 は従業上の地位別従業者数の推移である。「雇用者」には，企業の役員や経営者や一般社員，そして契約社員や日雇いなど，さまざまな形で組織に属して働く人が含まれているが，1950 年代から 2010 年代まで，一貫して増加傾向にあることがわかると思う。多くの人が組織と関わって働いているのである。このような特徴をもった現代社会は，まさに「組織社会」と呼ぶことができる。

組織社会以前の仕事

ところで、組織社会より以前、すなわち高度な機械・技術が発明され、大規模な生産を行う大工場や企業ができる前は、仕事のあり方はどのようなものだったのだろうか。その典型は職人の働き方である。

19世紀以前は、日本でもヨーロッパでも、仕事の世界を主に担っていたのは職人だった。職人は、①仕事の手段（道具や機材や職場）を自前で持っている、②その「腕」（技能の高さ）は生産物から客観的に判断できる、③その技術は数年間の修行を通してはじめて身につけられる、④仕事の方法（進め方・やり方）を自ら決定できるという、4つの特徴をもっていた（尾高 1993）。ここからは、働く場所、働く時間を、働く人自身が決めて、1つのものを作り上げる工程全体に関わるという、組織社会のそれとは違った仕事像を見ることができる。

しかし20世紀に入り工業化が始まると、技術革新や機械の発達によって、職人の自己完結的な働き方は機械による生産へと置き換えられていく。組織を必要とせずに、あるいは組織の外部で行われていた仕事が、大規模組織における分業に変わったのである。

分業とは、それまで全体として完結していたものを作る工程を、ばらばらに分けてしまうことである。分けられた部分は、その部分だけに特化した作業からなる職務として再構成され、組織の中に配置される。職人に代わってそれを担うのが、いわゆる**ブルー・カラー（BC）**である。

職人はものづくりという点では、BCの原型でもある。しかし両者は、同じものを作っていたとしても働き方がまったく異なる。それは単に使用する道具や機械が高度化したということではない。さきの特徴に即していえば、生産手段は個人から組織の所有物になり、分業によって生産物への腕の反映もなくなってしまう。また技術はより単純・単調なものになり、作業の進め方や労働時間を決める権利も個人から離れていく。つまり働き方を決める力が、人から組織へ移ったという点が大きく違うのである（尾高 1993）。

組織社会以降の仕事

こうして、組織社会以前に自律的に行われていた仕事は、分業という形で組

織の中で行われるようになった。他方，組織社会の中で新たに生まれてきた仕事もある。それがオフィスの仕事であり，そこで働くのが**ホワイト・カラー**（WC）である。

　WC の典型は，事務労働者である。もともと事務労働を構成する要素も，組織社会以前には，1 人または少数の企業家や経営者，その家族・親族によって行われていた。彼らは自らの会社や家の事業の会計を管理したり，営業したりしていた。しかし組織社会においては，それらの事務労働も組織の中で分業され，多数の労働者に担われるようになる（岡本 1990）。

　たとえば経営している工場や会社が大規模になるほど，操業に必要な事務・管理作業も 1 人では抱えきれない規模に拡大していく。工場で働く大勢の労働者の管理，さまざまな法令への対処，大量の商品の流通・販路の確保，大規模なマーケティングや長期的な経営計画等。こうした複雑で大量な業務のために，

---

keyword

ブルー・カラー（BC）／ホワイト・カラー（WC）　働く人を分類する概念の1つである。BC は生産，運輸，保全など主に工場での現場作業に従事する労働者のことをさす。WC は主として事務所内で精神労働または肉体労働に従事する労働者のことをさす。BC／WC は単なる労働の類型だけでなく，文化や所得，階層などさまざまな差異も含んでいる。

情報を文章という形で処理する職場が拡大し，そこで働く労働者もしだいに増えていく。工場に対比していえば，それは物理的なオフィスの拡大として表れる。こうしてWCの仕事の世界も，組織社会として展開していくのである。

　本節の最初で，私たちは自由な個人であることを確認した。他方で組織社会では，私たちは典型的にはBC／WCとして，何らかの形で組織の中で働いていかざるをえない。組織について考えなければならない理由は，ここにある。

② 組織とは何だろうか？

公式組織／非公式組織の成り立ち

　それでは，現代社会を組織社会にしている組織とは，どのような仕組みで成り立っているのだろうか。ここでは，ある架空の場面の考察を通じて，組織を構成している原理について明らかにしていこう（以降の場面の記述は，奥山敏雄〔1991〕の説明に大きく依拠している）。

　たとえば，1本しかない山道が，大きな岩でふさがれている場面を考えよう。そこに何人かの人が通りかかる。みんなその道を通って，目的地に行かなければならないことは共通している。お互い初対面だが，岩をどうするか話し合っているうちに，だんだん人となりがわかってくる。このような関係のことを，非公式組織と呼ぶ。またその関係を通じて，心情の共通性が生まれ，それによってその場がある境界をもったもの，そしてお互いはその仲間なんだということが意識されるようになる。ここに，組織が作り上げられるきっかけがある。

　さて，一緒に協力し合って岩を撤去しようと作業が始まると，何となく話し合っていたときの雰囲気は消えて，しだいに輪郭のはっきりした秩序，つまり公式組織が生まれてくる。まず作業が進むにつれて，役割分担が生まれるかもしれない（分業）。また作業中に「そういえば，あの新作マンガが面白くてさ」などとおしゃべりをしていたら，まじめにやれと怒られるだろう（非人格性）。さらに作業が発展すると，たとえば計画を立てて命令を下す人，それを受けて実際に作業する人というタテの分業が生まれたりもする（命令体系）。作業が複雑化してきたら，はっきりとした共通目的を定めて，それに沿って必要なもの

を取捨選択するようになるかもしれない（組織目標）。分業，非人格性，命令体系，組織目標，これらはどれも組織を特徴づけるものだ。だがそれだけではまだ，組織そのものを作り上げることはできない。

成員資格の形成

　活動が小さな仲間内で収まっている間は，心情や目的の共有によってやっていけるかもしれない。しかし活動が複雑化してくると，こうした具体的な共通要素ではなく，作業の規則を守るという一般的な形で，活動を統制する必要がでてくる。また活動が大規模になってくると，同じく作業に必要な規則を役割として練り直し，新人を受け入れる際の基準を作り出さなければならない。

　この規則を守るという基準は，元からの成員にとっては，守らなければ追い出されるかもしれない基準として，また新たに参加を望む者にとっては，受け入れなければならない基準として，それぞれ働くようになる。それは組織の成員であるかないかの基準，つまり成員資格になるのである。このような成員であることの明確化は，参加者たちに，自分たちのいる状況を明確な境界をもった1つのまとまり，つまり組織として意識させる。

　こうして共感に基づいていた仲間関係の段階から，組織への参入／離脱を，規則を遵守するか否かに連動させるという，成員資格のメカニズムが成立する。個人は組織にとって重要な規則を役割として受け入れることで，はじめて組織の成員として認められるようになる。このメカニズムに基づいてはじめて，組織が成立するのである。

成員資格のメカニズムと組織の力

　組織は，以上見てきたような成員資格のメカニズムによって成り立っている存在だった。そしてこのメカニズムの中に，組織社会を可能にした組織の力と，私たちの仕事における自由とに関わる，より重要な問題が含まれているのである。もう少し詳しく見ていこう。

　成員資格のメカニズムによって，個人は組織に参加する際，規則に従うこと，成員役割を演じることを承認する。この承認には原理的には，将来規則が変更されることの承認もまた含まれている（Luhmann 1982）。この合意は，究極的

には個人には選択の自由，つまり参加しない自由と離脱する自由があり，組織には従わない個人を拒否する自由と排除する自由があることに基づいている。それは，個人は自由に組織を参入／離脱できる，組織は自由に個人を交代させられるという環境，つまり労働市場の存在に基づいているのである（ルーマン訳書1992）。

このことは組織と個人に，それぞれ違った仕方で，力（自由）と同時に危険性をもたらす。

まず組織にとって成員資格の付与における自由とは，人々を成員／非成員に区別すること（Luhmann 1982），言いかえれば非成員を排除できることを意味している（長岡 2006）。この意味で採用とは（また解雇も），強力な差別の制度でもある（久本 2010）。

これによって組織は，たとえば成員には非常に厳しい規律を課して，非成員には親切に接するようなあり方（宗教的組織）や，成員にはビジネスライクに接して，非成員には武力で脅迫するというあり方（傭兵部隊）まで，さまざまな形をとることができる。また成員という枠づけによって，成員同士が一度も顔を合わすことがないほど規模が大きくなっても，同じ組織の活動として各成員が行為することが可能になる。さらに組織は，成員の合意があれば，一定の範囲で目的を変更することもできる（ルーマン 訳書1992）。たとえば岩の撤去組織から土木建築会社として再出発したり，フィルム会社から製薬会社に転換することもできる。

このような成員（個人）に対する処遇の柔軟性や統制の強さこそ，組織の効率性や力の源泉なのである。組織社会は，仕事を組織に取り込んだだけではなく，それ以前のどんな社会よりも高い生産性と豊かさをもたらした社会でもある。それを可能にしたのが，このような組織の力なのだ（長岡 2006, 佐藤 1993）。

個人の自由と労働市場の条件

他方で個人の側から考えてみれば，この組織の力はそのまま個人の自由や社会生活を左右するものでもある。

改めて個人がもっている組織からの参入／離脱の自由を考えてみよう。それ

は移動の可能性，つまり労働市場の需給状況に基づいている。常識的に考えれば，景気が良ければ個人はより自由に移動できるし，悪ければその逆が起こる。

もちろん移動の可能性は，景気だけに左右されるわけではない。たとえば，景気が良くても，個人の側が自分が応募できる組織を認識できない場合，スキルが乏しくて選択肢が限られてしまう場合，何らかの属性によって差別されている場合には，移動の可能性は制限されてしまう（マーチ／サイモン 訳書2014）。これらの点で労働市場が公正であることが，個人の自由を支えている。

だが根本的には，個人の自由は労働市場の状況という，個人では変えることのできない条件に左右されてしまう。もしこうした条件が失われたり，大きく損なわれると，個人は組織にとどまる限り，不本意・不公正な仕事を我慢するか，究極的には組織の奴隷にならざるをえなくなるかもしれない。そこから逃れるには，組織からの離脱しか残されていない（それは最悪の場合個人の死という形でも起こりえる→Column ❸）。しかし第1節で見たように，組織社会では組織に関わりのない形の働き方を見つけるのは簡単なことではない。つまり組織社会では，組織に対する個人の自由は本質的に脆い支えのうえに成り立っているのである。それゆえ，組織に対する個人の自由や社会生活の安定は，何らかの形で組織の力を規制するか，労働市場のあり方を調整することで確立しなければならないのである（→第5節）。

このように成員資格のメカニズムは，組織を存立させると同時に個人の自由にとっては重大な問題になりうる働きをもつものなのである。

組織を考える視点から，日本的雇用システムを考える視点へ

ここまで，組織とは何かという問題を考察してきた。そこでは，組織は労働市場に基づく成員資格のメカニズムによって成立していること，そしてこのメカニズムがあるがゆえに，組織は効率性や柔軟性を獲得すると同時に，個人の自由を左右する存在になっているということが理解できたと思う。

組織そのもの，あるいは現代の組織社会そのものの存立や自律に関わっているがゆえに，私たちはこの成員資格のメカニズム自体をなくしてしまうことはできない。むしろその働きをふまえたうえで，労働市場のあり方や組織の力を規制していくことが，個人の自由にとって重要なのである。この組織と個人の

関係について，日本社会は日本的雇用システムという形で，戦後から1990年代まで一応うまくやることができていた。しかし第3節以降で見ていくように，1990年代以降の不況や労働市場状況の悪化の中で，組織の力についても，個人の自由を支える労働市場のあり方についても，組織の力が強まり，個人の自由が損なわれるという方向で悪化が起こったのである。それが働く人々に対してどのような結果をもたらしたのか。第3節からは，第2節までの考察をふまえて，私たちが生きる現代日本で組織と個人の関係がどのように変化してきたのかの実態を見ていこう。

3 日本的雇用システムとは何だろうか？

日本的雇用システムとは

戦後から現在まで，日本社会における仕事のあり方を大きく規定してきたものとして，日本的雇用システムと呼ばれる仕組みがある。従来，日本的雇用システムは，終身雇用，年功賃金，企業別組合のいわゆる三種の神器から成り立つものとされてきた。だが研究の深化や他の社会との比較の進展によって，日本的雇用システムの特徴はそれらとは違った点にあることが明らかになってきている。

第3節ではまずこの日本的雇用システムの構造について，簡単な国際比較を通じて明らかにしてみよう。それをふまえたうえで，日本の特徴を，第2節までに見てきた組織と成員という観点からまとめてみよう。

日本の特異性はどこにあるか？

日本的雇用システムの特徴の中でも中心的な要素とされてきたのが，終身雇用である。終身雇用とは文字どおりの生涯にわたる雇用ではなく，長期雇用を意味している。賃金が年齢や勤続年数とともに上がる年功制度や，同じ企業組織の成員だけからなる企業別組合なども，この長期雇用に結びつけて理解されてきた。ここでは，3つの要素の中でも数値による国際比較が容易な勤続年数と賃金を取り上げて，日本の特異性を探っていこう。

CHART 表 3.1 性別・年齢別平均勤続年数の国際比較

(年)

	男女計	男	女	年齢階級			
				15–24 歳	25–54 歳	55–64 歳	65–69 歳
日　本*	11.8	13.2	8.9	2.1	11.3	18.9	14.7
アメリカ*	4.6	4.7	4.6	1.2	5.4	10.3	10.3
イギリス	8.9	9.1	8.6	2.2	8.8	14.9	14.5
ドイツ	11.2	11.8	10.7	2.2	10.6	20.5	12.7
フランス	11.9	11.9	11.8	1.5	11.3	22.5	17.1
イタリア	12.3	12.7	11.8	2.3	11.4	22.2	20.9
オランダ	10.1	11.0	9.1	2.1	10.0	20.1	14.2
ベルギー	11.4	11.5	11.3	1.7	10.9	22.7	15.9
デンマーク	8.4	8.6	8.2	1.8	7.7	16.9	18.1
スウェーデン	10.1	9.8	10.4	1.3	8.9	20.1	16.4
フィンランド	10.3	10.2	10.5	1.2	9.2	20.7	17.6
ノルウェー	9.5	9.7	9.3	2.0	8.5	18.7	21.3
オーストリア	10.2	11.1	9.2	2.4	10.4	20.4	14.9

(注) 日本，アメリカは 2012 年値，その他は 2011 年値。
(出所) 労働政策研究・研修機構「データブック国際労働比較 2014」。

《勤続年数》　まず勤続年数に着目してみよう。表 3.1 は性別と年齢階級別の平均勤続年数の国際比較である。

　まず男女計や年齢階級ごとの年数を見ると，日本はアメリカやイギリスに比べれば確かに長い。しかしドイツやフランス，イタリアなど大陸諸国やスカンジナビア諸国に比べると，大きく差があるわけではないことがわかる。

　むしろ目につくのは性別による差である。男性を見ると日本は 13.2 年でもっとも長い。男女の差を見ると，他国は大きくても 2 年以内だが，日本だけが 4 年を超えている。このことは，日本の雇用システムの特質は単なる長期勤続という事実ではなく，そのジェンダー（→Column ❺）差こそが重要なのだということを示している。

《賃　金》　次に賃金について見てみよう。年功賃金とは，広義には年齢や勤続年数に伴って賃金が上昇しているという実態を表す概念である。狭義には，会社において毎年決まった時期に従業員の給料額が上昇する定期昇給制度のことをさす。重要なのは年齢・勤続という時間経過の意味，つまり何に対する評価として賃金が上昇しているのかなのだが，ここでは上がり方そのものを見てみよう。

CHART 図 3.2　性別・職種別・年齢別賃金格差の国際比較（29 歳以下＝100）

（注）　2010 年値。日本は製造業計、他国は産業計の値。
（出所）　労働政策研究・研修機構「データブック国際労働比較 2014」より作成。

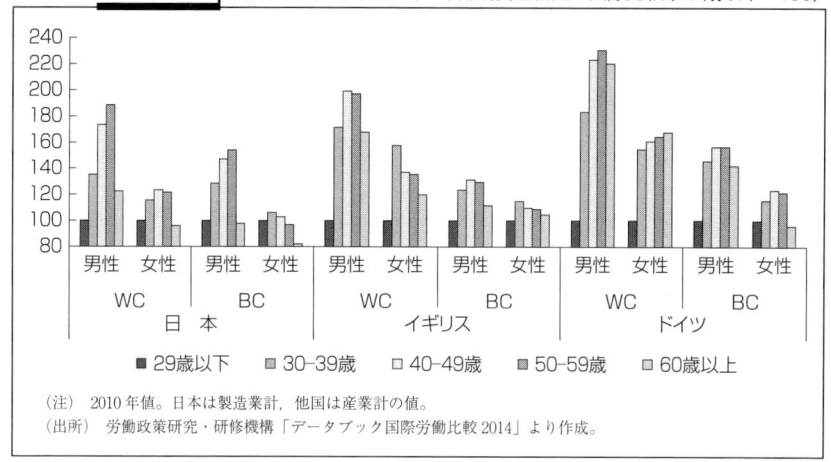

　図 3.2 は年齢別賃金格差の国際比較である。日本は製造業のみなので厳密な比較はできないが、傾向を見てみよう。

　まず男性ホワイト・カラー（WC）を見ると、どの国も 50 代にかけてほぼ段階的に上がっており、年功的に見える。したがって日本だけが特殊なのではない。むしろ日本の特徴とされてきたのは、ブルー・カラー（BC）の賃金の上がり方が WC に近くなっているという点である（小池 1991）。

　そこで男性 BC 賃金の上がり方を見ると、イギリスでもドイツでも男性 BC は 50 歳を超えるとほぼ上昇が止まるのに対して、日本は上昇している。また 50 代ではっきりと賃金が上がっているのは、日本の WC と BC を除けば、ドイツの WC 男女だけである。50 代でも賃金が上がるということは、必ずしも当たり前のことではないのである。その点から見れば、日本の男性 BC は相対的に高い処遇を受けていることがわかる。

　さらに WC との賃金格差を見ても、他国では最大 70 ほど差があるのに対して、日本では最大で 35 と格差が小さい。他国に対する日本の特徴は、このような WC・BC の処遇の同型性と平等性にあるといえる。

　しかしここでも重要なのはジェンダー差である。イギリス、ドイツでもジェンダー差ははっきり見られるが、全体としては性差よりも職種（WC／BC）の差が大きい。しかし日本では、職種内のジェンダー差が大きい。賃金を規定す

3　日本的雇用システムとは何だろうか？　● 65

| CHART | 表 3.2　男女間賃金格差の国際比較（2012 年） |

	男性を 100 とした場合の女性賃金
日　本	70.9
アメリカ	80.9
イギリス	81.3
ドイツ	80.3
フランス	90.0
スウェーデン	86.0
韓　国	69.8

（出所）　労働政策研究・研修機構「データブック国際労働比較 2014」。

る原理が，他国とは異なっていると考えられるのである。また日本の BC 女性の賃金の絶対水準の低さも目立つ。

日本について見られたジェンダー格差は，製造業だけの特殊な数値かもしれない。そこですべての産業で普通に働いている人たち（一般労働者）の中での性別賃金格差を示したのが，**表 3.2** である。

表からは，韓国を除けば，主要産業先進国の中では日本の女性の賃金がもっとも低いことがわかる。日本社会全体として，男性間にはある程度の平等さがある一方で，女性の処遇の極端な低さがあるのは確かなのである。

会社身分制としての日本的雇用システム

以上，勤続年数や賃金の検討から，日本的雇用システムの特徴は，長期雇用や年功賃金それ自体というよりも，ジェンダー格差にあることがわかる。そして WC と BC というカテゴリー間の格差を考えたときに，ジェンダーと並んで重要になるのが労働者の学歴である。

組織社会においては，それぞれの個人が得た学歴は，組織の中での成員の階層化に用いられる重要な要素となっている。日本でも工業化・組織社会化が進むにつれて，会社組織で事務労働を行う WC は高等教育（大学）卒業者から，他方で生産労働を行う BC は初等・中等教育（中学・高校）卒業者から，それぞれ採用されるようになってきた。つまり WC と BC の背景には，労働者の学歴が反映されているのである。

ここまでで，日本的雇用システムの内的な特徴について重要な要素が明らかになった。それは単に長期雇用や年功賃金といった慣行ではない。本章で考え

てきた立場からいえば，日本的雇用システムとは，会社組織における男性の成員，なかでも大卒WC男性を中核とし，それ以外の成員は学歴とジェンダーによって階層化された構造をもつものとして捉えることができるのである。もちろん欧米の雇用制度も多かれ少なかれ男性を中心とする性質をもっている（佐口 2011）。しかし日本はその格差が非常に大きいのである。また三種の神器の1つである企業別組合も，それが会社組織の正規の成員によって構成されるという性質から，この階層構造を補完する役割を果たしてきた。このような構造のことを，「会社身分制」（野村 2007）と呼ぼう。

それでは，この会社身分制とも呼べる階層構造をもつ日本的雇用システムは，今日どのような問題に直面しているのか。第4節からはそれをできるだけ新しいデータから見ていこう。

4 日本的雇用システムのゆらぎ

未曾有の不況

日本的雇用システムは，学歴とジェンダーに基づく成員間の階層構造をもった会社身分制と呼べるものだった。戦後日本経済の安定的な経済成長と低い失業率を背景に，この仕組みは深刻な問題を抱えることなく，基本的にはうまく回ってきたのである。とくに，冒頭で紹介した高野さんが復職し勤め上げた1970～90年代までは，確立された日本的雇用システムが，世界においても賛美された時期でもあった。

しかし，1990年代以降のいわゆるバブル経済の崩壊をきっかけとして，日本は長期にわたる深刻な不況に入る。それを示しているのが，図3.3 の完全失業率と有効求人倍率の推移である。

まず全体（総数）の失業率は，高野さんが三菱樹脂を去る前年の1998年に

―keyword
完全失業率　就業・失業の状態を把握するために国が定期的に調査している経済指標の1つである。具体的には国民全体の中で，15歳以上の労働力人口のうち，仕事に就いておらず，仕事があればすぐ就くことができ，求職活動をしている人の割合（%）をさす。
有効求人倍率　求職者1人につき何件の求人（仕事）があるかの割合を示す。たとえば倍率が1を超える場合は，仕事を求める人よりも仕事のほうが多いことを意味する。

CHART 図3.3　各種完全失業率・有効求人倍率の推移

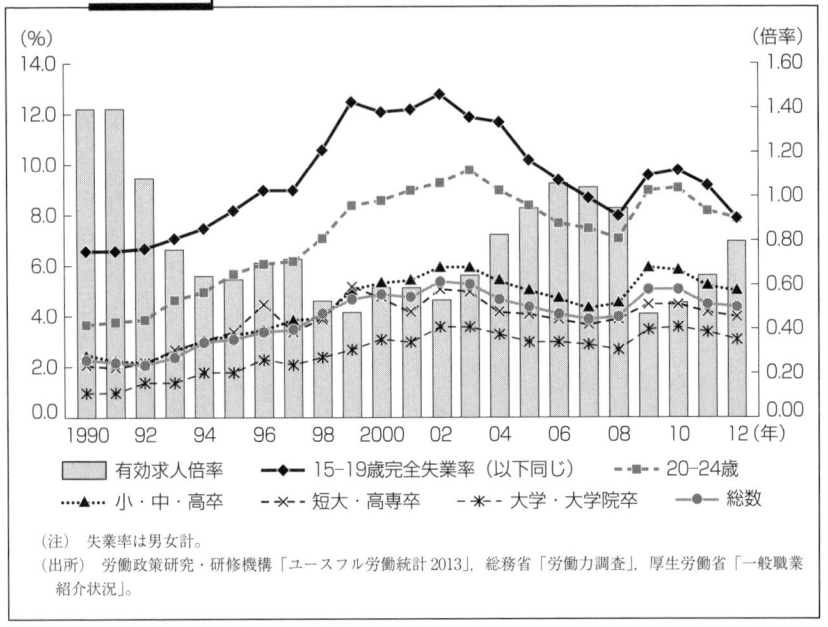

（注）　失業率は男女計。
（出所）　労働政策研究・研修機構「ユースフル労働統計2013」，総務省「労働力調査」，厚生労働省「一般職業紹介状況」。

は4％を超えた。これは日本社会にとっては戦後はじめての経験だった。求人倍率も，1倍を超えたのは1993年以降は2006，07年だけで，それ以外は1倍を下回る水準で推移している。日本的雇用システムは，組織に対する個人の自由の条件を基礎づけている労働市場の需給状況という点で，それまで経験のない停滞状況に直面したのである。

その結果生じたのが，会社身分制内の成員の階層区分に沿った，個人間の格差の拡大だった。労働市場の悪化という組織環境の変化の中で，組織における階層のどこに位置づけられているかによって，個人の仕事のあり方や社会生活が大きく左右される状況が生じたのである。その実態はどのようなものだったのか。以降は，組織に対する個人の立場ごとに，それを見ていこう。

組織の外部への排除：無業者層の増加

組織社会においては，失業は雇用からの排除・組織からの排除であり，仕事や生計の手段を失うことを意味する。1990年代からの不況において，それがもっとも顕著に表れたのが若者であった。

CHART 図3.4　年齢別若年無業者数の推移（男女計）

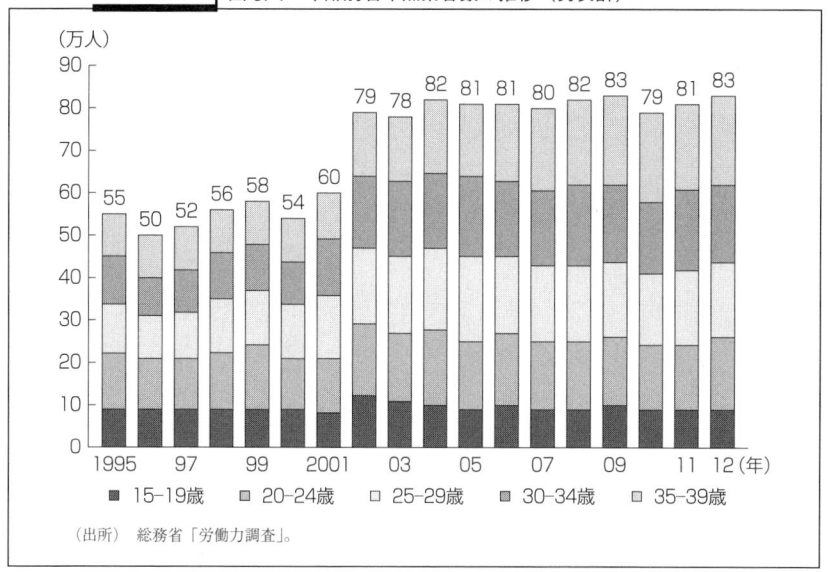

(万人)

年	合計
1995	55
97	50
99	52
	56
	58
2001	54
	60
03	79
	78
05	82
	81
07	81
	80
09	82
	83
11	79
	81
12	83

■ 15-19歳　■ 20-24歳　□ 25-29歳　■ 30-34歳　□ 35-39歳

(出所) 総務省「労働力調査」。

　さきの図3.3には，年齢別と学歴別の失業率も示されている。これを見ると，全体よりも非常に高い10％台で失業しているのは，学校卒業後間もない15〜24歳の若年層である。また学歴で見た場合，大学・大学院卒層は全体の水準を下回っているのに対して，高卒層は上回っている。労働経済学者の玄田有史（2001）が明らかにしたように，会社身分制において中心的に地位を保障されていた中高年男性を守るために，企業は1990年代以降，新規採用を縮小した。その影響が，高卒者を中心とした若者を襲ったのである。その結果深刻化してきたのが，若年無業者の増加である。

　図3.4は，1990年代からの若年無業者数の推移を示している。

　2001年までは55万人前後，2002年から近年までは80万人前後で推移しており，減少傾向が見られない。80万人とは，たとえば現在の福井県の人口とだいたい同じだ。県の人口全員に相当する人たちが，10年間以上，無業者の立場に追いやられているのである。その中で年齢構成は変化していない。時間がたっても一定数が常に雇用・組織から排除されたまま滞留しているのである。

　日本社会における重要な社会保障制度は，会社組織の成員であることに紐づけられてきた。それゆえ雇用から排除されたままで年を取ることは，十分な生

4　日本的雇用システムのゆらぎ ● 69

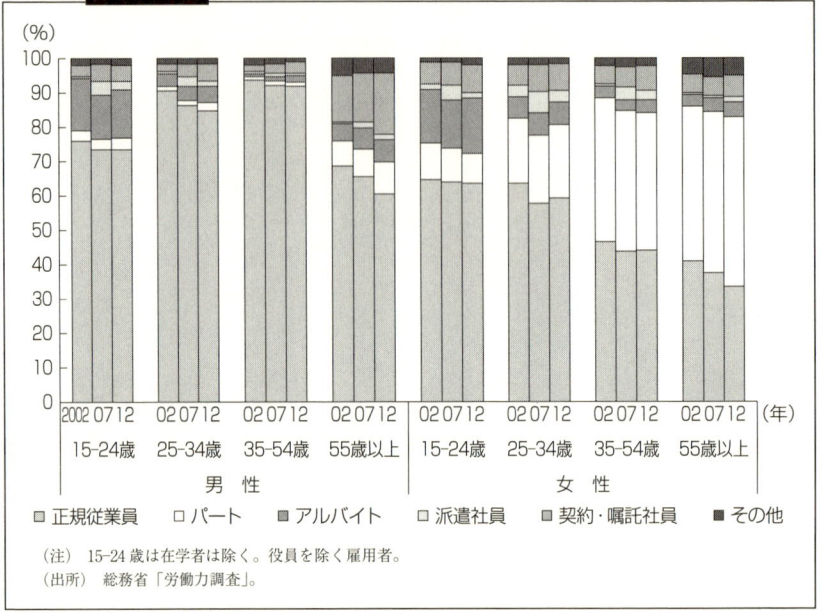

CHART 図 3.5　性別・年齢別の雇用形態構成の推移

（注）　15-24 歳は在学者は除く。役員を除く雇用者。
（出所）　総務省「労働力調査」。

計や最低限の生活水準を維持できないことにもつながるのである（久本 2010, 佐口 2011）。

組織の周辺への分断：雇用の多様化・非正規化

1990 年代からの不況において，組織は単に成員を排除しただけではなかった。中心的な成員を守るため，また組織を維持するため，周辺的な地位を増加させたのである。それが雇用形態の多様化，非正規化と呼ばれる流れである。

図 3.5 は 2002 年から 2012 年までの，雇用形態構成の推移を示している。

まず圧倒的に正社員（正規従業員）が多いのは 35～54 歳男性である。彼らは日本的雇用システムの中でもっとも中核的な成員として位置づけられてきた層であり，雇用の非正規化や多様化がいわれた 2000 年代でも，その地位の強固さは大きくは揺らいでいない。

他方で 15～24 歳男性では，アルバイト・パートから構成されるフリーター

---
keyword
フリーター　「15～34 歳で学生でも主婦でもない人のうち，パートタイマーやアルバイトという名称で

を中心に非正規雇用が20%程度の水準で推移しており，2012年にかけて微増している。25～34歳になると10%台に低下しているが，しかし2012年ではやや増加傾向にある。無業者の場合と同じく，非正規雇用への滞留が生じているのである。

55歳以上では，一度定年したあとに再雇用される層が契約・嘱託社員として含まれるため，若年労働者と状況は異なる。しかし2012年にかけて全体として増加傾向にある。

次に女性を見ると，会社身分制の影響が明確に現れていることがわかる。

15～24歳層では，男性と類似の構成を示すが，全体として女性のほうが非正規が多い。それが25～34歳，35歳以上と加齢につれて，パートを中心に半数以上が非正規雇用に移行している。同じ壮年期でも女性の正社員は50%を下回っている。

以上雇用形態の推移からは，壮年期男性の雇用維持のために，他のジェンダー，年齢層の人々の雇用が多様化，非正規化していることがわかる。雇用形態すわなち組織に対する関係性という点においても，会社身分制によってはっきりと分断線が走っていることがわかるのである。

組織の内部：雇用の劣化

それでは，正社員として組織に採用された者は，良好な立場を得られているのだろうか。雇用の良さを評価する指標は，労働時間や福利厚生などさまざまな要素が考えられるが，すべてを検討することはできない。ここではもっとも重要な賃金に絞ろう。

図3.6は，大企業における標準労働者の年齢別賃金格差の2001年と2011年の10年間での変化を学歴別・性別に示したものである。標準労働者とは「学校卒業後直ちに企業に就職し，同一企業に継続勤務している労働者」のことであり，図3.5でいえば正規従業員の人々に基本的には対応している。彼らの処遇は，2000年代の10年間でどう変化したのだろうか。

まず賃金水準には，表3.2でも確認したジェンダー格差が明確に表れている

─ keyword
雇用されているか，無業でそうした形態で就業したい者」をさす。言葉自体は，1987年にリクルート社の情報誌『フロム・エー』編集長だった道下裕史が考案したとされる。

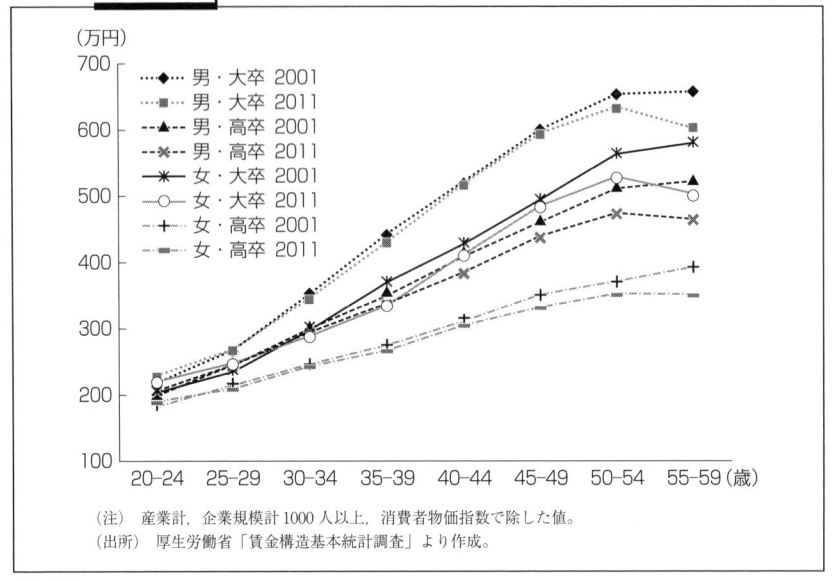

CHART 図3.6 性別・学歴別にみた年齢別賃金格差の年代比較

(万円)

- ♦ 男・大卒 2001
- ■ 男・大卒 2011
- ▲ 男・高卒 2001
- ✕ 男・高卒 2011
- ✴ 女・大卒 2001
- ○ 女・大卒 2011
- ＋ 女・高卒 2001
- ■ 女・高卒 2011

(注) 産業計，企業規模計1000人以上，消費者物価指数で除した値。
(出所) 厚生労働省「賃金構造基本統計調査」より作成。

ことを確認しておこう。同じ大規模組織，同じ学歴で働いていても，この10年でジェンダー差は大きくは縮まっていないのである。そのうえで重要なのは，10年間での同一カテゴリー内での水準の変化である。

図からは，男性大卒では2つの年の賃金曲線の乖離が少ないのに対して，他のカテゴリーでは2011年までの10年の間に，賃金曲線が下がってきていることがわかる。長期不況の当然の結果ともいえるかもしれないが，その影響の受け方が異なっているのである。常に低い水準にある高卒女性でもわずかながら低下が見られるが，大卒女性，高卒男性の低下がとくに大きい。それに対して，もっとも高い水準にもかかわらず，大卒男性の低下の少なさは特徴的である。

たとえば賃金水準の下げ幅の平均を見てみると，大卒女性（19万円）＞高卒男性（18万円）＞大卒男性・高卒女性（11万円）である。正社員という組織の中心的成員の内部においても，ジェンダーと学歴という会社身分制内の区分に対応して，賃金の低下が生じているのである。つまり正社員内部についても，成員を階層化する組織の力によって，個人間の格差が生じていたのである。

日本的組織社会の風景

　以上，1990年代以降に生じた日本的雇用システムのゆらぎの検討から，第3節で論じた会社身分制，すなわちジェンダーと学歴による階層構造のどこに位置づけられるかによって，個人が不況から受ける影響も異なっていることを見てきた。具体的には，雇用形態や賃金において相対的に高い処遇を受けている大卒男性に比べて，大卒女性や高卒男性，高卒女性は，低い処遇を受けている実態が明らかになった。このように現代における私たちの仕事の世界は，本章を通じて見てきた日本的な組織社会のあり方に規定されているのである。

5　会社と向き合うために

　本章では大きく2つの問題の考察を通じて，現代社会における仕事について考えてきた。

　私たちはこのような日本の会社組織，また日本的な組織社会にどう向き合っていけばいいのだろうか。最後に本章での考察から導ける，いくつかの方向性について簡単にだが触れてみよう。

　1つは，組織の力を法によって縛るという方向性である。日本の労働法制度は，会社に対して厳しい解雇規制を課していることがよく話題になる。しかし本章で見てきた組織と個人という関係でいえば，採用や雇用してからの処遇を左右する組織の力を適切に規制することが，より重要である。

　しかし冒頭の判例でも見たように，この点に関して日本の法制度はむしろ会社組織の力を支える働きをしてきた（水町 2011，岡田 1987）。不況によって個人の移動の自由を支える条件が弱まったときに，組織の力が強まったのも，このような法制度の仕組みが関わっているのである（→Column ❸）。

　だがこれは決して当たり前の組織社会のあり方ではない。たとえばフランスやドイツなど他の社会では，会社組織の力は主に労働協約という形で，会社を超えた横断的労働組合との団体交渉によって規制されている（水町 2011）。またアメリカのように，個人と組織が個別に労働契約を結ぶような自由度が高い

Column ❸ 「ブラック企業」問題

　近年の若年労働問題をめぐる議論の中で、「ブラック企業」が話題になった。この問題についてのオピニオン・リーダーである今野晴貴（2012）によれば、「ブラック企業」とは以下のような特徴をもつ企業とされる。

　まず「ブラック企業」には明確な定義はなく、そのためどの程度存在しているのかといった数値的な実態はわからないという。しかし少なくとも2008年頃から該当すると思われる労働相談が増加し、だいたいが以下のような傾向をもつということが判明している。

　①企業規模は中〜大規模まで幅があり、操業年数は若い新興企業が多い。また業種や産業に特定の偏りはない。②応募条件では、一見通常よりも高い初任給や月収を提示している。また雇用形態も「正社員」採用を強調している。しかし採用後の職場での就労実態は、③月200時間以上にも達する異常・違法な長時間労働や未払い残業を強制しており、そのため実質的賃金は低くなる。また過剰労働は精神的・身体的な健康が破壊されるまで続き、深刻な事例では過労死・過労自殺にいたっている。④正社員として契約を結ぶ前に恣意的な試用期間が設けられており、そこで異常な選抜・訓練が行われる。そして選抜に残れない者を自主退職に追い込む。その際の方法として、恫喝や暴力を含むパワー・ハラスメント、セクシャル・ハラスメントの実態も報告されている。こうした方法は、やはり労働者を精神的・身体的に追い込んでいるという。

　このような企業が表れてきた背景には、①正社員に対する手厚い雇用保障と引き替えに、非常に強い労務指揮権を企業が獲得してきたという日本的雇用システムと労働法制のあり方、②近年の不況による若年労働者の買い手市場状況の2点が関わっているという。「ブラック企業」はこの状況を利用し、雇用保障は与えずに強力な労務指揮権のみを濫用し、買い手市場である若年労働者を次々と使い捨てるという経営戦略によって、急成長を遂げているとされる。

　本章で学んできた視点からしても、「ブラック企業」とは、近年の労働市場の状況下で、会社組織の力がもっとも深刻な形で成員を襲ったものとして理解できる。今野（2012）は、こうした「ブラック企業」への対抗手段について、若者には、労働法の基礎知識や自己を守るための戦略的思考を身につけること、そして政府には現状の過度な労務指揮権や長時間労働を制限することを提唱している。

とされる社会においても，雇用してからの処遇における人種，年齢，性別，宗教，民族差別を禁止する法が，日本よりもはるかに強力に整備されているのである（水町 2011）。

それゆえこうした他の社会のあり方もふまえて，組織の力を適切に規制することで個人の自由や権利を確保していくことが重要である。

もう1つ，組織の力を縛るという消極的な対応でなく，より積極的な対応となるのが，個人の側の自由を支える労働市場を機能させていくという方向性である。本章で見てきたように，未曾有の不況に対して，日本社会は問題を個人に押しつける形で適応してきた。日本は不況に対して脆弱な社会なのである（佐藤 1993）。こうした組織と個人との不均衡を変えていく試みが，労働市場政策である（水町 2011）。

第2節で見たように，移動の自由を可能にするのは，単に景気を良くすることだけではない。それを具体的に実践できるように，個人に適切な情報を届けたり（公共職業紹介・斡旋），スキルをつける機会を保障すること（能力開発）もまた重要である。これらは積極的労働市場政策と呼ばれ，法的施策の一部でもある（水町 2011）。こうした試みも組織を規制する方向性と合わせて，個人を支える仕組みとして重要である。

個人の自由を支え，組織社会での仕事のあり方をより良いものにしていくためには，ここで触れた以外にも，さまざまな道筋があるかもしれない（佐口 2011）。あなた自身が，本章で学んだことをふまえて，考えていけるようになってくれればうれしい。

CHECK POINT

☐ 1 組織は，組織にとって重要な規則から集成された成員役割の承認と，成員資格を結びつける成員資格のメカニズムによって成り立っている。

☐ 2 この成員資格のメカニズムによって，組織に対する個人の自由は，移動の可能性＝労働市場の需給状況に大きく左右されてしまう。

☐ 3 日本的雇用システムは，安定した経済成長と良好な労働市場を背景に，1990年代までは安定した組織・個人の関係を構築していたとされる。しかし90年代以降の長期不況の中で，組織の力が増大し，他方で雇用の劣化が

生じている。
□ 4　組織と個人の力関係のバランスをとり，仕事の世界を作り直すために，法制度の改善が重要である。

読書案内　　　　　　　　　　　　　　　　　　　　　Bookguide

A. R. ホックシールド著／石川准・室伏亜希訳『管理される心——感情が商品になるとき』世界思想社，2000 年。
　→組織は今日，労働者の感情すら商品として管理し始めている。とくにそれがジェンダーを軸として起こっていることを明らかにした本。

岩井克人『会社はこれからどうなるのか』平凡社ライブラリー，2009 年。
　→本章では論じられなかった法人論・資本主義論を軸に，会社の本質とこれからの日本経済を考える良書。

本田由紀『若者と仕事——「学校経由の就職」を超えて』東京大学出版会，2005 年。
　→戦後日本の教育における職業的意義の欠如という観点から，従来の雇用労働・教育の議論を転換した本。

木本喜美子『家族・ジェンダー・企業社会——ジェンダー・アプローチの模索』ミネルヴァ書房，1995 年。
　→日本的雇用システムにおけるジェンダー差別がなぜ維持されるかを知るためには，家族にまで射程を伸ばしてみなければならない。それを試みた代表的研究の 1 つ。

仁田道夫・久本憲夫編『日本的雇用システム』ナカニシヤ出版，2008 年。
　→日本的雇用システムについて，現時点で最新で信頼できる教科書。本章では論じられなかった賃金管理，教育訓練，労働組合など重要なトピックは本書を参照してほしい。

佐藤俊樹『近代・組織・資本主義——日本と西欧における近代の地平』ミネルヴァ書房，1993 年。
　→社会学の立場から日本の組織とは何かを考えるときに手がかりになる本。本章も本書の枠組みに依拠している。

岩田規久男『日本経済を学ぶ』ちくま新書，2005 年。
　→日銀副総裁（2015 年現在）による，日本経済全体のあゆみがわかる新書。同時に景気政策の重要性も理解してほしい。

引用文献

ウェーバー, M./世良晃志郎訳, 1960-62, 『支配の社会学――経済と社会 (I・II)』創文社.
岡田与好, 1987, 『経済的自由主義――資本主義と自由』東京大学出版会.
岡本秀昭, 1990, 『経営と労働者』日本労働研究機構.
奥山敏雄, 1991, 「組織の世界――公式組織とは何か」吉田民人編『社会学の理論でとく現代のしくみ』新曜社.
尾高煌之助, 1993, 『職人の世界・工場の世界』リブロポート.
桑田耕太郎・田尾雅夫, 1998, 『組織論』有斐閣.
玄田有史, 2001, 『仕事のなかの曖昧な不安――揺れる若年の現在』中央公論新社.
小池和男, 1991, 『仕事の経済学』東洋経済新報社.
今野晴貴, 2012, 『ブラック企業――日本を食いつぶす妖怪』文春新書.
佐口和郎, 2011, 「雇用制度と生活」玉井金五・佐口和郎編『戦後社会政策論』明石書店.
佐藤俊樹, 1993, 『近代・組織・資本主義――日本と西欧における近代の地平』ミネルヴァ書房.
高野不当解雇撤回対策会議編, 1977, 『石流れ木の葉沈む日々に』労働旬報社.
長岡克行, 2006, 『ルーマン／社会の理論の革命』勁草書房.
野村正實, 2007, 『日本の雇用慣行――全体像構築の試み』ミネルヴァ書房.
長谷部恭男, 2004, 『憲法 (第3版)』新世社.
久本憲夫, 2010, 『日本の社会政策』ナカニシヤ出版.
マーチ, J. G., サイモン, H. A./高橋伸夫訳, 2014, 『オーガニゼイションズ――現代組織論の原典 (第2版)』ダイヤモンド社.
水町勇一郎, 2011, 『労働法入門』岩波新書.
ルーマン, N./沢谷豊・関口光春・長谷川幸一訳, 1992-96, 『公式組織の機能とその派生的問題 (上・下)』新泉社.
Luhmann, N., 1982, *The Differentiation of Society*, (Trans.) Stephen Holmes and Charles Larmore, New York: Columbia University Press.

CHAPTER

第 **4** 章

友 だ ち

「友だち地獄」が生まれたわけ

（出所）集英社『Seventeen』2012年6月号，144頁。

　新学期がスタートして約1カ月。学校にも慣れてきたところで，友達を大量にGETしたいよねっ。とゆーことで，学校生活＆友達と過ごす休日の中で友達づくりに差が出る行動を分析☆実はささいな違いが明暗を分けるんです！

INTRODUCTION

　……という一文で始まるこのクイズ。これは，2012 年 5 月に『Seventeen』という女子中高生向けの雑誌に掲載された「友達ができるコ or できないコの分かれ道」という特集だ。

　ほんの少しの間だけ，中高生の頃の自分に戻って，真剣にこのクイズを当てにいってみてほしい。2 択の問題がたった 5 問。きっと，ついこの間まで中高生だったみんななら全問正解なんて余裕なはずだ。

　さて，先のクイズを実際に解いてみて，みんなはどのような感想をもっただろうか。意外と考えさせられたのではないだろうか。実は，この間まで高校生だったはずの大学生にこの問題を解かせてみると，正答率は驚くほど低い。全問正解できる人は全体の 5% くらいだろうか。

　実際のところ，人それぞれ置かれた状況は違うし，これまで周りの人とどのような関係性を築いてきたかを考慮しなければ，正解というものは導けないだろうから，この問題自体が成立しているかどうかは，実のところあやしい。というか，一見して，どちらの選択肢もさして問題ないように見える。だから，正答率が低いこと自体にはまったく問題はない。

　ちなみにこのクイズの答えは，Q1 から順番に BBABA となる。きっと，自分の感覚とは違う人もたくさんいるだろうし，「このクイズの正解は間違っている！」と思う人も少なくないことだろう。

　本章でも，「このクイズの答えが絶対だから，もし友だちがほしいなら，こういう行動をとりなさい！」と言うつもりはまったくない。本章で論じたいのは，そういうことではなく，このようなクイズが先の答えのように導き出されてしまうような現代社会とは，どのように成り立っているのか，ということだ。以下では，「友だち」をめぐる日本社会の現状を概観したうえで，その中に書き込まれているいくつもの暗黙のルールを探り出し，最後にもう一度，なぜ上記のような「正解」が提示される結果になっているのか，その謎に取り組んでみることにしよう。

1　「友だち」のあり方は社会的に規定される

中高生の「友だち」関係は変わってしまったのか？

　現代の中高生の「友だち」を取り巻く環境は，過去と比べて携帯電話やインターネットの普及などのメディアの発達とともに大きく姿を変えたといわれている。とくに，中高生を代表とする，ある程度若い年齢層の「友だち」関係は，

それらのメディアツールなしでは成り立たなくなっているといえるだろう。さらにこれらのツールを介した「友だち」とのいざこざやいじめが，悲惨な事件を引き起こしたというニュースを見ることも珍しくなくなった。そうしたニュースを目にしたとき，私たちは，子どもたちの「友だち」関係は昔と比べて変わってしまったというようなことを軽々と口にしてしまう。たとえば，それは「誤った」関係だとか，「真の」友だちではないとか，あるいは友情が「希薄」「濃密」になったとかというようにである。
　しかし，果たして，本当にそれは的を射た議論なのだろうか。私たちは，「友だち」という存在が，あまりにもありふれた存在であるがゆえに，自分の心の中にある「友だち」と違った「友だち」のあり方に遭遇したとき，違和感を抱いているという可能性はないのだろうか。
　もちろん「友だち」に限ったことではないが，人間関係を対象として議論を進めるとき，私たちは「友だち」と自分をただの二者間の関係であり，個人の性格など，その人自身に原因があるものとして想定してしまうことがよくある。
　しかし，実際には，その対象を取り巻く環境や，それに対する意識の集合体（それはきっと常識と呼ばれることもあるだろう）は絶えず変化し続けているのであり，環境や意識の集合体，すなわち社会が個人の行動や意識を規定しているかもしれないということを忘れがちだ。そのように考えてみると，「友だち」関係もまた，当事者の問題だけではなく，社会との関係と照らし合わせながら，論じられてしかるべきであるというように考えられるだろう。そこで，本節では，はじめに，国際比較調査を参考にしながら，日本の「友だち」の特徴をあぶりだしていくことにしたい。

「友だち」が多い日本の若者

　誰かに「友だちはいますか」と問われたとき，あなたはどのようなことを考えて答えを導き出すだろうか。「友だち」はどのような存在かということを十分に熟慮したうえで答えを出しているだろうか。おそらく，多くの人は，自分の中にある「友だち」と質問者の「友だち」を同じ意味だと解釈して，それほど深くは考えずに答えを出していることだろう。それほど，私たちの中に「友だち」は，当たり前の存在として浸透しており，その意味を深く考える機会は

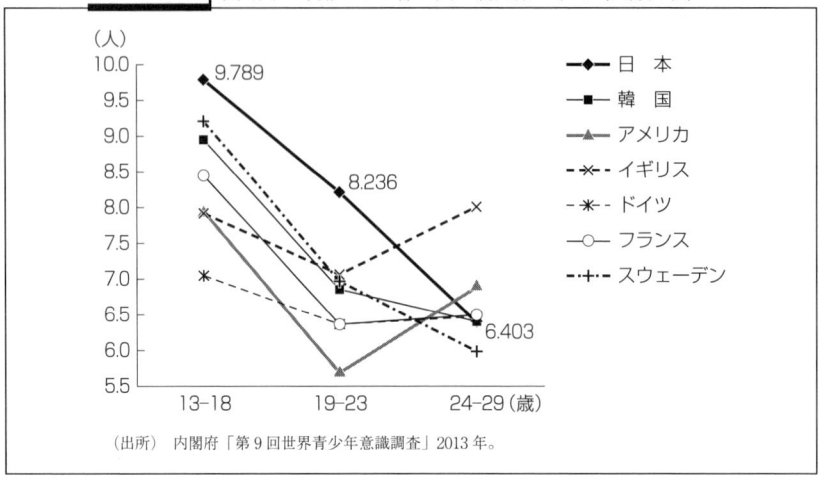

CHART 図4.1　年齢ごとの仲が良い友人数の平均（国際比較）

```
(人)
10.0 ┤ 9.789
 9.5 ┤ ●
 9.0 ┤ ■
 8.5 ┤       8.236
 8.0 ┤
 7.5 ┤
 7.0 ┤
 6.5 ┤              6.403
 6.0 ┤
 5.5 ┤
     └─────┬──────┬──────┬──
         13-18  19-23  24-29 (歳)
```

凡例：◆日本　■韓国　▲アメリカ　-×-イギリス　-*-ドイツ　○フランス　-+-スウェーデン

（出所）内閣府「第9回世界青少年意識調査」2013年。

少ない。

　実際，2003年に内閣府は「同性の親しい友人」「異性の親しい友人」「恋人」の3つに当てはまる人がどれだけいるか調査しているが，その回答を見ると，「わからない」と回答した人や「無回答」であった人は，わずか1.2%しかおらず，該当する「親しい友人」がいるかいないかは別として，この質問の意味がわからなかった人は，ほとんどいなかったことがわかる。つまり，ほとんどの人は「友だち」という存在の定義を自分なりにもっており，その有無を問われれば，容易に回答できてしまう状況にあるということが見て取れるということだ。

　では，友人の数は他の国と比べて，どのような特徴が見られるだろうか。2013年の同調査（第9回世界青少年意識調査）では，13歳から29歳を対象として，「仲の良い友人の数」を聞いている。年齢を3つに分割し，その平均数を示したのが，図4.1である。これを見ると，13歳から23歳までは，日本は仲が良い友人数が各国に比べて多くいるが，24歳から29歳になると各国の平均をやや下回るようになることがわかる。

「友だち」は学校で作られる

　では，友人数は友人関係の満足度とどのくらい関連しているのだろうか。

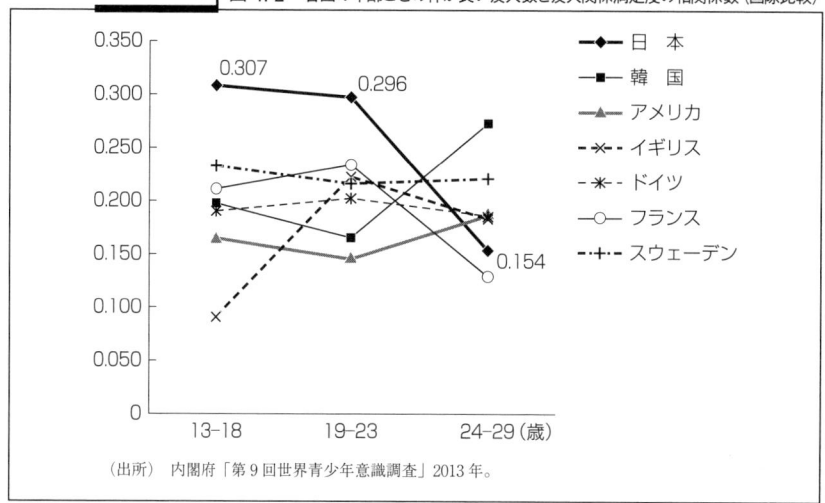

CHART 図 4.2　各国の年齢ごとの仲が良い友人数と友人関係満足度の相関係数（国際比較）

（グラフ：縦軸 0〜0.350、横軸 13-18, 19-23, 24-29（歳））
- 日本：0.307 → 0.296 → 0.154
- 韓国、アメリカ、イギリス、ドイツ、フランス、スウェーデン

（出所）内閣府「第9回世界青少年意識調査」2013年。

「仲が良い友人数」と「友人関係満足度」の相関係数を示したのが，図 4.2 である。なお，「友人関係満足度」は「とても満足している」に 4 点，「やや満足している」に 3 点，「あまり満足していない」に 2 点，「まったく満足していない」に 1 点という形で点数化している。

　この結果を見ると，日本では 23 歳までは，他国に比べて，友人がたくさんいる人ほど友人関係に満足しているという特徴が見られるが，24 歳以降においては，そのような傾向は見られなくなっていくように変化していることがわかる。さて，この「友だち」が多いほど満足する 24 歳以下という年齢は，いったいどのようなことを表していると考えられるだろうか。おそらく，これは「学校」に通っている人が多いかどうかを示したものだと推測できるだろう。

　試みに，同調査の「親しい友だちができたきっかけ」について確認してみよう。その結果の経年比較を表したのが，表 4.1 である。表 4.1 から，約 25 年間もの間，日本では，一貫して親しい友だちができやすい場所が「学校」であり，友だちがたくさんいないと満足感が得られないという日本の学校に通う若者の様相が読み取れる。

　さらに，同調査の「学校に通う意義」の国際比較（図 4.3）を確認すると，日本の若者にとって，「学校に通う意義」が他国に比べて際立って高いのは，「友だちとの友情をはぐくむため」であるという回答であることがわかる。こ

1　「友だち」のあり方は社会的に規定される　● 83

CHART 表4.1 日本の「親しい友人ができたきっかけ」の推移

(%)

親しい友人ができたきっかけ （複数回答可）	回答率					
	1977年	1983年	1988年	1993年	1998年	2003年
学校で	81.6	88.3	91.8	91.6	92.2	91.5
職場で	34.1	35.6	34.9	39.6	39.6	36.6
近所で	13.1	14.2	11.8	11.9	12.6	12.3
学校以外のクラス・グループで	10.3	12.8	17.7	12.9	15.0	16.2

(出所) 内閣府「世界青少年意識調査」(1977-2003年)。

CHART 図4.3 学校に通う意義（国際比較）

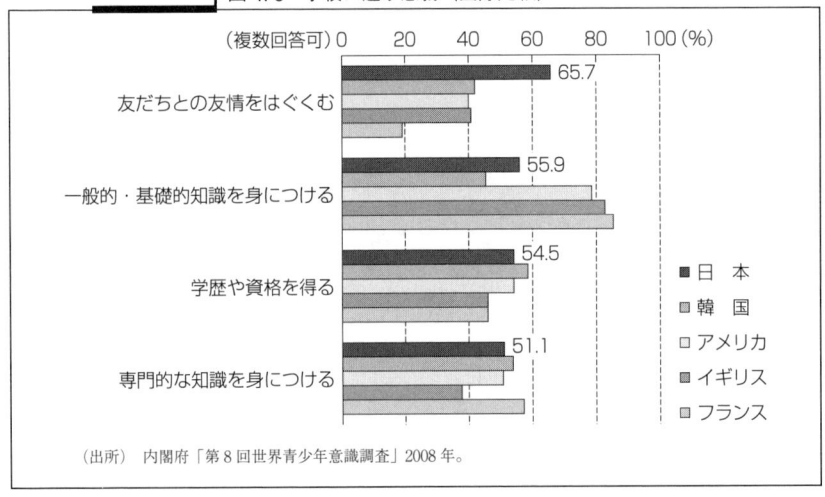

（複数回答可）

- 友だちとの友情をはぐくむ　65.7
- 一般的・基礎的知識を身につける　55.9
- 学歴や資格を得る　54.5
- 専門的な知識を身につける　51.1

■ 日本
■ 韓国
□ アメリカ
■ イギリス
■ フランス

(出所) 内閣府「第8回世界青少年意識調査」2008年。

れは，他国には見られない日本の特徴であるといえる。

　他の国はどちらかというと「一般的・基礎的な知識を身につける」ことが「学校に通う意義」となっているのに対して，日本では，「友だちとの友情をはぐくむ」ことが「学校に通う意義」になっているのである。もちろん，これらの「意義」は相反するものではないため両者が両方成立することは可能であるが，他国と比較することにより，日本の特徴がよりわかりやすく見えてくるのではないだろうか。

　これらの結果を受けて，友人をめぐる日本の特徴を改めて解釈してみよう。どうやら，日本の若者の友人関係をめぐる特徴は，学校に通っているうちは，友人が多く，その多さが友人関係満足度にも大きく影響を与えているが，学校

CHART 表4.2 仲の良い友人数の平均

	日本	韓国	アメリカ	イギリス	ドイツ	フランス	スウェーデン
学校に在学（人）	9.6	7.9	7.2	8.2	6.9	7.7	8.2
フルタイム（正社員・正職員）（人）	7.4	7.1	7.5	8.1	7.0	6.9	6.7
パート・アルバイト（学生を除く）（人）	5.8	6.1	6.6	7.5	4.7	6.3	6.4
無職（人）	5.1	4.4	5.6	5.6	5.0	5.3	5.9
全体（人）	8.2	7.2	6.8	7.6	6.6	7.0	7.4

（出所）内閣府「第9回世界青少年意識調査」2013年。

を卒業するとそれらの関連はなくなっていく、ということになりそうだ。とすれば日本のとくに思春期の友人関係では「学校」という場がより重要になっている可能性が想定できる。

　実は、私たちの「友だち」の多さはある程度、会う頻度や付き合いの長さに規定されており、とくに学校に所属している場合には、必然的に「友だち」が多くなる傾向にある。そして日本においては、その傾向が諸外国よりも色濃いことがこれまでの調査でわかっている。

　その結果を表したのが、表4.2である。どの国も学校に在学していると、友人数が多くなる傾向にあるが、日本の学校に在学している人（9.6人）は、フルタイム（7.4人）よりも2.2人多く友人がおり、無職の人（5.1人）よりも4.5人多く友人がいることがわかる。確かに他の国の結果にも、同様の傾向は見られるが、その差は日本ほど大きくないことが確認できる。

　このように日本の若者にとって、学校はきわめて「友だち」と親和性の高い場であり、彼らの学校生活から「友だち」を切り離すことは難しいことが想定できる。そこで、本章では、とりわけ若い年齢の「友だち」関係に焦点化して、議論を進めていきたい。

❷　学校は「友だち」地獄を生み出す

協調性が重視され、閉鎖性が高い学校空間

　日本の中高生にとって、学校の人間関係は、閉鎖性の高さと協調性が重視さ

れる場であるという2点で特別な意味をもつ。閉鎖性に関していえば、彼らの意思で学校を選択することはできないし（義務教育の場合は、居住地で学校が決められ、高校の場合は、実家から通える範囲に進学先が限定されることが多い）、所属するクラスに関しても、さらには自分の座席に関しても自分の意思が介入できる余地はほとんどない。とくに学級は、パノプティコンの代表例とされ、教師が児童生徒の行動を監視できるようになっている。さらに日本の学校では、歴史的な背景から、学習指導だけではなく、生活指導も重視するという徳育重視の文化がある（柳 2005）。もちろん、生活指導の中には、集団行動での規律、すなわち協調性が重要視されている。

つまり、これら閉鎖性と協調性という2つの事象が重なる日本の学校という場は、人間関係を円滑にすることが求められ、かつ、その構成員は自分で決めることができず、そこから逃げられないという特性をもつことになる。このような限定的な空間の中で、日本の中高生は国が定めた一定期間、「気の合う友人」との生活を強いられるのである。

「優しい関係」が生み出す「友だち地獄」

このような協調性が重視され、閉鎖性が高い学校で過ごす現代の日本の中高生の人間関係は、過去のものと比べ、「優しい」関係になったといわれている。たとえば、『ごくせん』や『GTO』などで見られるような、激しい口論の末に、殴り合いの喧嘩をし、土手で寝っ転がって、お互い笑顔で語り合うといったような「友だち」関係に、私たちがリアリティを感じることはもはや難しい。

どちらかというと、むしろ、殴り合いも激しい口論もできる限り避け、お互いに傷つけないように慎重に付き合う関係性にこそ、リアリティを見いだすことができるのではないだろうか。学校の人間関係のように、閉鎖性が高い空間では、人間関係のやり直しがきかないため、多数の人間関係を慎重に扱い、みんなとぶつからないようコントロールすることが必要になってくるからである。

---
keyword

パノプティコン　　ミシェル・フーコーの用語。もともとはイギリスの思想家ジェレミ・ベンサムが考案した監獄のシステムであり、監視者がいる塔から囚人は見えるが、囚人からは監視者は見えないような監視システムをさす。フーコーは、これをヒントにして、実際に見られているかはわからなくとも、「見られている可能性がある（と思う）」ことが、監獄の中の囚人を主体的に服従させる機能を果たしていることを示した。

このように対立の回避を最優先にする若者たちの人間関係を社会学では**優しい関係**と呼ぶ。たとえば，社会学者の土井隆義（2008）は，現代の若者は「友だち」とぶつかり合うことを避け，他人と積極的に関わることで相手を傷つけてしまうかもしれないことを危惧する今風の「優しさ」の存在を指摘した精神科医の大平健（1995）を受けて，「かつての若者たちにとっては，他人と積極的に関わることが『優しさ』の表現だったとすれば，今日の『優しさ』の意味は，その向きが反転している」（土井 2008: 8）という。

　では，このような「友だち」関係の形式の変化が，彼らの日常生活にどのような変化をもたらすのか，少し考えてみよう。もし，1人ではなく，みんなが「優しい関係」を基準として，ぶつからない関係性をめざすとどのようなことが生じるのだろうか。

　まず内面的な変化としては，「友だち」と違う考えをもっていたとしても，ぶつかることを過度に恐れて，対立した意見を言わないよう存分に注意するだろうし，外面的には，みんなと違った身なりをしないように，慎重に服を選んだり，化粧をしたりするようになるかもしれない。いわば，集団の構成員が全員，その場の同質性に多大な配慮が求められるようになるということである。

---

keyword

優しい関係　土井隆義の用語。「友だち」との対立の回避を最優先する関係性をさす。

これを同調圧力と呼ぶ。

同調圧力の中で「友だち」と「ぶつからない」ことを最優先する関係性の中では，集団の中で全員が過剰な敏感さをもたなければならない。こうした「優しい関係」の集合体を土井（2008）は「友だち地獄」と呼んでいる。

曖昧で不透明な「友だち」

このような状況を「友だち地獄」と呼ぶことに違和感を覚える人もいるかもしれない。先のような緊張した関係性は「友だち」関係ではないと考えることもできるからだ。

しかし，私たちは，自分の「友だち」と「友だち」ではない人とを，明確に区別することは意外と難しい。その理由としてあげられるのが，「友だち」は不安定で不透明な存在だからというものである。

実はよく考えてみると，「友だち」は他の関係性（家族や恋人など）と異なり，境界線が非常に曖昧だ。誰でもいいが，頭の中にあなたの「友だち」を思い浮かべてみてほしい。彼／彼女とは，いったいいつから「友だち」だったのだろうか。その「友だち」もあなたと同じようにあなたのことを「友だち」だと思っているだろうか。仮にいい感じに解釈して，お互いに「友だち」だと思っているとして，「友だち」だと認識した時期は一致するだろうか。このように考えてみると，私たちは，当たり前の存在だった「友だち」が，いかに不安定で不透明な存在であるかということに気づかされる。

そんなことはない。自分の中で「友だち」というのははっきり定義されているから間違いようがない！ と考える人もいるかもしれないが，その認識がお互いに嚙み合っている保証はないだろう。

──keyword────────────────────────────────
同調圧力　　集団の大多数の意見や態度をその集団内に所属する個人にも強制するような雰囲気のことをさす。同調圧力が蔓延した集団では，「同調できること」が「協調性」があることと同定されてしまう可能性をもっている。

過剰な敏感さ　　相手の内面に深く踏み込まず，それでいて，友だちとの「つながり」を維持し続けることを主たる目的とする，過剰で繊細な「敏感さ」のことをさす。もちろん，このような関係性が「過剰」であると判断されているのは，過去の「望ましい友だち関係」が参照点とされているからであり，現代の中高生の生活世界では「過剰」ではなく，友だちに対する必要最低限の感覚である可能性もある。

3 学校がもたらす「友だち」関係の負の側面

学校の人間関係が生み出す「いじめ」と「スクールカースト」

　前節で説明した「友だち地獄」が表面化した学校では，人間関係の失敗が許されない過酷な居場所になる可能性を秘めている。とくに具体的に想定しやすいのは，いじめのような負の関係性が生じている場合だろうか。

　社会学者の内藤朝雄は，「いじめ」の原因として，日本には主に所属する集団をとくに重要視し，その規律を絶対のものとする**中間集団全体主義**が学校に蔓延していることをあげている。限られた人間関係の中で，良好な関係を築くことが善しとされる空間は，人間関係の負の側面もまた浮き彫りになりやすいのである（内藤 2001）。

　事実，日本の学校で「いじめ」が起きやすいのは，「教室」であり，クラスメイトの関係性が「いじめ」に結びつきやすいことがわかっている。会う頻度が多く，「友だち」ができやすい教室という空間は，その閉鎖性の高さゆえに，「友だち」との不和もまた生じさせやすいという危険性を孕んでいるのである。

　さらに近年においては，「いじめ」とまではいかなくとも，クラスや部活動などの同輩集団の関係性に権力構造が生まれているという指摘もある。これらの一連の研究の中では，それぞれ言葉の使い方は異なるものの，同輩集団内に自然発生的に生まれるインフォーマル・グループが「ヤンチャ」⇔「インキャラ」，「ギャル」⇔「オタク」，「イケてるグループ」⇔「イケてないグループ」のように，権力をもつグループともたないグループとの間を対比する形で語られている（上床 2011，知念 2012 など）。

　どちらのグループに所属するにしても，一見，気の合う友人と自然にグルー

---

keyword

いじめ　立場の弱いものを物理的，あるいは精神的に苦しめる行為をさす。日本では 1980 年代に起こった中学生のいじめ自殺事件をきっかけとして社会問題になった。社会学では「加害者」と「被害者」の関係性のみで生じる「心の問題」というだけではなく，それを取り巻く環境や周りの人間関係を含む，「構造の問題」として捉えられてきている。

中間集団全体主義　内藤朝雄の用語。「中間集団」とは，国家と個人の中間にある集団をさす。現代人は，学校や家族，職場などあらゆる中間集団に所属しているが，その集団に個人が埋没し，その集団の価値観から抜け出せなくなっていることをさす。

Column ❹ 親しさをコントロールできる「友だち」

　私たちは，ある人と出会ったとき，その人ともっと仲良くなりたいとか，これ以上親密な関係になるのは避けようといったように，自分の意思で仲の良さをある程度コントロールしようとすることがある。つまり，私たちには，友人を自分の意思によって自由に選択する権利があるということだ。

　人類の歴史を振り返ると，友人関係ほど自らの意思で自由に選択できる関係性は珍しい。これは，家族や近所付き合い，会社での人間関係など他の関係性とは大きく異なる点である。

　社会学者のフェルディナント・テンニースは，多彩な人々のつながりを「ゲマインシャフト」と「ゲゼルシャフト」という2つに分けて論じた。「ゲマインシャフト」は，血縁や地縁など「構成員1人ひとりのために存在する共同体」であり，「ゲゼルシャフト」は「組織自体に目的があり，そのために構成員が集められた共同体」である。テンニースは，近代化が進むと，「ゲマインシャフト」から「ゲゼルシャフト」へと重要性がシフトしていくと考えた。目的がある集団が重要視されることが，近代化の必要条件であると考えたわけである。この議論を受けて上野千鶴子（1987）は，「ゲマインシャフト」と「ゲゼルシャフト」はどちらも「選べない縁」であり，友人関係はそのどちらにも属さない「選べる縁」であることを指摘している。そして，「選べる」ということは，本来ならば，「選べない縁」と独立して存在していなければならない。しかし実のところ，日本の中高生においては「選べない縁」から純粋に独立した友人というのは，あまり見られないといってもいいだろう。というのも，そもそも中高生の「友だち」は，多くの場合，学校の同級生であったり，部活動が同じだったり，場合によっては先輩・後輩だったりする「友だち」ではなかった存在が，徐々に「友だち」となっていくことが多いからだ。もちろん無数にいる他人から友人となる人を選択するという人もいるだろうが，この年齢の友人関係については，学校でのつながりがある場での関係性から，友人関係へと発展する形が一般的だろう。

　社会学者のアンソニー・ギデンズ（訳書1995）は，近代社会とは，損得で他人と付き合ったりするのではなく，「純粋に」他人と結びつきをもつこと自体に満足感を感じる時代であると指摘した。ただし，先の中高生の「友だち」をめぐる状況を見ると，学校の閉鎖性に大きく影響される友人関係の中では，「純粋に」他人と結びつきをもつ友人関係を作ることは難しくなっていることが想定できるだろう。

プを形成しているだけのようであるにもかかわらず，その場の主導権は特定のグループに所属する生徒にのみ与えられているという指摘である。これは学校で生じる身分関係という点から，**スクールカースト**とも呼ばれる（鈴木 2012）。

これらの研究において，同輩集団の中で権力をもたないグループに所属している生徒は，そのほかのグループに所属している生徒に比べて，集団内でアドバンテージを取りづらいことが指摘されてきている。たとえ，いじめのような関係性ではなかったとしても，同年齢の集団の中で，見下された存在であるということは，彼らの自尊心を傷つけてしまう可能性があるだろう。

ヨコナラビの関係性からタテナラビの関係性へ

かつて，学級集団で自然発生的に形成される友人関係は，それぞれの生徒の価値観に準拠して形成されるため，力関係はなく，フラットな関係性だとされていた。

たとえば，「ケバい」グループは，「地味」なグループを見下し，逆に「地味」なグループは「ケバい」グループを見下すというようにである（宮崎 1993）。これらの関係性は，お互いのグループを批判し合っているため，全体的な上下の関係には発展しない。だから，このような友人グループの関係性は，それぞれが独立した価値観によって形成されているため，**島宇宙**のような状態にあるといわれてきた（宮台 1994）。

しかし，近年の同輩集団の関係性は，当事者から見ても，第三者から見ても，「誰が上で誰が下」といったような明確な力関係が存在しているという指摘があり，この現象は彼らの学校生活の友人関係を規定する1つの要因となっていると考えることができる。

下記のエピソードは，中学入学後の友人関係と「スクールカースト」の関係性を語った大学生のインタビューである。彼らの友人関係形成に「スクールカ

――――――――――――――――――――――――――――――――keyword

スクールカースト　学校，とくに学級集団という同じ役割をもつ同年齢の集団（同輩集団）の中で，個人の権力の差が共有されており，それがある程度固定化されていることをインドのカースト制になぞらえて「スクールカースト」と呼ぶ。そのような人間関係のあり方がいじめの温床となっているという指摘がある。

島宇宙　宮台真司の用語。同じ場にいながら，各々の別個の価値観をもつ集団が複数点在して，それぞれの集団に交流がなく，それぞれが島のように存在していることをさす。それぞれの島同士は，交流がないため，他の島の価値の影響を受けない。

ースト」が深く関わっていることがうかがえるだろう。

> **大学生♀**：　うちの小学校は110人くらいで，もう1つの小学校は40人くらい入って来て，ウチの学校の人たちはもうほとんどの人知ってるんだけど，向こうの人たちは知らないから，そういう権力的なもんがわかんなくて，だから1年のときはある子たち（のグループ）と仲良くしてたんだけど，その子たち（のグループ）が実は権力ないってわかると，もうばっさり切り捨てて，権力ある方（のグループ）と仲良くしたりとか。だからその新しく入った人たちっていうのは，もうどういう人たちかっていうのはわかんないから，仲良くなってみたけど，立場が弱い感じだから，「あ，なんかこの子たちいじられてるっぽいから，やめよ」みたいな。「この子と仲良くしてるとまずい」っていうのを感じて，友だちやめたりとかしてた。
>
> **筆者**：　そんな駆け引きが……。
>
> **大学生♀**：　うん。1年のときすっごい仲（が）良かったのに，もう3ヶ月後には仲良くない子とかは結構いたかも。
>
> **筆者**：　そういうの普通に起こるんだ？
>
> **大学生♀**：　うん，普通に起こって（い）た。だから仲（が）良かったのに，半年後くらいには馬鹿にしてたりとか。
>
> （出所）鈴木（2012: 202-03）。

4. 「自分らしさ」と複数の「キャラ」の両立

「自分」は複数あっていい

　学校の中で「いじめ」や「スクールカースト」が蔓延すると，そこで過ごす自己のあり方に，ある程度のメンテナンスが必要になってくる。なぜならば，クラスメイトから「下」の存在だとみなされると，「友だち」関係を築くことが難しくなり，協調性を重要視する学校という空間で健全に生活することができなくなってしまうからだ。

そこで障壁になるのが，学校で健全な生活を送るための「自己」と「本当の自分」の兼ね合いである。しかし，浅野智彦（2006）によれば，現代の若者は，所属する複数の集団の中でそれぞれに違った「自己」をもっていたとしても，そのことに齟齬を感じてはいないのだという。

　浅野は，友人関係と自己意識のあり方を関連づけて，現代の若者の友人関係の特徴を「自分らしさ志向」「自己の多元化」「開かれた自己準拠」の3点にまとめている。この3点は独立した特徴ではなく，地続きの特徴として指摘されている。

　浅野によれば，現代の若者には，自分らしさを基準としてものを考え，それでいて自分らしさを多元的でありうるものとして見る姿勢があるということだ。これを「開かれた自己準拠」と呼ぶ。そして，友人関係の取り結び，あるいはそれを維持するための参照点が相対的に多様化していることを「自己の多元化」あるいは「自己の多チャンネル化」と呼んでいる。これらが相反するものではなく，地続きで特徴を持ち合せているのが今の若者の友人関係の特徴なのだ。

　複数の場で演じられる自己（「キャラ」と呼んでもいいかもしれない）は，かつては単一のものであることが必要条件だったが，多数の集団への所属が可能となった現代では，必ずしもその必要はなくなったということである。

友人関係は演技によって維持されている

　アーヴィング・ゴッフマンという社会学者は，世間を劇場に喩え，人々のつながりは，すべて役割の演技によって作られていると論じた。これを**ドラマトゥルギー**と呼ぶ。つまり，教師を教師たらしめているのは，生徒の前で教師らしくふるまう教師自身と，教師を教師として認めるようにふるまっている周りの人々との共同作業によって，その関係性ができあがっていると考えたわけである。

　友人関係もまた，このお互いの役割の演技によって成り立っていると仮定すると，次のように考えることができる。すなわち「友人関係」をお互いに演じ

―keyword

ドラマトゥルギー　　ゴッフマンの用語。人々のつながりを「行為」ではなく，「表現」という側面に着目し，それがあたかも舞台で繰り広げられている演技であるかのように記述する方法。

ることができれば，友人関係は維持できるというように考えることができる。そして，その関係性が不自然ではないように，周りの人もまた彼らの関係性を友人であるとみなすようにすればよい。

タイムラインは「友だち」関係を変化させる

鈴木謙介（2013）は，mixiやfacebook，LINEなど昨今普及しつつある，SNSのタイムラインを使ったコミュニケーションのあり方が，こうした役割関係の維持と適応性が高いことに着目している。鈴木によれば，近年の日本の若者の友人関係は「対人的役割」ではなく，「制度的役割」に変化しつつあるという。

「対人的役割」とは，相手が喜ぶことをしたいから，記念日にプレゼントをする，というような相手の感情が目的となって演じる役割のことであり，「制度的役割」は，恋人だから記念日にプレゼントをする，というように役割が最初にあって，それに見合った行動をとることを演じる役割のことをさす。

鈴木によれば，この「制度的役割」は親密性のあり方を変化させる可能性をもっているという。というのも，先ほど例にあげたSNSのタイムラインは，「自分が『友だち』だと思っている相手にのみ，自分のタイムラインを見せる」というような，役割が最初にあって，それに合わせたプライバシーの設定が可能だからだ。

タイムラインには，自己の行動やその時々の感情（として自分がアピールしたいもの）が書かれていることが多いだろうから，SNSを使用する人には，特定の人に自己の内面（としてアピールしたいもの）を開示する権利が与えられていると考えられる。これを「自己コントロール権」と呼ぶ。つまり，自己の内面を開示する対象は，「自己コントロール権」を行使して選択されるということだ。

「○○ちゃんとは，『友だち』だから，私の内面を見せてもいいかな」というような「制度的役割」に基づいた友人関係は，この機能によって容易に成立させることができる。さらにいえば，「○○ちゃんとは，もう友だちじゃないから，『友だち』から外して，自己の内面を見せないようにする」というような設定も可能である。このように，現実の人間関係を中心に交流を行う近年の

SNSは,「制度的役割」と親和性が高いメディアツールであると考えられる。

またSNSを活用して,先に出した自己が演じる複数のキャラを一本化して,メンテナンスをすることも容易である。もし複数の居場所のキャラを一本化してアピールしたくないならば,アカウントを使い分ければよいからだ。おそらく,このやり方は,すでに中高生の間では,一般的になりつつあるだろう。

5　答え合わせと解説

さて,本章では,ここまで現代社会を取り巻く「友だち」関係のルールを社会との関係性をふまえながら論じてきた。もしここまで読んでくれている人ならば,最初のクイズの答えは,余裕でわかるようになっていることだろうと思う。ここからは,最初のクイズの解説とともに本章のポイントを振り返ってみよう。まずQ1は,「廊下で他クラスのコと会ったら?」であり,選択肢は,A『おはよー』プラス雑談,B「ひと言『おはよう』」だ。答えはBであるとされている。

このクイズを解くうえでキーワードになるのは,「優しい関係」「過剰な敏感さ」である。このキーワードを使って,このクイズの内容を考えてみよう。

まず,廊下で会った時間が「朝」であることに注意が必要だ。朝は忙しい。もしかしたら,あなたと「他クラスの友達」は遅刻寸前かもしれない。あるいは,友だちは朝教室でやらなければならないタスクを抱えているかもしれない。そのように想定すると,あなたが友だちに話しかけてよい時間はわずかである。もし,急いでいるなら,友だちのほうがそのことを教えてくれるはずだから,言われてから雑談をやめればよいなどと甘い考えをもっているならば,それは間違いだ。なぜならば,友だちもあなたに対して,「過剰な敏感さ」を持ち合わせている可能性があるからである。その場合,友だちはあなたに対して,雑談をやめさせるように促すことは難しい。その行為は,自分と話したがっているあなたを深く傷つけてしまうかもしれない。だから,「優しい関係」の中で生きているあなたはそのことをきちんと考慮したうえで,ひと言だけ「おはよう」と言わなければならない。

（出所）集英社『Seventeen』2012年6月号，144頁。

　また，「同じクラスのコ」であれば，そのまま教室まで一緒に行くこともできるから，雑談をしていてもよかったのかもしれない。その間に雑談が終わる可能性だってあるだろう。しかし，ここに登場する友だちは「他クラスのコ」なのである。他クラスの事情を知らないあなたに急ぐ理由を説明するのは，時間がかかるだろうから，そのことも考慮して，あなたは，ひと言だけの挨拶にとどめなければいけないのだ。

　続けて，Q2の解説に移ろう。Q2は，「忘れものをしたら？」であり，選択肢はA「となりの席のコに見せてもらう」B「他クラスのコに借りる」である。このクイズのキーワードは，Q1にも登場した「過剰な敏感さ」と「優しい関係」，そして「自己の多元化」である。まず「過剰な敏感さ」を考慮してみると，教科書がないまま授業を受けるのが正解に思えるが，そのような選択肢は見当たらない。ここでの正解はBとなっている。

　もし，あなたが，隣の席のコに見せてもらって友だちともっと仲良くなれるかもしれないと考えているならば「過剰な敏感さ」を欠いているといわざるをえないだろう。なぜならば，教科書を忘れてもいないのに，一緒に教科書を見なければいけないという相手の苦痛を想定していないからだ。「優しい関係」の中では，相手も言い出せない可能性があるので，あなたはあらかじめそれを先回りして，教科書を見せてほしいことを伝えてはいけない。よって，正解は，B「他クラスのコに借りる」になる。

なお，他クラスの生徒に迷惑をかけない程度につながりをもっておくことは，彼らの関係性の中では推奨されているようだ。他クラスに頻繁に顔を出すことによって，あなたにとっては「顔見知りを作ることができる」というメリットと，他クラスのコにとっては，「用事が明確であるため，それほど相手の重荷にならない」という２つを同時に達成することができるというわけだ。

　あなたは，今後の学校生活をうまく過ごしていくために，現在のクラスメイトとだけ仲良くする必要はない。すなわち，常に今のクラスメイトに適した自分でいる必要はない。なぜならば，それをしてしまうと，この先，別のクラスのコと仲良くする機会を遮断してしまう可能性があるからだ。今所属するクラスメイトとこの先，交流をもつことになるだろう他クラスのコとの仲の良さを調整し，適度に「自己の多元化」を成立させる必要があるだろう。

（出所）集英社『Seventeen』2012 年 6 月号，144 頁。

　Q3 は，「ラクガキをするなら？」である。A はお世辞にもうまいとはいえない何を描いているかわからない絵であり，B は少し上手な女の子の絵を描いている。正解は A になる。

　ここでのキーワードは「同調圧力」「スクールカースト」である。まず，休み時間のラクガキは，人に見せる前提で，あなたを友だちとして誇らしく思うようなものを描かなければいけない。教室という場は，同調圧力が漫延しており，人と違った行動をとると排除の対象になりやすいからだ。つまり，あなたは，そこで自分が書きたい絵を自由に描いていいわけではないということになる。

　では，どのようなラクガキを描けばよいのか。まず，あなたが描いた絵は人に見られること前提で，会話のネタになりやすいものを描かなければいけない。まずは，「何これ？」といったようにツッコミをしやすい絵を描く必要があるだろう。中途半端に完成度が高いものを描いてしまうと，どこまで本気かがわかりづらいため，会話のネタになりづらくなってしまう。そして，もう１つ，

注意しなければならないのは,「スクールカースト」の下位とみなされてしまうような絵を描いてはいけないということである。もしも,仮にあなたがそういうグループに所属していたとしても,その絵は,そのグループにしか受け入れられず,他のグループとの交流を遮断してしまう可能性がある。集団から浮かず,同質性をもつためには,多くの人にネタにされやすい絵を描かなければならないということだ。

　最後にQ4とQ5の解説をしよう。Q4は「友達の恋バナを聞くときは？」であり,Q5は「自分の恋バナを話すときは？」である。Q4の答えはB,Q5の答えはAになる。このクイズを解くキーワードは,「ドラマトゥルギー」「制度的役割」「自己コントロール権」である。

　まずあなたは,友人関係が「ドラマトゥルギー」で成り立っていることを忘れてはならない。友人関係を親密な関係性として成り立たせるためには,友人らしいコミュニケーションをお互いに演じなければならないのだ。そして,そこでの話題は,恋の話であり,自分のかなりプライベートなところに踏み込んだ内容となる。

　Q4でいえば,話題を提供する主体である友だちは,「制度的役割」に則って,あなたに「自己コントロール権」を行使し,自己開示を行っている。

　Q4でいえば,自己開示を行った相手に,「友だち」としてもっとも求められている行動を演じればよいわけだ。しかし,AとBの選択肢は,どちらもまさに友だちとの会話として不自然ではなく成立することができるように見える。そこで,話しかけられた言葉に着目すると「あっ,昨日デートだったんだけど……」であることがわかる。こちらが話をふったわけではなく,自分から話題を転換し,自分のデートの話に引き寄せたように見えないだろうか。おそらく,自分の恋バナを聞いてもらいたくない場合には,このような話題の転換は行わないだろう。

　このような場合において,友人に対して冷静に受け答えをすることは,相手のニーズに合わず,さらに,友人としての演技としては不十分なものに思われる。よって,「リアクションでかく」反応するBが正解となる。

　Q5にいたっては,もっと簡単だ。自分の話題をふられたときに,友人としての関係性を見せるためには,「自己コントロール権」を駆使して,自己開示

を行えばよいからだ。ここで，内容に深く踏み込まず，「さらりと話」してしまうと，相手はこちらが「自己コントロール権」を行使して，自分の情報を遮断してきたと感じるだろう。この理由から，Q5の正解は「悩みを言う」のAになる。

6　友だちのルールは変えられる

　本章では，雑誌の「友だち」に関するクイズを題材にして，現代の若者を取り巻く友人関係のルールと社会の関係性を論じてきた。

　はじめにもいったとおり，このルールは絶対のものではない。ある集団では，このルールは適用されないかもしれないし，限定された期間だけ（あまり仲良くなっていない段階や学年によって異なるなど）有効である可能性もある。だが，このようなルールを「正しい」とみなすような価値観や常識が，現代の中高生を対象とした雑誌で描かれるくらいには，存在しているということはいえるだろう。とくに今回題材とした『Seventeen』においては，編集者が積極的に中高生を会社に招き，インタビューやアンケートを行って記事を作成している（著者インタビュー〔2013年12月4日に実施〕より）。つまり，編集者の意図でこのような記事が作られているわけではなく，そう考えている中高生が多い（と編集者が感じた）ことによって，記事が作られているのだと考えることができる。

　ただし，これら社会のルールは，はじめから存在していて，固定的なわけではなく，彼らを取り巻く環境や意識の集合体によって，絶えず変化を続けている。もしも，このようなルールに対して，違和感や嫌悪感を覚えている人が多いのであれば，いずれ，このルールは改善されていくに違いない。なぜなら，あなたたちの価値観の集合体が常識へと変化していくことで，社会のルールは作られていくのだから。

CHECK POINT

- □ 1 日本の中高生は,「友だち」が多く,その「友だち」は主に学校で作られる。
- □ 2 みんなが「優しい関係」という価値観に沿って「友だち」と交流すると,「友だち地獄」が生み出される。その関係性は,「いじめ」や「スクールカースト」を生み出しやすい。
- □ 3 SNSの普及に伴って,自分らしさが多元化し,各々で自分のキャラクターと「友だち」との関係性のメンテナンスを行う必要性が増した。

読書案内　　　　　　　　　　　　　　　　　　　　　　Bookguide

土井隆義『友だち地獄——「空気を読む」世代のサバイバル』ちくま新書,2008年。
　→友人との交流に過剰な敏感さを生み出す「優しい関係」,そして「優しい関係」の集合体が「友だち地獄」となる可能性を示した新書。現代の中高生の交友関係の特殊性を知ることができる。

菅野仁『友だち幻想——人と人の"つながり"を考える』ちくまプリマー新書,2008年。
　→「同調圧力」による連帯感によって,「友だち」とのつながりを確認する関係性を見つめ直すことができる良書。自己のあり方と人との付き合いの大前提を問い直してみよう。

鈴木謙介『ウェブ社会のゆくえ——〈多孔化〉した現実のなかで』NHK出版,2013年。
　→昨今普及したインターネットを介したメディアツールは,彼らの交友関係をどのように変えたのか。本書は,社会のあり方の変化が,交友関係に与える関係を考えるのに大いに役立つだろう。

榎屋克優『テキサスレディオギャング』集英社（ヤングジャンプコミックス),2014年。
　→「本当の友だち」とは何か,そして学校の中で「本当の友だち」と楽しく過ごすことができないのはなぜなのかを主人公がさまざまな葛藤の中で問い直している。きっと,この世界観に共感できる人も多いはず。

新田章『あそびあい』講談社（モーニングKC),2013-年。
　→「男（女）友だち」「セフレ」「恋人」。あなたは,この3つの関係に明確な境界線を引くことができるだろうか。この本を読めば,3つの関係性は,みんなが共通の価値観を共有していることによってかろうじて成り立っていることが見えてくるはずだ。

引用文献

浅野智彦，2006，『検証・若者の変貌——失われた10年の後に』勁草書房。
上野千鶴子，1987，『「私」探しゲーム——欲望私民社会論』筑摩書房。
上床弥生，2011，「中学校における生徒文化とジェンダー秩序——『ジェンダー・コード』に着目して」『教育社会学研究』第89集。
大平健，1995，『やさしさの精神病理』岩波新書。
ギデンズ，A.／松尾精文・松川昭子訳，1995，『親密性の変容——近代社会におけるセクシュアリティ，愛情，エロティシズム』而立書房。
鈴木謙介，2013，『ウェブ社会のゆくえ——〈多孔化〉した現実のなかで』NHK出版。
鈴木翔，2012，『教室内（スクール）カースト』光文社新書。
知念渉，2012，「〈ヤンチャな子ら〉の学校経験——学校文化への異化と同化のジレンマのなかで」『教育社会学研究』第91集。
土井隆義，2008，『友だち地獄——「空気を読む」世代のサバイバル』ちくま新書。
内藤朝雄，2001，『いじめの社会理論——その生態学的秩序の生成と解体』柏書房。
フーコー，M.／田村俶訳，1977，『監獄の誕生——監視と処罰』新潮社。
宮崎あゆみ，1993，「ジェンダー・サブカルチャーのダイナミクス——女子高におけるエスノグラフィーをもとに」『教育社会学研究』第52集。
宮台真司，1994，『制服少女たちの選択』講談社。
柳治夫，2005，『〈学級〉の歴史学——自明視された空間を疑う』講談社。

CHAPTER 第5章

家　族
なぜ少子高齢社会が問題となるのか

コモンミールの様子（提供：NPO コレクティブハウジング社）

定例会の様子（提供：NPO コレクティブハウジング社）

INTRODUCTION

　前頁の写真は何の場面か想像してみよう。広い集会所のようなところで大勢の人たちが食事を取り分けているのか，子どもの姿も見える（上）。大人たちが顔をつきあわせて何かを真剣に話し合っているように見える（下）。

　実はこの写真は，「コレクティブハウス」の実際の生活の様子である。子ども・単身者・夫婦・お年寄りまで複数の家族や個人が大きな家に集まって暮らし，食事当番や掃除当番を引き受けながら，民主的・合理的に家を運営しようという「コレクティブハウス」は，それぞれの家族がバラバラに暮らすのではなく集まって暮らしながら家事や育児を合理的に分担するための仕組みであり，日本でも 1990 年頃から試みられてきた。

　そう聞くと，「楽しそう！　私もこんな家で暮らしたい！」と思うだろうか。それとも，「絶対嫌だ！　家事をしたり，話し合いをしたり，面倒くさそう！」と思うだろうか。「ふつうに家族だけで暮らせばいいのに，どうしてわざわざ大勢で集まって暮らすの？」と疑問に思うだろうか。実は，こうした共同的な暮らし方の模索の背景には，現在，大きく変化しつつある家族の姿が関係している。

　この章では，これまで結婚や家族がどのように変化し，現在どのような問題を抱えているのか，そして，私的で個人的な事柄にみえる家族の問題が，いかに社会や国家と深く関わっているのかを考えていくことで，あまりに身近であるがゆえに普段まじめに考えることの少ない，家族について考え，議論していこう。

1　「少子化」

▶ 減りゆく子どもと変わりゆく家族

社会問題としての「少子化」

　現代の家族をめぐる社会問題としてもっとも注目されているものの1つに，「少子化」と呼ばれるものがある。「少子化」とは文字どおり，以前よりも人々が子どもをもたなくなったという人口学的な変化をさし，専門的には出生力の低下，すなわち，1人の女性が平均して生涯に産む子どもの数（合計特殊出生率）の低下を意味している。たとえば，結婚した夫婦2人で子どもを産み育てたあと年老いて死んでいくというサイクルを考えてみたとき，2人の夫婦から3人以上の子どもが産まれ育って成人していけば人口は増えていくが，逆に1

CHART 図5.1 出生数および合計特殊出生率の年次推移

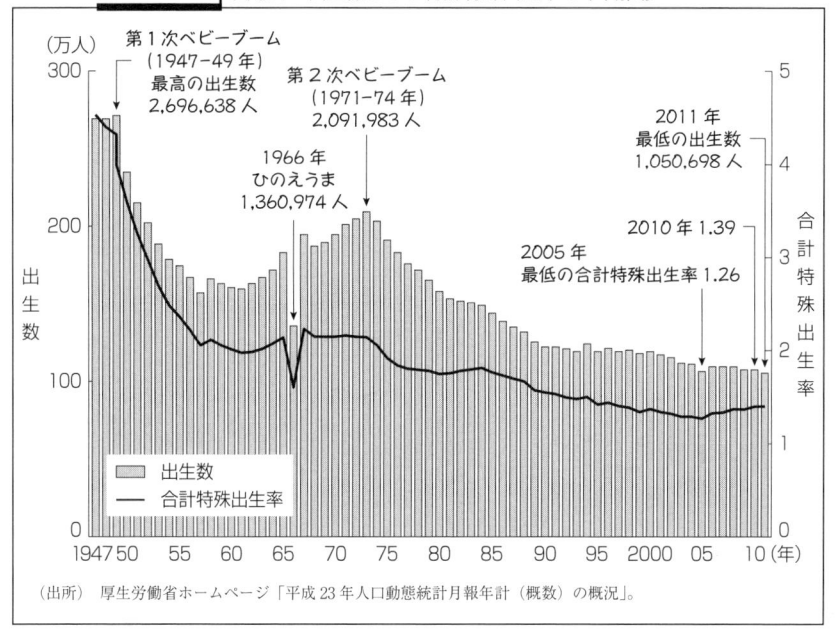

（出所）厚生労働省ホームページ「平成23年人口動態統計月報年計（概数）の概況」。

人しか子どもをもたなければ減っていくと考えればわかりやすいだろう（→人口置換水準）。年次推移を見てみると，1940年代には1人の女性が平均して4〜5人の子どもを産んでいたのに対して，1990年では，1.57人を割り込み，現在では1.3〜1.4前後で推移しているのがわかる（図5.1）。これに加えて，医療の発達などにより人々が以前よりも長生きするようになったことで，日本の人口ピラミッド（年齢階層別人口割合）は，文字どおりのピラミッド型から菱形へ，そして逆ピラミッド型へと変化してきている（図5.2）。

もっとも，「少子化」とそれに伴う人口構造の変化それ自体は，都市化や近代化に伴う世界共通のものであるが，2つの世界大戦を経て急速に近代化した日本においては，欧米と比べてごく短い期間で変化を遂げた点に大きな特徴がある。一般に，前近代的な多産多死型から多産少死型への移行を第1次人口転

――――――――――――――――――――――――――――― keyword

人口置換水準　同じ人口が維持される合計特殊出生率の水準を，人口置換水準と呼ぶ。2人の男女からなる家庭から2人の子どもが生まれれば人口が維持されるようにみえるが，実際には男女の性比，平均余命，乳幼児死亡率などを含めてもう少し計算が複雑になる。現在の日本の寿命，医療水準を勘案すると，合計特殊出生率が約2.08を上回ると人口は増え，下回れば人口は減っていくとされる。

1　「少子化」● 105

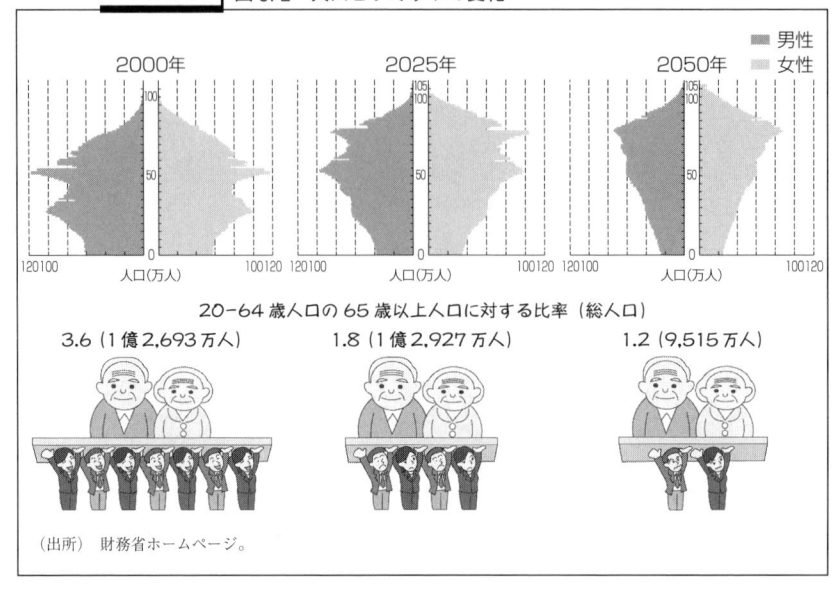

| CHART | 図 5.2　人口ピラミッドの変化

2000年　　2025年　　2050年　■男性 ■女性

20-64歳人口の65歳以上人口に対する比率（総人口）
3.6（1億2,693万人）　1.8（1億2,927万人）　1.2（9,515万人）

（出所）財務省ホームページ。

換，さらに，少産少死型への移行を第2次人口転換と呼び，欧米諸国が約100年かけて経験してきた変化を，日本はわずか数十年で経験したといわれている（→圧縮された近代）。合計特殊出生率の低下を詳細に見ていくと，女性が結婚しなくなるという第1の変化と，結婚した世帯で女性がより少なくしか子どもを産まなくなるという第2の変化を分けて観察することができる。ただ単に子どもが少なくなるのではなく，比較的短い期間で人口構成が大きく変わることは，一定の人口や年齢構成を前提としてきた社会制度，とりわけどの程度の勤労世代でどの程度の高齢世代を支えるのかといった税制や福祉制度に大きな影響を与えることを意味する。それゆえ，少子化は重大な社会問題として受け止められているのである。

なぜ女性が子どもをもたなくなったかについて，女性の意識とライフコースの変化が1つの要因である点では争いがない。誰もが結婚して子どもをもつことが当たり前とされてきた日本にあっては，結婚しない／できない女性は問題

keyword
圧縮された近代　フィリピンやインドネシアに代表される東南アジアの新興諸国では，日本をさらに上回る速さで2度の人口転換を経験しており，こうした近代化の速度の緊急から社会構造を説明する議論を「圧縮された近代（compressed modernity）」論という（→第8章）。

であるとされ、結婚への強い圧力にさらされていた。同時に、現在も就職活動において「総合職／一般職」という形で残存する実質的な男女別の採用区分からもわかるように、労働市場から体系的に排除されてきた女性にとって、結婚して子どもをもつことは「永久就職」とも呼ばれる唯一の生活保障の手段でもあった（→若年定年制）。しかしながら、女性の大学等の高等教育への進学率上昇、女性差別撤廃条約の批准（1985年）とそれに伴う男女雇用機会均等法の制定（1985年）など、女性が結婚しなくても正規雇用者として働き続ける道が開かれると、結婚とそれに続く子育てを先延ばしにする傾向が現れてきた。こうした女性のライフコース上の変化は、とくに「未婚化・晩婚化」と呼ばれている。

未婚化・晩婚化とその背景

若者の意識とライフコースの変化により結婚が先延ばしにされる傾向は、男女問わず、年々深刻になってきている。たとえば、年齢階層別未婚率の推移を見てみると、1965年には女性の8割以上が29歳までに結婚していたのに対して、2010年時点では約4割しか結婚していないことがわかる。また、「生涯未婚率（50歳までに一度も結婚しない人の割合）」の推移を見ても、生涯結婚しない人の割合は、1965年には2％以下だったのに対し、2010年では18％にまで上昇している（図5.3）。また、2050年には25％に達すると推計されており、まさに、「若者の4人に1人は結婚できない」（山田 2010）状況がもう目の前に迫っているのである。

しかし、現在進行している未婚化・晩婚化は、若い世代が結婚を望まなくなったから生じているわけではない。表面的には若者の「恋愛離れ」や「草食化」が生じているようにも見えるが、調査からは「いずれは結婚したい」と考える人の割合は、87％前後で推移しているのに対して、「一生結婚するつもりはない」と考える人の割合は、近年増加傾向にあるとはいえ6〜9％前後にと

keyword

若年定年制 1960年代まで一般的だった日本の雇用慣行に、たとえば男性が55歳で定年退職するのに対して、女性は50歳で定年退職させられるという「若年定年制」が存在していた。こうした直接的な性差別は男女雇用機会均等法の施行と前後して消滅したが、「女性は結婚して退職するまでのツナギとして代替可能な労働に従事すべき」という考え方は、現在でも雇用管理区分や非正規雇用といった間接的な問題として繰り返されている。

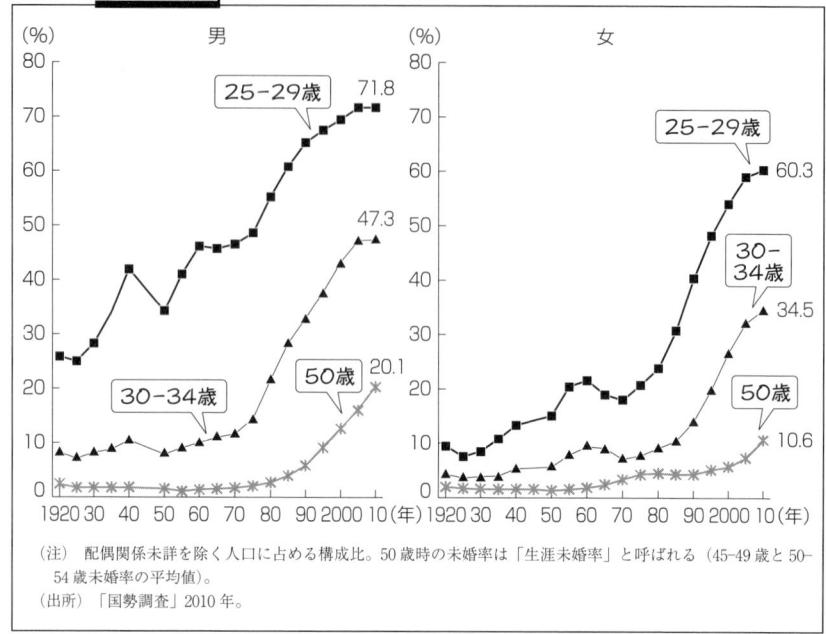

CHART 図5.3 未婚率の性別・年齢階層別推移

（注） 配偶関係未詳を除く人口に占める構成比。50歳時の未婚率は「生涯未婚率」と呼ばれる（45-49歳と50-54歳未婚率の平均値）。
（出所）「国勢調査」2010年。

どまっており，若い世代の結婚意欲がそれほど衰えているわけではないことがわかる（表5.1）。また，家族を大切だと考える人の割合は年々増加しており，子どもがほしいと考える人の割合も減少しているわけではない。若い世代は以前と同様か，以前にもまして結婚して家族をもちたいと考えており，子どもを育てたいと考えているにもかかわらず，結婚できなくなっていると考えるべきだろう。

それゆえ，近年の未婚化・晩婚化は，結婚意欲の問題というよりもミスマッチの問題として議論されている。一方では，以前に比べて人々は若いうちから自由に恋愛をして，自由に結婚相手を選べるようになったという意味での「恋愛・結婚の自由市場化」が進むと，必然的に恋愛・結婚市場で有利な者と不利な者とのギャップを生み出していく。しかし他方では，長引く不況を背景として若年層の雇用は急速に不安定化しており，より有利な結婚を選ぼうとすれば，わずかなパイの切れ端をめぐって熾烈な結婚競争に突入していくことは想像に難くない。

表5.1 若者の結婚意欲

(%)

生涯の結婚意思		第9回調査 (1987年)	第10回 (1992年)	第11回 (1997年)	第12回 (2002年)	第13回 (2005年)	第14回 (2010年)
男性	いずれ結婚する つもり	91.8%	90.0	85.9	87.0	87.0	86.3
	一生結婚する つもりはない	4.5	4.9	6.3	5.4	7.1	9.4
	不　　詳	3.7	5.1	7.8	7.7	5.9	4.3
	総　　数 (18-34歳)	100.0%	100.0	100.0	100.0	100.0	100.0
	(集計客体数)	(3,299)	(4,215)	(3,982)	(3,897)	(3,139)	(3,667)
女性	いずれ結婚する つもり	92.9%	90.2	89.1	88.3	90.0	89.4
	一生結婚する つもりはない	4.6	5.2	4.9	5.0	5.6	6.8
	不　　詳	2.5	4.6	6.0	6.7	4.3	3.8
	総　　数 (18-34歳)	100.0%	100.0	100.0	100.0	100.0	100.0
	(集計客体数)	(2,605)	(3,647)	(3,612)	(3,494)	(3,064)	(3,406)

(注)　対象は18-34歳未婚者。
　　　設問「自分の一生を通じて考えた場合，あなたの結婚に対するお考えは，次のうちのどちらですか」(1. いずれ結婚するつもり，2. 一生結婚するつもりはない)。
(出所)　国立社会保障・人口問題研究所「第14回出生動向基本調査」2012年。

少子化対策は結婚支援から？

　では，未婚化・晩婚化を解消して「少子化」を食い止めるためには，どうすればいいのだろうか。たとえば，かつてのように人々が結婚できるように若者に安定した雇用を提供したり，安心して子育てができる環境を整備したりすることが重要である。現に，人々が今も結婚して子どもをもちたいと望んでいるならば，結婚を支援し，経済的な不利が問題になっているのならば，男性のみならず女性も含めた若者の雇用を改善させ，男女がともに仕事と家庭の調和をはかりながら，安心して子どもをもてるような環境を整備することが，行政の務めであるようにも思える。
　これに対して，人々が結婚することを支援するのではなく，結婚しなくても安心して生きられる社会，結婚しなくても安心して子どもが育てられる社会をつくろうという考え方もある。結婚という法的な形式にこだわることは，結婚せずに恋人と一緒に暮らしたいという人や，結婚せずに子どもを育てたいとい

CHART 図 5.4　婚外子率の国際比較

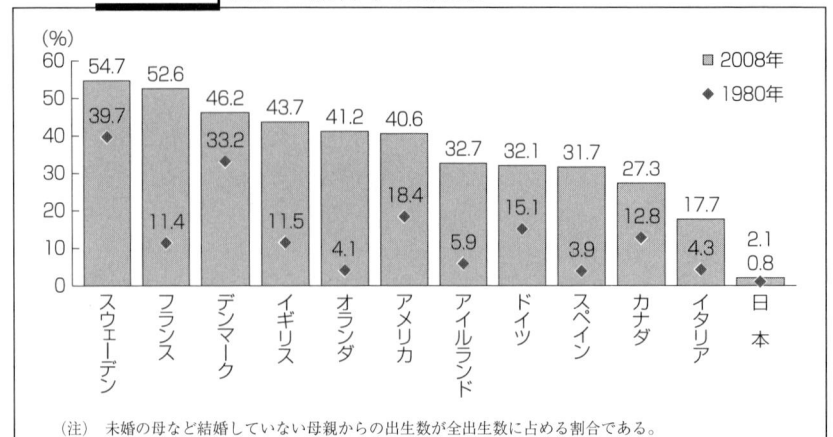

国	2008年	1980年
スウェーデン	54.7	39.7
フランス	52.6	11.4
デンマーク	46.2	33.2
イギリス	43.7	11.5
オランダ	41.2	4.1
アメリカ	40.6	18.4
アイルランド	32.7	5.9
ドイツ	32.1	15.1
スペイン	31.7	3.9
カナダ	27.3	12.8
イタリア	17.7	4.3
日本	2.1	0.8

(注)　未婚の母など結婚していない母親からの出生数が全出生数に占める割合である。
　　　ドイツの 1980 年は 1991 年のデータである。2008 年についてイギリス，アイルランドは 2006 年，カナダ，イタリアは 2007 年のデータである。
(資料)　米国商務省，Statistical Abstract of the United States 2011. 日本：厚生労働省「人口動態統計」。
(出所)　社会実情データ図録。http://www2.ttcn.ne.jp/honkawa/1520.html

う人々に対して，不利に働くことになる。実際，少子化を一定程度食い止めることに成功しているヨーロッパでは，法的に結婚しやすくするのではなく，結婚しなくても生活でき，結婚しなくても子どもを育てられるような社会保障制度を構築してきた。たとえば，結婚していないカップルの間の子どもがどのくらいの割合存在するかという「婚外子率」を見てみると，日本が 2% 程度なのに対して，婚外子が全体の半分を超えている国も存在する（図 5.4）。たとえ結婚していなくてもカップルが子どもを育てている実態があれば，そこに支援を行うという，現実に即した対応を行っていることがわかる。

　そう考えてみると，現在の日本の少子化対策は，あくまでも結婚したカップルの中でしか子どもを育てさせないという強い指向性をもっていることがわかる。もちろん，近年日本でも，男性同士や女性同士といった同性カップルの結婚（→同性婚）や権利保障についての議論も始まっており，結婚をより開かれ

---
keyword

同性婚　結婚を当然に男女という異性間のものと考えるのではなく，同性間のパートナーシップにも，男女の結婚と同等の権利義務を保障する制度を（広義の）同性婚と呼ぶ。具体的には，婚姻法自体を改正して同性での結婚を可能にする（狭義の）同性婚のほか，婚姻制度とは別の法律を制定して同性パートナーシップの権利を保障しようとする準結婚的制度に分けられる。世界では，オランダ，ベルギーやカナダをはじめとして，数十の国と地域が何らかの形で同性パートナーシップの法的保障を実現しており，日本でも何らかの制度的対応を考えるべきとの議論がなされている。

た民主的なものにしていくことは重要である。しかし，結婚できないことの問題と区別したうえで，依然として結婚しなければさまざまな資源にアクセスできないことの問題とを，両面から考えていくべきだろう。

2 「婚活」

▶ 結婚はお金？ それとも愛情？

日本における結婚の歴史

もともと，日本の結婚は男女個人の間で行われるものではなく，男女が所属する一族や家の間で行われるものであった。そう聞くと，多くの人は意外に思うかもしれない。

本来のお見合いは，若い男女がお互いを見初めるためのものではなく，むしろ親同士の話し合いであり，ときに本人不在のまま行われることさえあった。花婿と花嫁は結婚式の当日にはじめて顔を合わせ，そのまま初夜を迎えることも稀ではなかった。ごく最近まで，結婚式の招待状が結婚する男女の名義ではなく，両家の家長である2人の父親の連名で出されてきたことを思えば，「結婚は家同士のもの」という感覚がそれほど古いものではないことがわかる（→**夫婦別姓**）。これに対して，恋愛のみに基づく男女関係は「野合」などと呼ばれ，恥ずべきものと貶められてきた。家柄や格を重んじる，しきたりに則った媒酌結婚に比べて，非文明的な愚行という意味である。

その理由は，結婚の目的は恋愛の成就でも個人の満足でもなく，先祖代々のお墓や家の財産の継承のためにその家の子どもを産み育てることに重点が置かれていたためである。すなわち，子どもを産めないこと，とりわけ男子を産めないことが問題となる一方で，恋愛感情は結婚の維持にとって重要ではなかった。仲人だけでなく，地域や親族共同体もまた，結婚を支援し維持する責務を

----
keyword

夫婦別姓　選択的夫婦別姓をめぐって，夫婦が同じ姓を名乗ることが日本の古くからの伝統として語られることがあるが，実際には夫婦同姓のほうが明治期に外国から輸入された仕組みである。明治期までは，夫婦であっても生まれた家の姓を名乗り続ける夫婦別姓が原則であり，明治期に欧米にならって夫婦同姓が提案されると「日本の伝統を破壊するもの」として批判された。また，大多数を占める農民はこの頃まで姓をもたなかった。

負っていた。結婚は長い間，個人の感情よりも何よりも子どもに土地や家業を継承することを第1の目的としており，そのための経済的な協力関係をその基盤に置いていたのである。

　もちろん，本人の意向を無視したお見合い結婚だからといって，そこに一切の愛情が介在していなかったというわけではない。ほとんど相手の人柄も知らずに始まった結婚は，夫婦のみならず広い親族関係を中心に世帯を運営し，共同で子どもを育てしつけるといった共同作業を通じて，信頼と敬愛の念をはぐくんでいたとされる。いわば，結婚が先で，愛情は共同生活の中にあとから生じると考えられていたのである。もちろんそこには，経済的な不平等を背景とした夫婦間の大きな力関係が影を落としていたとはいえ，恋愛によって始まり性格や生活上の不一致によって破綻しがちな現在の恋愛結婚とは，対照的な結婚と愛情の関係といえるだろう。

恋愛結婚の時代と「婚活」の台頭

　現在のように男女個人の間の愛情に基づく結婚が一般的になっていくのは，戦中・戦後の日本の近代化と平行してであった。お見合い結婚と恋愛結婚の比率の推移を見てみると，お見合い結婚は時代を下るごとにその割合を落として，1965年頃を境に恋愛結婚にとって替わられていくことになる（図5.5）。もっとも，この頃のお見合いはすでにかつてに比べて相当程度恋愛結婚の影響を受けて変容しており，事実上は個人にとっての良質な出会いのきっかけと考えられるようになっていったため，親や親戚主導のお見合いでも，本人の意向や拒否権がしだいに認められるようになっていく（ノッター 2007）。また逆に，当初の恋愛結婚は職場での出会いやきょうだい関係を通じた，今よりもずっと制度的な色彩の強いものであったことには注意が必要である。いわば，恋愛結婚とお見合い結婚は，車の両輪のように互いを補完し合いながら，家柄や財産，本人の容姿や将来性などの結婚の諸条件を巻き込み，結果的に大多数の人々が結婚可能な社会（皆婚社会）を支えてきたといえる。

　こうした皆婚社会を支えていたのは，戦後復興と高度経済成長の最中にあった日本が有していたいくつかの特殊な条件であった。第1に，労働市場から体系的に排除されていた女性にとって，結婚は親の支配から自由になる唯一の手

CHART 図5.5 お見合い結婚と恋愛結婚の推移

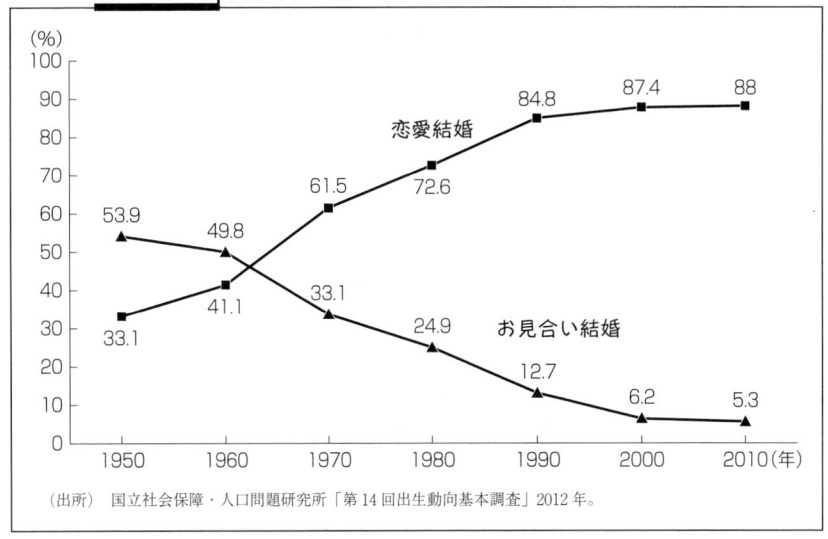

恋愛結婚: 1950: 33.1, 1960: 41.1, 1970: 61.5, 1980: 72.6, 1990: 84.8, 2000: 87.4, 2010: 88
お見合い結婚: 1950: 53.9, 1960: 49.8, 1970: 33.1, 1980: 24.9, 1990: 12.7, 2000: 6.2, 2010: 5.3

（出所）　国立社会保障・人口問題研究所「第14回出生動向基本調査」2012年。

段であった点，第2に，好景気を背景として女性はどんな男性と結婚しても親元にとどまるよりもより豊かな生活が約束された点，第3に，結婚後は夫の勤め先に従属する形ではあれ性別役割分業のもと効率的な世帯運営が見込まれた点である。こうした特殊な条件のもと，お見合いでなくとも，好きになった人と結婚しさえすれば，それなりに安定した生活と豊かな生活の展望が同時に得られた時代であった。いわば，結婚生活の内部に「情緒的安定」と「経済的安定」の両方を求められた時代ということができるだろう（山田 2010）。

　これに対して，2000年代後半から「婚活」という言葉が登場したのは，「誰もが結婚できる社会」のゆらぎと関係している。「婚活（結婚活動）」とは，山田昌弘らによる「就活（シュウカツ）」になぞらえた造語で，「結婚をめざして積極的に活動すること」と定義される。結婚とは，かつてのように執拗にお見合いを進めてくる上司や親戚を通じて「断るものなんだから」するものではなく，主体的かつ積極的に結婚に向けて自らに投資し，恋愛・結婚市場の動向を見極め，もっとも高い利益で自らを売り抜ける投機的な活動へと変化しつつあることを意味していた。それはまさに，誰でも（厳密には健康な大卒男性であれば）望めばいつでも就職できた時代が終わりを告げ，1990年代から，企業研究に始まり，エントリーシートの書き方，自己分析，企業に好印象を与える写

真の撮り方から，グループ面接の練習まで，内定を勝ち取るための厳しい「シュウカツ」が誕生してきた状況によく似ている。

　具体的には，高度経済成長期から低成長期，その後の不況期にさしかかると，高度経済成長期に出現した「誰もが結婚できる社会」はその前提条件を失っていくことになる。

　第1に，女性の社会進出は女性に結婚しなくても自分の生活を支えるだけの経済力をもたらすことになる。結婚して子どもを産めば仕事を辞めざるをえない社会では，結婚をあきらめるか，仕事をあきらめるに値する条件のよい相手が現れるまでは容易に結婚に踏み切れないのも当然である。

　第2に，景気の後退は，結婚相手の男性によって結婚後の生活や豊かさの見通しが大きく異なるという競争的な状況を作り出す。相対的に経済力も展望も乏しい若い世代の男性と無理に結婚に踏み切るよりも，より条件のよい相手が現れるまで結婚を先延ばしにするインセンティブが働くことになる。

　第3に，結婚後の生活形態もかつてのように一様ではなく，とくに夫婦が共にキャリアを維持しようとすると，さまざまな生活上の不便が生じることになる。子どもをもつべきか，保育所はどこにするのか，仕事は続けるのか，どち

らが育休を取るのか，といった，従来であれば固定的な家族規範に従っていればよかったさまざまな生活上の問題が，結婚相手の条件として積み上がっていくことになる。もう一度山田の言を借りれば，「情緒的安定」を求めれば「経済的不安定」を受け入れざるをえず，「経済的安定」を求めれば「情緒的不安定」を受け入れなければならないという状況が出現しているのである。

その結果，競争が激化した恋愛・結婚市場においては，資源をもつ者ともたない者との間で格差が広がり，二極化していく傾向にある。とりわけ，男性の稼ぎだけで妻と子どもを養っていく夫稼ぎ手＋妻専業主婦という皆婚社会に一般化した結婚モデルが，現代ではますます難しいものになり，親の世代では当たり前だった，「普通の」結婚のカタチをめざすほど，ますます結婚できなくなるという悪循環は，「婚活疲れ」や「婚活ウツ」といった問題も生じさせている。

結婚の不安定化

以上のように，歴史的には家の継承や経済的安定のための経済的なつながりであった結婚は，恋愛結婚が前景化した現在でも子育てを含む経済的協力関係としての側面が強く残っている。

私たちは，愛情のために結婚を不安定なままにおくべきなのだろうか，それ

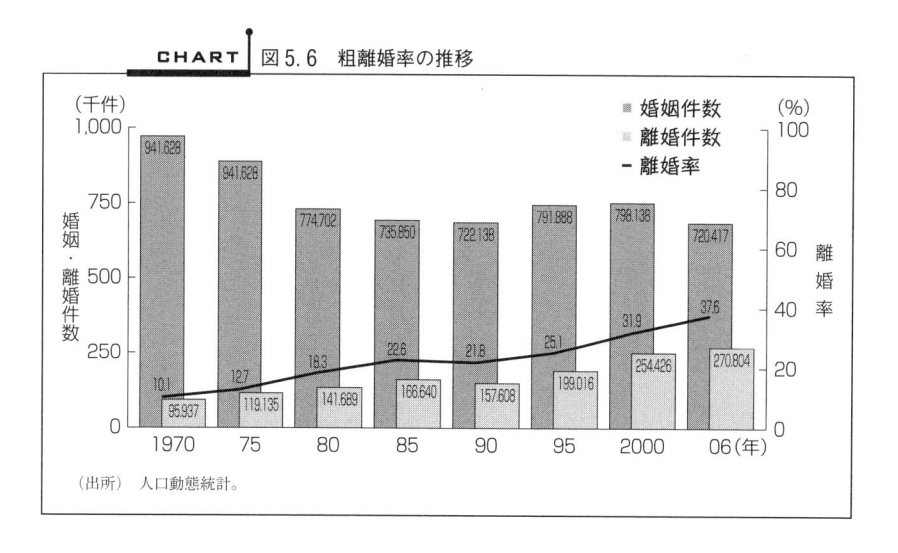

CHART 図5.6　粗離婚率の推移

年	婚姻件数	離婚件数	離婚率(%)
1970	941,628	95,937	10.1
75	941,628	119,135	12.7
80	774,702	141,689	18.3
85	735,850	166,640	22.6
90	722,138	157,608	21.8
95	791,888	199,016	25.1
2000	798,138	254,426	31.9
06	720,417	270,804	37.6

(出所)　人口動態統計。

とも，結婚を守るために愛情を切り離すべきなのだろうか。

　実際，理想の結婚にこぎつけたとしても，離婚件数を婚姻件数で割った（粗）離婚率は1/3を超えており，離婚のリスクも年々増大している（図5.6）。今後も，恋愛と結婚によって安定した生活が得にくくなっていくとすれば，私たちはどのように子どもを育て，どのように年老いた親の面倒をみていけばよいのかを考えていく必要がある。

3 「近代家族」
▷ 孤立する家族と子育ての困難

「近代家族」と家族の愛情

　夫婦の愛情に基づく結婚がごく近代的な仕組みであったように，私たちのよく知る父と母と子からなる家族もまた，近代以前はまったく異なる姿をとっていたと考えられている。

　近代以前の村社会においては，多くの人々は農業で生計を立て，自分が生まれた農業共同体を離れて生きていくことは不可能に近かった。こうした村社会では，現代のような公と私の区別は曖昧であり，生活の場はすなわち労働の場であり，生産の場であり，政治の場であり，宗教祭祀の場であった。家の中での労働は，性別と年齢に基づく役割に応じて割り振られ，多くの生活資材が家の中か，村の中によって生産され，消費された。

　こうした社会では，10代から30代の女性は主要な労働力であり，子どもを身ごもりながら働き，産めばすぐまた村の労働に従事した。逆に，子どもの世話といった在宅の散発的な仕事は，年長の子どもか，体の利かなくなった老人の仕事であった。また，子どもは現代よりもはるかに死亡率が高く，そのため何人かが生き残るようにたくさんの子どもをもうける必要があった。子どもは，両親や祖父母だけでなく村全体から役割と仕事を学び，一定の年齢に達した若者集団はしばしば親と離れて共同生活を行い，同輩集団によって社会化されていた。すなわち，父と母と子という小さなユニットは，農業共同体にとっても，子どもの成長にとってさほど重要な単位ではなかったのである。

こうした状況は，産業化・都市化によって大きく転換を迫られることになり，その結果として近代に生まれた特殊な家族形態を，「近代家族（modern family）」と呼ぶ。土地から切り離された農民は，都市において労働力を売って賃金を得るという資本主義的な生活形態に吸収されていくと，こうした労働者の居住空間は生産機能を失い，消費と再生産を担う私的空間へと変容していく。より大きな農業共同体や親族共同体を離れて，夫と妻と子「だけ」が生活の単位であり，主要な情緒性や愛着の単位であるという意味での「家族」が誕生したのは，ずっと最近のことなのである。

家族の孤立と「マイホーム主義」

落合恵美子は，今では私たちが「当たり前」だと考える近代家族の特徴として以下の8つをあげている（落合 2004: 103）。すなわち，①家内領域と公共領域との分離，②強い情緒的関係，③子ども中心主義，④性分業，⑤集団性の強化，⑥社交の衰退とプライバシーの成立，⑦非親族の排除，⑧核家族の8つである。

こうした近代家族の諸特徴は，子育てという重要な機能を果たすにあたって，近代家族がそれ単体では大きな困難を抱えていることを意味している。すなわち，一方では近代家族の内部で求められる，強い情緒的関係（②）と，子ども中心主義（③）という特徴は，一見すると近代家族が子育てを高い水準で行うことを容易にしているようにも見える。しかし，他方で，同様に近代家族が，非親族を排除した（⑦），より小さな規模で運営され（⑧），かつ，社会から孤立しがち（⑥）であるという特徴は，近代家族が期待される水準の子育てを，独力で担わなければならないことを意味している。それゆえ，近代家族は，男性稼ぎ手による賃金の獲得＋専業主婦によるケア労働という厳格な性分業（④）によって，世帯の効率を限界まで引き上げる必要があった。

とりわけ日本では，企業福祉を中心とした制度配置に偏ってきた結果，行政による子育て支援策や，地域における協同的な育児支援が育ってこなかったという経緯がある。たとえば，戦後の高度経済成長を背景とした企業福祉は，男性稼ぎ手に家族を養うに足る十分な賃金（家族賃金）と，家族を丸抱えにするほどの福利厚生を提供してきた。その結果，家族は夫を通じて企業と接続され

> **Column ❺ ジェンダー**
>
> 　「オス」や「メス」のように主として生殖能力に着目して区別される男女の生物学的な「性別（sex）」に対して，「男らしさ」や「女らしさ」といった社会文化的に規定される男女の区別を，「ジェンダー（gender）」と呼び，「性別」に対して「性差」と訳されることもある。たとえば，「妊娠する」「妊娠させる」「授乳する」といった生殖に関わる能力は，時代や文化にかかわらず男女に割りふられているのに対して，「女性がスカートをはく」「男性が髪を短く切る」といった規範は，時代や文化に大きく影響されている。たとえば，スコットランドやインドでは男性もスカートをはくし，中国やネイティブアメリカンの中には男性が髪を長く結う文化もあるからである。第二波フェミニズムの影響のもと，女性学研究はたとえば女性の労働や男性の子育てのように従来は「生物学的な性別（sex）によって規定される（ゆえに，変更できない）」とされていた多くの事柄を，「社会文化的に規定されているにすぎない（ゆえに，変更可能である）」として，性別特性論や生物学的決定論によって閉ざされていた性と社会に関わる議論を大きく拡大してきた。
>
> 　もっとも近年では，西欧の文化に強く拘束された生物学から見た「生物学的な性別」とは何なのかについての哲学的な議論も交わされており，sex／gender の二分法もまた疑問に付されている（千田・中西・青山 2013）。「ジェンダー（gender）」とはもともと，フランス語やドイツ語などの名詞に恣意的に割り当てられる「男性／女性／中性」といった文法上の性の区別を表す言語学の用語から借用されたものである。

ることで，税金を通じた普遍的な育児サービスや地域の共同保育よりも，「それぞれの家族が自分の家族のことだけを考えていればよい」という家族の孤立と公的生活からの撤退を招いた。こうした「マイホーム主義」の負の側面は，現在でも子ども手当や子育て支援が議論になるたびに顔をのぞかせている。

イクメンの理想と現実

　家庭内で女性が単独で育児のタスクを担いきれないとすれば，家族がとりうる選択肢は大きく分けて3つある。第1の方策は，機械化によって家事を省力化することである。第2に，移民労働力によって家事育児を担わせること，第

CHART 図5.7　6歳未満児のいる男女の育児，家事関連時間

	男性	女性
日本	0:25／0:46	3:03／7:41
アメリカ (2001)	1:13／3:26	2:41／6:21
イギリス (2003)	1:00／2:46	2:22／6:09
フランス (2000-01)	0:40／2:30	1:57／5:49
ドイツ (1998-99)	0:59／3:00	2:18／6:11
スウェーデン (2001-02)	1:07／3:21	2:10／5:29
ノルウェー (2000-01)	1:13／3:12	2:17／5:26

■家事関連時間全体　□うち育児

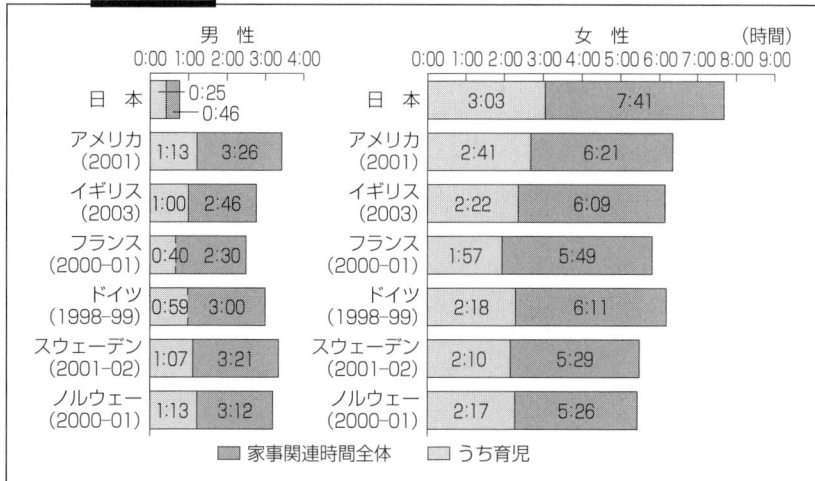

(注) 1　各国調査で行われた調査から，家事関連時間（日本：「家事」「介護，看護」「育児」「買い物」の合計，アメリカ："Household activities", "Purchasing goods and services", "Caring for and helping household members", "Caring for and helping non-household members" の合計，欧州："Domestic Work"）と，その育児（Childcare）の時間を比較した。
2　日本は，「夫婦と子ども世帯」における家事関連時間である。
(資料) Eurostat "How Europeans Spend Their Time Everyday Life of Women and Men" (2004), Bureau of Labor Statistics of the U.S. "America Time-Use Survey Summary" (2004), 総務省統計局「社会生活基本調査」(2001年)。
(出所) 厚生労働省『平成18年版　厚生労働白書』。

3に，家庭の中のもう1人の当事者である夫（父）が家事育児を担うというものである（上野 2009）。欧米では早くから家事の機械化・省力化とともに，安い移民労働力を用いることが一般化し，近年では男性の家事・育児参加が進んでいるのに対して，日本では機械化・省力化も，移民の受け入れも行わず，専業主婦に多くの負担を背負わせ続けてきたことに大きな特徴がある。

もっとも，国際的に見て日本の家庭における男性の家事育児は，進んでいるとはいいがたい。表面的には，「積極的に家事育児を楽しむ男性」をさす「イクメン」という言葉が流行し，家事・育児を行う男性の認知度や評価は大きく変化したことは確かである（石井 2013）。しかし実際には，日本の男性の家事・育児など無償労働関連時間は欧米に比べて著しく低いだけでなく，妻の有業無業，子どもの有無によっても，1日平均で45分を超えることはないという調査結果が明らかになっている（図5.7）。これは，国際的にみてもかなり低い水準にある。「イクメン」のかけ声とは裏腹に，男性の家事育児参加は著し

く低い水準にとどまっているのが現状である。

子育ては誰の責務なのか？

　以上のように，長引く不況を背景として，親族関係の希薄化，企業福祉の撤退といった社会の変化により，夫婦を中心とした家族は孤立して子育てを行う必要に迫られるようになった。かつてのように，良好な経済環境と，女性の労働市場からの体系的な排除を前提に，性別役割分業に基づく効率的な家計の運営を当てにすることは，もはや難しくなっている。たとえば，夫の24時間と妻の24時間から，睡眠に必要な時間を差し引けば，24時間ケアが必要な子どもや高齢者の世話を，夫婦2人でカバーすることは原理的に不可能である。

　にもかかわらず，現在の日本は依然として性別役割分業に基づき，すべての負担を背負って勝手に子どもを育ててくれる都合のよい「近代家族」を当てにし続けている。その意味で，現在問題になっているのは，子どもが減っているという意味での少「子」化ではなく，何のコストも払わなくても勝手に子どもを育ててくれる少「近代家族」化とでもいうべきものだろう。家族にすべてを負わせる社会は，結局のところ「家族にしか頼れない社会」にほかならないからである。

4 「家族難民」
▶家族を超えるセーフティネットは可能か？

家族からこぼれ落ちる人々

　「家族にしか頼れない社会」において家族からこぼれ落ちることは，必然的に誰にも頼れない状況を生み出してしまう。確かに日本では，生活保護という最後のセーフティネットや，健康保険や介護保険といった各種の社会保険などによって，制度的には人々の生活を支える仕組みが充実しているようにも見える。しかし，たとえば生活保護が採用する「世帯単位の原則」や「補足性の原則」のように，実際には家族を前提にした社会保障が依然として中心に据えられており，このことが家族からこぼれ落ちた人々に対して十分な支援が行き届

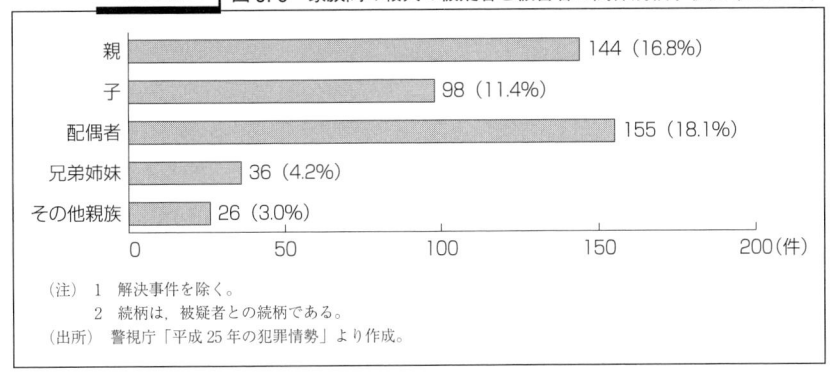

CHART 図5.8 家族間の殺人の被疑者と被害者の関係別検挙状況（2013年）

- 親　　　　144 (16.8%)
- 子　　　　98 (11.4%)
- 配偶者　　155 (18.1%)
- 兄弟姉妹　36 (4.2%)
- その他親族　26 (3.0%)

(注) 1 解決事件を除く。
　　 2 続柄は，被疑者との続柄である。
(出所) 警視庁「平成25年の犯罪情勢」より作成。

かない原因にもなっている。山田昌弘は，こうした状況を「家族難民」（山田 2014）と呼ぶ。

たとえば，自分を守ってくるはずの家族から受ける暴力によって，行き場を失うという問題もある。意外に思われるかもしれないが，2013年度の殺人既遂事件のうち，加害者が被害者の核家族であった割合は全体の半数に達している。もしあなたが明日殺されるとしたら50％以上の確率で犯人は親かきょうだいということになる（図5.8）。これに，統計上は家族・親族に含まれない恋人や不倫相手の配偶者を加えると，実に殺人事件の8割近くは血縁関係か恋愛関係の中で生じている（浜井 2009）。また，児童虐待の認知件数は年々増加しているが，これが人々の虐待に対する意識の高まりなのか，それとも実数の増加なのかを見極めることは容易ではない。しかし，現在の虐待に対する認識のもとで，かなりの数の虐待が生じていること，そして，家族という密室の中で行われる以上，表に出てこない相当程度の暗数があることを考えても，深刻な問題であることには変わりない。

次に，家族，とりわけ両親の協力関係が破綻した場合，その中で生きる個人は大きな負担を背負わされることになる。夫婦関係の破綻は大きく死別と離別（離婚）に分かれるが，死別や離別によって生じる「ひとり親」世帯は，シングルマザーの場合とシングルファザーの場合で異なる困難を抱えることが指摘されている。しかし，いずれにせよ夫婦2人でも不足しがちな資源をたった1人で捻出する必要があるため，多くの困難を抱え込むことになる（神原 2010）。住居費や子育て関連費用を自分や夫（妻）の稼ぎによって捻出することが原則

となっている制度のもとでは，離別によって両親の経済協力関係が崩れると，子どもは経済的にも情緒的にも不安定な立場に置かれることになる。別れた夫（妻）からの養育費は支払いが途絶えがちであり，子どもの将来の教育達成にも少なくない影響がでることが指摘されている。

　さらに，子どもが親からの暴力や再婚家庭との不和などによって行き場を失うと，ほかに頼るものも住む家もなく路頭に迷うことになる。住む家もなく，深夜営業のファストフード店やネットカフェを毎晩格安で渡り歩くネットカフェ難民や，実際に路上で生活する若年ホームレスといった問題も社会の関心を集めている。生活保護を申請しようとすると親族に連絡がいくことを恐れて，福祉の網の目からもこぼれ落ちるケースが少なくないという。とりわけ，これまで結婚して家庭に入りさえすればよいと考えられてきたために，男性稼ぎ手中心の貧困概念からこぼれ落ちてきた「女性の貧困」や「女性ホームレス」にも，近年では大きな関心が注がれている（丸山 2013）。

　逆に，家族からの手厚い支援によって，家族の庇護のもとから抜け出せなくなる事態も問題になっている。2000年代の中頃から大きな社会問題となってきた「社会的ひきこもり」は，学校卒業後の子どもが自室にひきこもり，親を除いた一切の社会関係を長期にわたって喪失することをいい，統計の取り方にもよるが全国で70万人から100万人は存在するとされる（荻野ほか 2008）。社会的ひきこもりをどのような社会問題として位置づけるかは難しい問題であるが，子育て費用に始まり，高等教育費や住居費にいたるまで，子どもから大人への移行が完全に家族の責任となっている日本の福祉制度の問題と考えることもできる。

　このように，日本の社会保障制度が家族を基軸としていることは，家族からこぼれ落ちた人々を困難な状況に陥れるだけでなく，家族間の格差を拡大させていくことにもなる。親族集団が家の継承のために子どもに対する責任を広く担っていた時代に比べて，小さな家族の内部で両親だけが子どもに対する全責任を背負う時代にあっては，子どものライフチャンスは両親の能力に大きく依存することになる。たとえば，専門職カップルの間に生まれた子どもや，経済力のある夫と専業主婦カップルの間に生まれた子どもに比べて，低所得の共働きカップルの間に生まれた子どもは，以前にもまして大きな家族間格差に直面

することになる。

　こうした「ペアレントクラシー（親階級制）」とも呼ばれる状況は、翻って、子どもに十分な支援ができないような結婚を選べない、子どもに責任がもてないならば子どもをつくってはいけないという風潮を生み、ますます晩婚化に拍車をかけているとも考えられるだろう。

家族だけで高齢期を支えられるのか？

　「家族にしか頼れない社会」のゆがみは、子ども期だけでなく高齢期にはさらに深刻なものになる。家族中心の社会では、子どもを産み育て、子どもが巣立ったあとは、必然的に夫婦2人暮らしに戻り、やがては死別して独りになることが想定されている。この、必然的に訪れる単身高齢期は、医療の高度化と平均寿命の伸長によってますます長期化している。

　もっとも、親の介護を引き受けたいと考える子ども世代が減っているわけではない。調査でも、必ずしも子どもに介護を望まないと答える親が増加する一方で、親の介護を積極的に引き受けたいと考える子ども世代が増えている（大和 2008）。現在、親からさまざまな支援を受けて大学で学ぶ人の多くも、ここまで育ててくれた親に感謝の気持ちをもっていて、もし親が要介護状態になれば、ぜひ自分で介護を引き受けたいと考えているかもしれない。

　しかし現実には、子育ての場合にもまして、親は、介護可能な場所やタイミングで要介護状態になってくれるわけではない。農業中心の社会とは異なり、企業に雇用されて労働力を売り賃金を得て生活することを中心とした資本主義社会では、人々は雇用を求めて生まれ育った土地を離れなければならない。老親の住む街に十分な雇用があるとは限らない以上、両親の介護が必要になったときに介護のために故郷に戻るわけにもいかず、もし介護を優先して仕事を諦めれば、今度は介護どころか自分の生活を支えることさえも困難な状況に陥ることになる。「世話になった親の介護はぜひ自分で」という殊勝な心がけは、どのタイミングで親の介護が必要になってもまっとうできるものではない。

　そもそも、子育てが夫婦2人では困難だったことを思えば、両親2人をその子どもが介護することはいっそう非現実的である。多くの人に平均してきょうだいが4～5人いて、そのうちの何人かは親の近くにとどまっていたかつての

状況とは異なり，現在では，ひとりっ子同士が結婚して両親の介護責任を背負うようなケースでは，夫婦2人だけで4人の親を介護しなければならない計算になる。こうした状況では，大切な両親に本当の意味で十分な介護を与えたいと思えば，むしろ家族だけに介護を担わせようとすることは非現実的であり無責任ですらある。広く社会で高齢者を支える仕組みづくりが必要だろう。

「家族からの疎外」と「家族への疎外」

社会学者の宮台真司は，こうした状況を「家族からの疎外」に先行する「家族への疎外」と表現している（宮台 2000）。やや難しい言い方だが，要するに「家族にしか頼れない社会（家族への疎外）においてのみ，頼れる家族がいない（家族からの疎外）ことが問題になる」ということを意味している。逆にもし，家族以外にも地域や政府に頼ることが可能な社会であれば，頼れる家族がいないことは何の問題でもなくなるとはいわないまでも，今よりもずっと問題にならないはずである。

その意味では，少子化の問題にせよ孤立の問題にせよ，人々が結婚できなくなっている状況を，人々を再び結婚しやすくすることで解決しようとする方法は，「家族への疎外」を前提として，「家族からの疎外」に対応しようとする試みであると考えることができる。すなわち，家族にしか頼れない社会をそのままに，人々が家族をもてるように手助けしようというアプローチを採用していることになる。行政によるお見合い事業や，婚活のためのコミュニケーション能力を身につける講座といったものに始まり，少子化対策として若者の賃金を上げることが主張されたり，結婚を約束したカップルだけに有利な住宅を供給したりといった施策が展開されているのがよい例である。

しかし，現代の家族をめぐる社会問題は，「家族への疎外」を無視して「家族からの疎外」だけに対処すれば済むような単純なものではない。結婚したとしても子どもをもつとは限らず，結婚したとしても離婚する自由があるにもかかわらず，依然として結婚という契約を特別なものとして扱い続ける理由は何だろうか。もし，結婚は共同生活における助け合いに基づくから価値があるのであり，家族は子育ての基盤となるから価値があるとすれば，いっそ，結婚や家族ではなく，そこに価値を付与していた共同生活や子育てそれ自体を直接支

援すべきだろう。私たちはあまりに,「結婚」や「家族」という言葉に囚われすぎてきたのかもしれない。

家族を超える共同生活の試み

では,実際に家族以外の人々が集まり助け合って暮らしたり,介護やケアを担い合ったりすることが,どこまで現実的な選択肢なのだろうか。不安に思うのも無理もない。私たちの周りに,結婚せずに幸せに暮らす人々の例はそれほど多くなく,むしろ,結婚しなければ,子どもをもたなければ一生ひとりぼっちのままだというイメージを強くすり込まれているからである。

しかし,改めて目を向けてみれば,国内外でのさまざまな家族を超える共同生活実践は,家族よりもより広く大きな共同生活がどのように機能しうるのかを例示してくれる。たとえば,冒頭で示したコレクティブハウスは,もっとも生き生きとした一例を提供してくれるだろう。北欧やアメリカ・カナダなどに複数の起源をもつコレクティブハウスは,生活空間の共同と家事の協働に基づく,合理的で民主的な生活運営をめざして設計されている(小谷部 2012)。

2009年に日本初の一棟建てのコレクティブハウスとして誕生した「コレクティブハウス聖蹟」では,0歳から78歳までの20戸33人の住人が,「コモンミール」と呼ばれる週に3回の食事の共同と,毎月1回の定例会議を行いながら,共同生活を営んでいる。日本ではまだ都内で5件程度が運営されている段階だが,この先ますますその重要性を増していくと考えられる。

これに対して,既存の家族向けの住宅や旧社員寮・学生寮を改修して運営されているのが,シェアハウスと呼ばれる共同生活実践である。こちらはコレクティブハウスと比べると小規模なものが多く,3LDKや4LDKといった間取りに,1人1部屋のプライバシーと,共用のキッチン,リビング,ダイニング,バス・トイレといった各種設備を備える。入居者は20～30代が9割近くを占め,うち8割弱を女性が占めている。

シェアハウスというと,1人で家を借りるお金がない若者が仕方なく,というイメージが強いかもしれない。しかし,実際にはワンルームマンションを借りるよりも高い家賃を支払って住む人も少なくないほか,正規雇用者の比率は7割以上あり年々増加していることからも,経済的な次善の策としてではなく,

他人と協働して住まう新しいライフスタイルとして定着しつつあるように見える（ひつじ不動産 2010）。また，旧社員寮を改修した大規模なシェアハウスの中には，100 人以上の居住者が 100 畳以上もある巨大なリビングを共有する大規模なものまであり，さながら「大人の寮」といった雰囲気がある。

　さらにまた，都市部で孤立しがちな単身高齢者の居宅に，学生を無料ないし格安で住まわせることで互いに助け合う高齢者と若者のシェアは「ホームシェア」と呼ばれ，現在注目されている。もともと，アメリカ・イギリスのほか，スペイン・フランスなどに複数の起源をもつ「ホームシェア」は，2000 年代後半から，高齢期の孤立と若者の居住福祉をまとめて解決する妙策としてヨーロッパ諸国に広がり始めている。学生は，勉強のための一部屋を光熱費の分担分のみ支払って原則無料で使わせてもらう替わりに，平日の夜は毎日家に帰ってくるというように，ある種の門限を負うことで，夜間の高齢者の見守りと，日々のコミュニケーションを提供することになる。学生は下働きや世話係としてではなく，あくまで対等な共同居住者として入居するため，身体的なケアを必要としないレベルの自立した高齢者で，しかも大学から近い便利な場所に家をもっている高齢者に限られるが，日々の生活上の助け合いのほか，お互いに偏見をもちがちな若者世代と高齢者世代の多世代交流の効果も指摘されている（久保田 2012）。

　のみならず，これまで「福祉」や「家庭支援」として行われてきたさまざまな実践も，改めて家族を超える共同生活実践として，新たな光を当てることができる。たとえば，保育所の不足との関係で近年注目を集めている「保育ママ」は，子育てを終えた一般家庭で，別の子どもを預かるいわば家庭型の保育サービスである（松木 2011）。実際，保育施設への入所資格がもらえるまでの「つなぎ」として利用されているケースが多いが，民間の保育所よりも安く，家の近くで運用されているという利点がある。また，親の事情で育てることのできない児童を，18 歳までの間一時的に養育する里親制度は，日本では普及が進んでいない現状があり，いっそうの周知と制度の整備が望まれている。

5 子育てと共同生活の再編へ

　ここまで見てきたように，現代の家族をめぐるさまざまな問題は，愛情が結婚の基盤になったことや，家族が親族・地域社会から孤立してきたことと深く関係している。もちろん，男性の家事参加や福祉の充実も重要であろう。しかし，その前に私たちがなぜ，充実した家族支援施策に合意できないのか，すなわち，それぞれが自分の家族や自分の子どものことだけを考えればよく，他人の家族や他人の子どもに充実した支援を行わなくてよいと考えてきたのかを考える必要がある。具体的には，血縁や性愛を超えて，支え合い，助け合う実践について見ていくことで，私たちが家族の何に囚われているのかが見えてくると同時に，より広く生活を支え合い次の世代を育んでいくためのヒントが見えてくるのではないか。

　最後に，あなた自身がこれまでいったい誰に育てられてきたのかをもう一度振り返って考えてみることは重要だろう。多くの人にとって，父親と母親はその主要な担い手であったかもしれない。しかし，少しだけ視野を広げてみれば，祖父母やおじさん，おばさん，近所のおねえさん，憧れのおにいさん，一番仲がよかった幼なじみ，大好きだった小学校の先生，塾の先生，進路選択に大きな影響を受けた高校の先生を含め，程度の差こそあれ，その誰ひとりが欠けても今の自分は存在しなかったのではないだろうか。あなたが大人になるまで，政府を通じてたくさんの税金が使われてきたことも忘れてはいけない。にもかかわらず，私たちは当たり前のように「子どもを育てるのは家族」と決めつけ，「共に住まうのは家族」と思い込んでしまう。家族を超える共同生活に光を当てることは，何も目新しい生活実践をどこか遠くから探してくることだけではなく，今まで私たちを支え育んでくれた家族よりもはるかに大きな人間関係の網の目の細部を再評価し，どう活用していくかを考える試みなのである。

CHECK POINT

- [ ] **1** 少子化それ自体は近代化に伴って起こる現象であるが，日本の少子化では急速な人口転換に起因する社会制度の軋みが問題になっている。出生率の低下は，未婚化・晩婚化を含めた若者の意識とライフコースの変化と大きく関係しているが，だからといって結婚を支援することだけが少子化対策ではない。婚外子率の上昇など海外の事例などもふまえて，結婚しなければ生きていけない制度の変革自体が重要な課題である。

- [ ] **2** 両家の間のものであった結婚が，男女間の愛情を基礎にするようになったのは比較的新しい出来事である。戦後の「誰でも結婚できて当たり前」の時代は，特殊な社会経済的条件のもとでかろうじて可能になっていたにもかかわらず，その条件は失われてしまったことがかえって「婚活」を激化させる要因にもなっている。離婚率の上昇からも，もはや結婚はそこにたどり着けばよい「ゴール」とは呼べなくなっている。

- [ ] **3** 私たちのよく知る家族は近代特有の仕組みであり，それ以前の人々は家族よりも大きな親族関係を中心とした農業共同体の中で生活していた。それゆえ，社会から孤立し，小規模化した現代の家族は，より重要度を増した子育てというタスクを担うには構造的な困難を抱えている。都合よく低コストで子どもを育ててくれる「近代家族」を追い求めるのではなく，より大きな単位でいかに子育てのコストを分担していくかが重要になる。

- [ ] **4** 「家族にしか頼れない社会」で家族からこぼれ落ちることは致命的であり，そのことがさらに家族への依存を強くしてしまう。孤立し小規模化した現代の家族だけでは，子どもや老親のケアを担うことは非現実的であり，家族を超えるさまざまな共同生活実践やケアの実践を元に，新たな生活の共同関係に光を当てていく必要がある。

読書案内　　　　　　　　　　　　　　　　　　　　　　　　Bookguide

落合恵美子『21世紀家族へ――家族の戦後体制の見かた・超えかた（第3版）』有斐閣，2004年。
　　→ジェンダー論の視点を大きく取り込み，現代日本の家族・夫婦・子育ての問題に深く切り込んだ，定番ともいえる家族社会学の教科書。

河野稠果『人口学への招待――少子・高齢化はどこまで解明されたか』中公新書，2007年。
　　→少子化や未婚化・晩婚化，人口転換について語るうえで不可欠な人口学に

ついて，基礎的な統計や議論を平易に解説した入門書。

牟田和恵編『家族を超える社会学——新たな生の基盤を求めて』新曜社，2009年。
　→シェアハウス，コレクティブハウスや同性カップルなど，従来の家族を超える新しい視点から，家族とは何であったのかを考察する家族社会学の論集。

引用文献　　　　　　　　　　　　　　　　　　　　　　　Reference

石井クンツ昌子，2013，『「育メン」現象の社会学——育児・子育て参加への希望を叶えるために』ミネルヴァ書房。

上野千鶴子，2009，『家父長制と資本制——マルクス主義フェミニズムの地平』岩波現代文庫。

荻野達史・川北稔・工藤宏司・高山龍太郎編，2008，『「ひきこもり」への社会学的アプローチ——メディア・当事者・支援活動』ミネルヴァ書房。

落合恵美子，2004，『21世紀家族へ——家族の戦後体制の見かた・超えかた（第3版）』有斐閣。

神原文子，2010，『子づれシングル——ひとり親家族の自立と社会的支援』明石書店。

久保田裕之，2009，「若者の自立／自律と共同性の創造——シェアハウジング」牟田和恵編『家族を超える社会学——新たな生の基盤を求めて』新曜社。

久保田裕之，2012，「EUにおける高齢者と若者の共同生活の試み——ホーム・シェアリングの国際比較に向けた調査報告」『21世紀ひょうご』第14号。

小谷部育子・住総研コレクティブハウジング研究会編，2012，『第3の住まい——コレクティブハウジングのすべて』エクスナレッジ。

千田有紀・中西祐子・青山薫，2013，『ジェンダー論をつかむ』有斐閣。

ノッター，D.，『純潔の近代——近代家族と親密性の比較社会学』慶應義塾大学出版会。

浜井浩一編，2009，『家族内殺人』洋泉社新書y。

ひつじ不動産監修，2010，『東京シェア生活』アスペクト。

松木洋人，2011，『子育て支援の社会学——社会化のジレンマと家族の変容』新泉社。

丸山里美，2013，『女性ホームレスとして生きる——貧困と排除の社会学』世界思想社。

宮台真司，2000，『まぼろしの郊外——成熟社会を生きる若者たちの行方』朝日文庫。

山田昌弘，2010，『「婚活」現象の社会学——日本の配偶者選択のいま』東洋経済新報社。
山田昌弘，2014，『「家族」難民——生涯未婚率25％社会の衝撃』朝日新聞出版。
大和礼子，2008，『生涯ケアラーの誕生——再構築された世代関係／再構築されないジェンダー関係』学文社。

CHAPTER 第6章

居場所

個人と空間の現代的関係

インターネットの番組に出演する東京都知事選の家入一真候補（左）と応援する堀江貴文氏（2014年1月，東京）（提供：時事）

INTRODUCTION

　2014年2月9日，東京都知事選挙の投開票が行われ，元厚生労働大臣の舛添要一が得票数約210万票，得票率43.4％と圧勝した。
　この選挙で主要4候補（得票率95.8％）には遠く及ばないものの，約9万票（得票率1.8％）を獲得し，4候補に続いたのが，実業家の家入一真である。基本方針のみを打ち出し，実際の政策はSNSを用いて広く都民から募集する，という手法を含め，主にインターネット上において彼の活動は少なくない注目を集めた。彼の政策基本方針の1つに，「"どんな人にも『居場所』"がある東京」というフレーズがある。私たちが普段当たり前に使っている「居場所がある／ない」という言葉は，現代社会においてどのような意味をもっているのであろうか。

1　"どんな人にも「居場所」"がある東京

東京には「居場所」がない!?

「居場所」という言葉は政策を語る言葉としては耳慣れない。家入は，この言葉にいかなる意味があると考え，政策に取り入れたのだろうか。「どんな人にも『居場所』がある東京」を裏返すと「一部の人には『居場所』がない東京」となり，そのことに対して問題提起がされている，と読める。とはいえ，その「居場所がある／ない」ことが，どういう状況を指し示しているのかについてはよくわからない。こうしたスローガンが生まれ，一定の議論を巻き起こした背景は一体どのようなものであろうか。それらについて考えるため，まずは家入の政見放送から発言を一部抜粋してみよう。

　　今，日本では，（筆者補足：年間）約3万人ほどが自殺しています。（略）どうして自分を追い詰めてまで就活をしなきゃいけないのか。なんで，いじめられてでも，学校に行かなきゃいけないのか。（略）
　　僕はこれまで，いろんなインターネットサービスやシェアハウスを作ることで，<u>僕なりに逃げられる「居場所」</u>を作ってきました。「居場所」をもつことは，人間にとって生きる力になりえるからです。（略）
　　東京は世界でも有数の大都市です。それなのに，<u>それぞれの「居場所」がなく，多くの人が生きづらさを感じる今の状態はとてもおかしい</u>と思っています。たとえば，いじめられている学生とか，たとえばセクシャルマイノリティの方とか，シングルマザーとか，会社が生きがいになっているサラリーマン，ひとり暮らしをしている老人，まあいろいろいますけども，みんな，そんな<u>自分を認めてもらえるような「居場所」</u>が必要なんじゃないかとそう思っています。（下線筆者）

　（出所）家入一真，2014，「政見放送」NHK，2014年1月28日放送。

この政見放送から，彼の考える「世界でも有数の大都市」東京の問題点を整

理すると次のようになろう。東京には「就活」のプレッシャーや,「学校に行かなきゃいけない」プレッシャーが強く存在すること。そうしたプレッシャーから「逃げられる」「居場所」が足りていないということ。「逃げ場のない」状態は「居場所がない」状態であり,また,「居場所」は「自分を認めてもらえる」「生きる力」になり,その喪失は時に「自殺」という形としても表れるということ。ここでは,私たちは「居場所」なしには生きられない,という強い主張が表明されているのである。

「居場所」とは？

　そもそも「居場所」とは一体どのような場のことをさしているのだろうか。「居場所」は,それについて論じた研究や出版物は多いが,いまだ明確に共有された定義が存在しない不思議な言葉であり,また,一般用語としてもいくつかの意味を含んでいる。

　たとえば「あなたの『居場所』は？」と問われたならば,どのように答えるか考えてみてほしい。即座に想像できる回答は,「学校（クラス・部活・サークル）」「自宅（自室）」「地元」「職場（アルバイト先）」「行きつけのカフェ」「インターネット（SNS・掲示板）」などだろうか。趣味など何かに打ち込んでいる人であれば「グラウンド」「ステージの上」といった,自らが活躍できる場所を答えることもあるだろうし,特定の場所ではなく,「友人（恋人）と一緒にいること」（親密な対人関係）や,「サークルの部長職」（社会的役割）などをあげる人もいるだろう。私たちにとって,社会との関係から得られるポジティブな感覚——安心感,自尊感,所属感など——を感じられる空間は,概ね「居場所」と名ざされうるといってよい。こうした感覚を得られないということが,家入のいうような「居場所のなさ」なのであろう。

　「居場所」という言葉について,もう少し抽象的に考えてみよう。文字を見る限り,「場所」であるということが,この言葉を特徴づけているように思える。地理学では,空間（space）と場所（place）は明確に分けられている。空間は,「それに価値をあたえていくにつれて次第に場所になっていく」（トゥアン 1993）。座標上の位置情報を表す無機質な空間に対し,場所は,空間に人間が意味を結びつけたものである。その意味では「居場所」は,個人が「いてもよ

い／いたい」と意味づけた空間，といえる。ある空間における個人と社会の関係性と，個人のいる空間の特徴の両面から考えることが，「居場所」を捉える際の鍵になりそうだ。

　こういった「居場所」の条件については，ある程度直感的に理解することができるだろう。しかし，少し距離をおいて考えてみると，いくつかの論点を見つけ出すことができる。

　第1に，私たちはどのように，「自分を認めてもらえ」なかったり「生きづらさを感じ」たりするような問題を，「居場所がない」という言葉で表現するようになったのか。実のところ，この「居場所」という言葉が意味の広がりを見せ始めたのはほんの30年ほど前のことである。この30年間に生じた社会のどのような変化が対人関係や自己実現の問題を「場所」の問題としてきたのか。

　第2に，社会の「居場所」化という問題である。「居場所」がその重要性を増すにつれて，さまざまな空間が「居場所」としての役割を求められるようになってきた。この点について，本章では若者自立支援と社会運動における「居場所」化に注目する。こうした一見「居場所」の問題とは無縁に見える「場」まで「居場所」化している――あるいは，せざるをえない――という事実は，現代社会における「居場所」の意味を読み取るうえで非常に重要である。

　そして第3は，地域性と「居場所」についてである。家入は「世界でも有数の大都市」である東京の問題として「居場所」を取り上げた。大都市に存在しない「居場所」は他の地域には存在するのだろうか。以上のようなことを考えるため，本章では，現代社会におけるいくつかの事象について「居場所」という視点から考えていきたい。

2 「居場所のなさ」と生きづらさ

　本節では，「居場所」がどのようにある種の生きづらさと結びついて使われるようになってきたのか，新聞記事を主な題材にして考えていきたい。

　図6.1は，1987年からの主要3新聞の朝刊（一部紙面を除く，『朝日新聞』は1989年から）において，「居場所」という言葉を見出しまたは本文に使用する

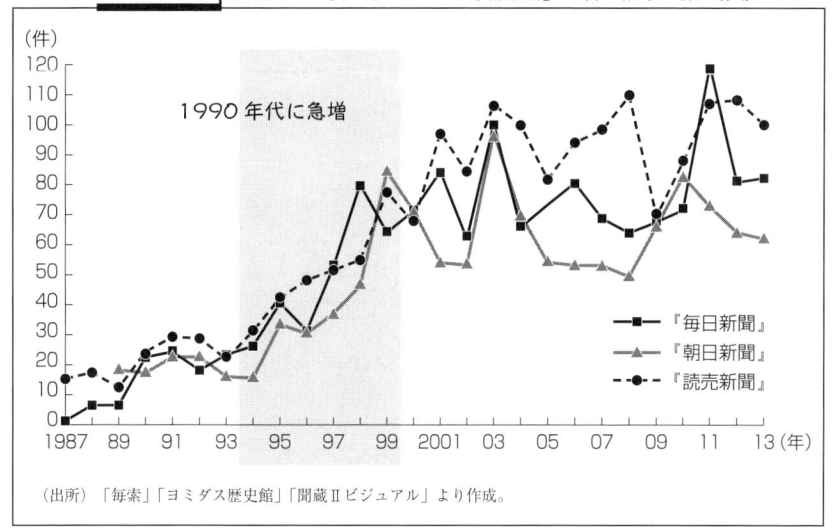

CHART 図6.1　主要3紙における「居場所」を含む記事の数の推移

(出所)「毎索」「ヨミダス歴史館」「聞蔵Ⅱビジュアル」より作成。

記事の数の推移である。各紙のデータベースの母数が異なるため，このグラフにおいて記事の絶対数の比較は意味をなさず，また，このグラフには「犯人の居場所」のような旧来の意味で用いられている記事も含まれているが，記事数の変化を概観してみると，2000年代初頭まで3紙ともほぼ同じような推移を見せていることがわかる。「居場所」という言葉を用いた記事は，1994年から1999年頃にかけてその数を急激に増加させている。この時期はまさにバブル経済崩壊を経て，私たちの価値観がさまざまな側面で揺さぶられ始めた時期と重なる。「居場所」という個人の拠り所を表す言葉がこの時期に多用され始めたことと，頑健だと思われていた私たちの生活の足元が揺らぎ始めたこととは，決して無関係ではないだろう。

とはいうものの，図6.1からわかるのは，「居場所」という言葉の意味と文脈を考慮しない，あくまでも数的な変化のみである。しかし，記事の内容に目を通していくと，「居場所」という言葉がその意味を拡大させてきたことの背景に社会の変動の存在があることが透けて見えてくる。

生き方の変化と「居場所」

「居場所」の語られ方が変化した第1のきっかけは，専業主婦を中心とした

近代家族像の揺らぎに象徴される生き方の変化だった（→第5章）。石油危機以降，父が会社で働き，専業主婦としての母が家庭を守る，という家庭内の性別役割分業モデルが徐々に揺らぎ始めた。この頃，「居場所」という言葉にも変化が見え始める。

はじめて「居場所」を生き方と接合させて使用した記事は，『読売新聞』の1978年の連載，「亭主の『居場所』」であると思われる。そこでは日本の家屋から消えてきたもの——男性用小便器，客間，書斎——を「亭主」の「居場所」の消失と見ており，伝統的な日本型建築様式の衰退に象徴される「亭主」の権威の失墜を亭主の「居場所」の喪失と見ている（『読売新聞』1978年2月20日～2月25日夕刊）。また，『朝日新聞』においても1984年に「父」にとって「テレビの前だけが気の休まる『居場所』」であるとする記事を掲載している（『朝日新聞』1984年5月18日朝刊）。

最初に揺らぎ始めたのは家庭における亭主／父の「居場所」であった。核家族化や女性の社会進出等によって，これまで家族の中心であった「亭主」や「父」の「居場所」が縮小してきた。さらにこの時期においては，失われた「亭主」の「居場所」やテレビの前の「父」の「居場所」は，非常に強い空間性をもった「場所」として語られていることもうかがえる。

文化的目標化する「居場所」

「居場所のなさ」が明確にある種の生きづらさと結びついて語られるようになったきっかけは，不登校児童生徒のオルタナティブな生活空間としてのフリースクールが「居場所」と名乗り始めたことにある。それは，子どもたちの「居場所」の確保であると同時に，既存の学校的価値への抵抗運動でもあった。こうした運動を受けてか，1992年に文部省学校不適応対策調査研究協力者会議は「登校拒否（不登校）問題について——児童生徒の『心の居場所』づくりを目指して」という報告書を提出，教室が子どもの「居場所」であるべきとし，「居場所」は皮肉にも学校の中に作られるものとして教育関係者に普及することになった。

こうして子どもや教育の問題を語る言葉になってきた「居場所」だが，メディア上ではまた別の展開を見せている。1990年前後から，少年や若者による

センセーショナルな事件（女子高生コンクリート詰め殺人事件：1988年，地下鉄サリン事件：1995年，神戸市児童連続殺傷事件：1997年，栃木女性教師刺殺事件：1998年など）が相次いで報じられた。少年犯罪については過熱した報道の存在が指摘されてきたが，たとえば，「（神戸事件について）子供たちは今，<u>大人が考えている以上に居場所を失っている</u>。教師がこの問題を真剣に考えようとしなければ，<u>今後も同じような事件につながる危険がある</u>。」（『毎日新聞』1997年7月10日朝刊，下線筆者，以降同）や，「（名古屋市中学生5000万円恐喝事件について）<u>社会のなかで「居場所」を見つけられない少年たちが犯罪に走ってしまう状況がある</u>ということではないか。」（『朝日新聞』2000年6月9日朝刊）といった記事に見られるように，「居場所のなさ」もまた，犯罪の原因として語られるようになる。とくに1997年の神戸事件においては，加害者の少年が自らを「透明なボク」と名ざしたこともあり，犯罪の原因論としての「居場所のなさ」の語りに火がついた。

　こうした考え方自体はそれほど新しいものでもない。若年者の逸脱行動の原因を大人社会との摩擦の中に見いだすということは常に行われてきた。むしろここでは，漠然とした「居場所のなさ」がある種の病理として語られていることに注目したい。「書斎」がなければ「テレビの前」に行けばよかった「父」と比べ，ここで語られる「居場所」からは具体的な空間が見えてこない。空間としての実態のない「社会」における「居場所のなさ」がどういう状態として想定されているのかを読み取ることもできない。伝わってくるのは「居場所がない」ことが子どもたちを犯罪に走らせるのでは，という漠然とした不安のみである。

　ロバート・キング・マートンは，ある文化に属している人たちがそろって達成したいと思う目標（たとえば経済的成功）のことを「文化的目標」と名づけ，そのための手段が不平等であるとき（成功するには不利な立場の人もいる），社会の規範が弱まった状態（アノミー）に陥ると論じた。「居場所がない」状態を凶悪犯罪の生まれる土壌として語ることにより，「居場所」は「ある」ことが当たり前となり，「居場所がない」個人は喪失を感じている者であるとみなされる。上記のような記事は，まさに「居場所」を文化的目標化し，「居場所がない」状態をアノミーとみなす語りである。私たちがある種の生きづらさに対し

て「居場所がない」という表現をしたり，「居場所」を提供したりしようとするなど，「居場所」が重要性をもって語られるようになった背景には，こうした報道の存在がある。

このように「居場所」の重要性が高まった社会において，社会のさまざまな領域において「居場所」化とも呼べる現象が生じている。次節では，いくつかの事例をあげながら，私たちがどのような場所を「居場所」としてきたかについて考えていきたい。

3 「居場所」化する社会

職場という「居場所」

前節で述べたように，「居場所」の喪失が最初に語られ始めたのは，成人男性の家庭における「居場所」であった。

とはいうものの，1990年代初頭までの日本では，とくに男性にとって終身雇用制度のもと1つの企業で定年まで働くという図式は自明視されており，その意味で，職場という場所は「居場所」として残されていた。

しかし，仕事があれば「居場所」の問題が生じないわけではない。「労働」とその対価としての「賃金」という関係で結びついているはずの企業に対しても，私たちはその関係にさらなる価値を求めてきた。

図6.2は2012年に実施された都市圏の大卒者（20〜39歳）の国際比較調査の結果である。日本の若者にとって仕事をするうえで大切なのは，他国でもっとも重視されている「賃金・福利厚生」ではなく，「人間関係」や「仕事内容」であり，日本の若者が仕事に対し，情緒的・主観的な価値を見いだしていることをうかがい知ることができる。また，他の調査からは，近年では雇用の不安定化に伴い，減少傾向にあるものの，少なくとも1970年代から一貫して私たちは仕事の「やりがい」に価値を見いだしてきたことがわかる（内閣府「国民生活選好度調査」）。こうした仕事に対する価値観は，多くの価値が転換した1990年代以前から私たちが共有してきたものであるという意味で，日本的なものであるといえよう。このような主観的な価値の重視は「居場所」の条件と

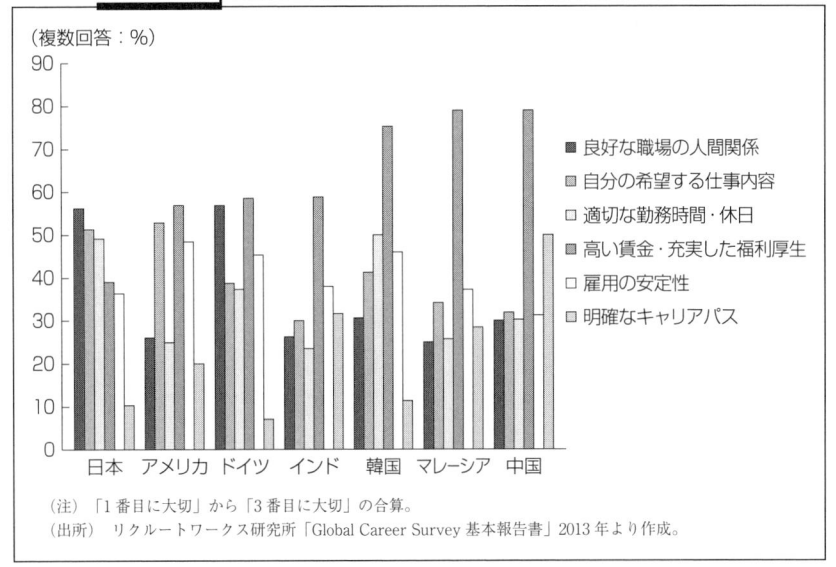

CHART 図 6.2 「仕事をするうえで大切だと思うもの」の割合

(複数回答：％)

凡例：
- 良好な職場の人間関係
- 自分の希望する仕事内容
- 適切な勤務時間・休日
- 高い賃金・充実した福利厚生
- 雇用の安定性
- 明確なキャリアパス

横軸：日本　アメリカ　ドイツ　インド　韓国　マレーシア　中国

(注) 「1番目に大切」から「3番目に大切」の合算。
(出所) リクルートワークス研究所『Global Career Survey 基本報告書』2013年より作成。

親和性が強い。「適切な勤務時間」が上位にあることも含め，私たちにとって職場は，労働を行い賃金を得る場であると同時に，「快適にいられる場」でもあるといえる。

　現代の日本における働き方のモデルは，労働者のこうした志向を支えられるのだろうか。職場の「居場所」としての自明性は急速に低下している。

　たとえば，1985 年には 16.4％ だった非正規雇用者の割合は，2013 年には 36.7％ まで増加している（総務省「労働力調査」）。非正規雇用は，ほとんどの場合雇用期間が短い。たとえば，派遣労働者の受け入れ期間は，多くの場合原則 3 年までと定められている。自分が今座っている座席は，近い将来確実に失われるということを想像してみてほしい。自身の社会的役割がぐらついた状態にあって，職場を「居場所」と呼ぼうとは思えないだろう。そもそも「非正規」雇用という呼称それ自体，所属感を剥奪するには十分なインパクトがある。

　こうした社会的居場所の剥奪は決して非正規労働者だけの問題ではない。2012 年の大晦日，『朝日新聞』が「配属先は『追い出し部屋』」という印象的な見出しの記事を掲載し，話題となった。「追い出し部屋」においては他部署の「応援」や「自分で出向先を見つけること」「英会話の教材」の販売などが

業務とされ，大手企業におけるそれまでのキャリアを無に帰する方法で自主退職を迫るものとして報じられた。1970年代後半にも業務を与えられない中高年をさした「窓際族」という言葉は存在したが，当時はまだ終身雇用制が残っており，少なくとも「窓際」の自席という空間的「居場所」，あるいは所属そのものによる「居場所」は確保されていた。社会的所属としての「居場所」を奪うため，自らがそこに意味を見いだせない「空間」に個人を閉じ込めることは，方法としてきわめて合理的である。

　流動性が高まった社会では，特定の職場に「居場所」を求めつつ働くことはリスクを伴う。「ブラック企業」（→Column ❸）と呼ばれる一部の企業が成立する理由の1つには，私たちが職場に「居場所」を求めていることもあるだろう。かつて存在したような企業と労働者の相互の調和的関係はもはや存在しない。職場を失うことは「居場所」を失うことも意味し，それを支える仕組みが求められるようになってくる。

自立支援化する「居場所」／「居場所」化する自立支援

　このように雇用情勢が厳しさを増すにつれて，若者がスムーズに仕事の場へ移行できないという問題が深刻になってきた。そこで行われたのが，**地域若者サポートステーション**など，若者の自立を支援する仕組みの制度化である。しかし蓋を開けてみてわかったことは，ひきこもり経験，精神疾患，発達障害など，従来の就労支援の枠組みでは対応困難な，多様な課題，ニーズを抱えた若者が，行政の想定を超えて多数存在することであった。

　こうした若者たちにとっては，就労のみならず，社会におけるあらゆる活動への参加が難しい。とりわけ，ひきこもり状態にある若者たちは，自らの「居場所」が自宅，あるいは自室にまで縮小した状態であり，その外に「居場所」をもっていない状態にあるといえる。

　こうしてとくに2000年代以降，困難を抱えた子ども・若者に安心して過ごすことのできる場を提供することを目的とした「居場所づくり」の実践が，民

---

keyword

地域若者サポートステーション　働くことに困難を抱える15歳から39歳の若者を対象とし，相談から就労訓練まで総合的な支援を行う施設。職業紹介は行っていない。全国に160カ所開設（2014年度現在）。厚生労働省が管轄する。

間団体，行政などによって盛んに行われるようになってきた。

　一般に若者自立支援においては，支援のゴールは安定した就労に設定される。ところが「居場所」支援そのものは就労を直接の目的とはしていない。支援団体の理念によっても異なるが，あくまでも，安心していられる場の確保が最優先課題である。よって支援の成果は，就労実績という即座に目に見える形で測ることができない。結果として，とくに行政が行う支援については，いわゆる就労支援と比べ，予算配分上の不利が生じやすいという課題がある。ゆえに人員の確保や施設の整備がままならないまま支援が行われがちである。

　支援の成果を就労実績で測ることは，就労が可能な者のみを就労支援の対象とし，そうでない者を「居場所」支援に閉じ込めていく，というような，意図せざる排除（→第7章）にもつながりかねない。若者支援を評価する方法については，いまだ議論の余地が大いに残されているといえる。

　「居場所」が自立の手段として与えられるものになってきたその一方で，自立支援が「居場所」になってしまうような現象も生じてきた。たとえば，とくに「居場所」を提供することを目的としない就労支援の現場において，就労が決まったあと，仕事に定着することができず，支援の場に舞い戻ってきてしまう，「回転ドア」現象（本田・筒井 2009）については時折報告されている。このことは端的に，若者たちが労働の場において使い捨てられていることを表しているのと同時に，支援の場が労働の場で疲れた若者を癒す「居場所」として機能していることを示している。

　支援の場に集まる人たちの背景は多様であるものの，社会への参加にまつわる課題を抱えている，という点においては共通した特徴をもっている。その意味で「居場所」を目的としない就労支援についても，仲間意識は育ちやすく，また，支援の現場は一般に困難を抱えた人たちに対して受容的であり，「居場所」となりやすい場であろう。

　こうした若者支援の動向は，学校と職業の間の移行がうまくいかないときに就労支援がそのサポートをしているのと同様に，家庭や学校，職場といった空間において果たせなくなった「居場所」形成を子ども・若者支援の現場が支えていることを表している。「居場所」が文化的目標となり，「居場所のなさ」が欠落として社会問題化してきたことにより，「居場所」は支援の一形態として

提供されるものになってきた。さらに労働の問題と接合し，自立支援の枠組みに組み込まれた時点で，「居場所」は目標から就労のための手段へとその姿を変えてきたのである。

　「居場所」支援は，多様な理由で生きづらさを感じる人たちの生を承認し，第2章で論じられるそれとは異なる，文字どおりの「生きる力」を醸成してきた。その意義は大きい。しかし，自立支援を自立（≒就労）への動的な過程とみなす限りにおいて，その場は「ただいる場所」とは原理的に相性がよくない。支援化した「居場所」も「居場所」化した支援もそれぞれの文脈の中で「居場所」を失っているように見える。

　ここまで，労働の場に「居場所」を見いだせないとき，自立支援という受容的な空間に「居場所」が見いだされることについて述べてきた。一方，（家入もまたそうであるように）若者の立場から，積極的により良い未来の獲得をめざす活動の中にも，「居場所」の問題は見え隠れしている。

「居場所」化する社会運動／社会運動化する「居場所」

　2011年を「（市民）デモ元年」と呼ぶ声がある。この年起きた，福島第一原子力発電所事故をきっかけに，SNSを通じて集まった若者を中心に数万人規模の反（脱）原発デモが繰り返し行われた。その後も特定秘密保護法や集団的自衛権に対する反対運動，さらには排外主義を標榜するような右翼的活動など，路上やインターネット上でさまざまな意見表明を行う若者が増えてきた。

　このように，若者の間に社会運動が根づいてきたことに対して民主主義の復興を見いだし肯定的な評価が行われる一方で，運動の主体である若者たちに対する冷ややかな視線も存在する。

　たとえば古市憲寿（2011）は，社会運動の参加者への聞き取りから，運動の魅力として「本当の仲間」や「居場所」の獲得があげられていることを指摘している。古市は，このような運動の「居場所」化により運動の「目的性」が冷却され，そこに残るのは無目的な「共同性」のみであるとする。確かに，たとえば近年広まった，DJ，楽器などを動員した「サウンド・デモ」の形態で主張を訴える若者たちの様子からは，社会運動のもつ禁欲的なイメージは感じられず，どちらかといえば楽しげな「祭り」に近い印象を受ける。しかし，同じ

目的を共有するもの同士が集まれば，そこに安心感や楽しさが生まれやすいのは当然であるし，そうした共同性が近年の社会運動を支えていたことは間違いない。

1960年代，今後表れることが想像される細分化された社会運動のことを，フランスの社会学者アラン・トゥーレーヌは「新しい社会運動」と呼んだ。それまでの社会運動が主に労働運動として行われていたのに対して，「新しい社会運動」は反核，環境問題やジェンダーの問題，各種マイノリティ問題など，担い手の関心に基づいて，さまざまな問題を対象とする。こうした細分化した社会運動は，運動の担い手が必ずしも当事者であるとは限らないという特徴をもつ。生存と直接結びつかない運動への参加の動機は多様でありうる。そこに「居場所」という動機があってもまったく不思議ではない。

価値が多様化した現代社会において，社会運動は目的性を共有できる貴重な場でもある。さらに，社会運動が細分化したことにより，それぞれの関心にあわせて気軽な参加が可能になった。現代の社会運動は私たちに「居場所」を提供し，またそれによって，社会運動も維持され続けるのである。

社会運動が「居場所」化している，とされる一方で「居場所」の社会運動化

ともいえる現象もまた，指摘されている。浅野智彦は，2007年に秋葉原で起きた，「表現規制の強化や秋葉原の再開発」などへの反対運動や，2010年の東京都の「青少年の健全な育成に関する条例」への反対運動に対して，「趣味縁（趣味によってつながる人間関係）」による社会参加の可能性を見いだした（浅野 2011）。社会運動と同様，現代では趣味の世界もまた，個人化，多様化が進んでいる。細分化し，小さな趣味グループがそれぞれの完結した世界を形成している状況を考えると，そこに社会運動が生じるとは考えにくい。ところが浅野は，趣味集団（趣味に関するサークル，団体）に参加することは，公共性や社会参加に一定の関係をもつという。

この理由として浅野は，趣味に没頭する者は主体性が強い，という禁欲的な考察を行っているが，例にあげられた2つの運動は，どちらも趣味の世界が脅かされるような政策に対する抵抗運動として理解できる。目的性をもたなかったはずの趣味集団は，「居場所」化し，それが脅かされるときには，社会運動化する可能性をもっているといえる。

また，労働運動においては，「働くことを絶対視しない居場所」であることをめざす労働組合の存在が指摘されている（橋口 2011）。こうした運動は労働からの排除が若者の孤立につながることを問題とし，生存のためいったん「働く」ということを問い直す。ここでは「居場所」を手に入れる権利そのものが，運動の目的とされているのである。

これらの議論は対立するようで，その実どちらも「居場所」的な集団の存在が，若者にとっていかに重要であるかを示している。その重要性は，一方においては「居場所」が確保されたために運動の目的性が縮小するという形で，もう一方においては「居場所」を守るという目的をもった当事者による運動の発生という形で現れてきたのである。

4 地元は「居場所」の終着地点か？

空間性の差異の縮小と地元志向

都知事選挙に向けた政策なので，当然といえば当然であるのだが，家入が

「居場所」を作ろうとしていたのは「東京」という自治体においてである。しかし，家入の発言からは特別「東京」において「居場所」が欠けている，とする根拠は見つけることができない。

情報技術はこの10年あまりにおいて飛躍的に進歩し，パソコンや携帯電話があれば世界中の情報や生活に必要なものを簡単に手に入れられるようになった。また，後述するように，各地方都市をつなぐ国道沿いには大型ショッピングセンターや全国チェーンの飲食店が軒を連ね，わざわざ都会に出なくてもたいていの消費文化を享受することが可能となってきた。少なくとも，一般的なモノや情報を消費する限りにおいては，大都市と地方の間の差異は限りなく縮小されたといえる。

さて，このように空間性の差異が縮小してきた現代において，居住地と「居場所」はどのように関係するのか。キーワードは「地元」である。

1960年代の高度経済成長期，義務教育を終えた東北の若者たちは，こぞって集団就職のため上京してきた。こうした若い労働力は都市においては「金の卵」と呼ばれ，日本経済の成長という夢を託されていた。同様に労働力たる若者たちもまた，都市に対して強い憧れの念を抱いていた。高度経済成長がその終焉を告げた70年代から80年代においては消費社会化が進行し，都市は消費文化の中心として多くの若者の憧れを集めるようになる。

かつて若者にとっての地方／地元は，古臭いしがらみを抱えた共同体であった。そしてそういった若者の都市への人口移動は，地方の空洞化という問題を招き，地方の再生が課題とされてきた。ところが近年，こうした地方／地元への否定的なまなざしに代わり，地元への愛情を隠さず，地元で生活し続けることを志向する若者に対する注目がにわかに高まっている。

地元志向の高まりは，地元就職／進学率など，複数のデータに見ることができるが，図6.3ではわかりやすく，地元愛に関するデータを用意した。今住んでいる地域を「好き」あるいは「まあ好き」と答えている若者の割合は1970年代から一貫して上昇傾向にあるが，とくに1990年代に入ってから地元への愛着度が高まっていることが見て取れる。もちろん先に述べたように，この時期は私たちが信じてきたものが急速に失われてきた時期でもある。自らの拠り所を，より身近な地元に求める若者が増えてきたという事実については十分に

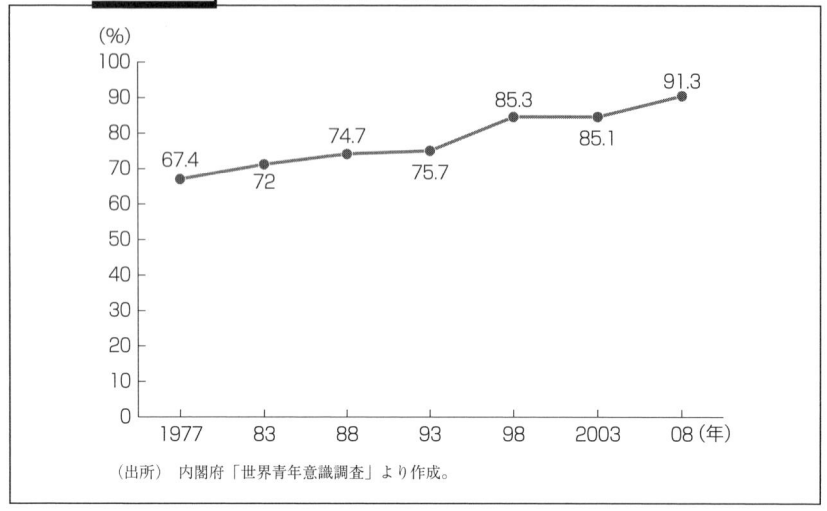

CHART 図6.3 地域社会に愛着を感じる者の割合

```
(%)
100
 90                                              91.3
                                      85.3  85.1
 80                              75.7
                          74.7
 70        72
     67.4
 60
 50
 40
 30
 20
 10
  0
     1977  83   88   93   98   2003  08(年)
```

(出所) 内閣府「世界青年意識調査」より作成。

理解できる。

日本中が「居場所」になる

 モータリゼーションにより，地方都市の国道沿いを中心に，どこにいても同じような景色が広がる，**均質化したロードサイド文化**が発達してきたことについては，すでに数多くの指摘がある。暇な時間は友だちとファストフード店で時間を潰し，週末は大型ショッピングモールをぶらつくというライフスタイルは，大都市や，そうしたロードサイドへのアクセスも悪い田舎と呼ばれるような地域に住んでいない限り，それなりに身近にあるものなのではないだろうか。
 たとえば，知らない町で食事をとる際，ついつい近所にもあるチェーン店に入ってしまう，という人も少なくないだろう。その選択を支えるのは，慣れ親しんだ内装，メニュー，会計のシステムなどによる安心感である。また，旅行先で入るコンビニエンスストアの居心地の良さ（あるいは悪さ）はまさに，そこが非日常空間に現れた日常空間だからである。

---
keyword
均質化したロードサイド文化 この現象を説明する概念として「没場所性」（エドワード・レルフ）をはじめとし，国内では，「郊外化」（宮台真司），「ファスト風土化」（三浦展），「ジャスコ化」（東浩紀・北田暁大），「マイルドヤンキー」（原田曜平）などがある。時代，視点や評価は異なるものの，きわめて現代的な現象として注目されてきた。

こうして大きな資本が日本中を覆い尽くすことによって，私たちはどこに行っても自らの親しんだ空間に身を置くことができるようになった。こうした空間はポータブルな「居場所」とも呼ぶことができるだろう。
　「場所」には特定の価値があり，そこに適応できない人間を排除する。たとえば，秋葉原のような街は特定の趣味を共有した人たちにとっては刺激的な街であろうが，そこに不快さを感じる人も少なくないだろう。一方，意味が剥がされ，脱色された「空間」においては，そこに「いたい」という積極的な意味を見いださなくとも，少なくとも快適に「いる」ことはできる。
　こうしたポータブルな「居場所」の存在は，「居場所」の問題を部分的には軽減するだろう。秋葉原にヨドバシカメラができ，吉祥寺にドン・キホーテができたように，大都市の中でも個性的とされる街においても，この均質化の流れは生じている。とはいうものの，都市の生活では私たちはいまだ，自分がいかなる空間に身を置くかという選択にさらされ続けるだろう。

地元つながりという財産

　若者の地元志向論は一種のブームに見える。しかし，この地元志向がどのような社会的背景のもと起きているかについての議論は，その盛り上がりの割にあまり盛んに行われているようには見えない。
　この点について，太田聰一（2005）と久世律子（2011）が興味深い研究成果を上げている。太田によると，高卒県外就職率は1970年代から一貫して低下傾向にあり，その意味で地元志向は確実に進んでいるという。しかし，この県外就職率を丁寧に分析していくと，とりわけ1993年以降，高校新卒の求人倍率が高まったときに県外就職率も高まっており，つまり求人があるときには地元を離れる若者が増える，という傾向にあるという。地元志向というものが実は，県外に仕事がないからしかたなく地元に残る，という消極的な選択としても捉えられるのである。
　さらに久世は，都道府県別の雇用状況を分析し，2000年代後半の景気回復後は，雇用状況がよくない都道府県については若者の流出が起きていることを指摘する。現在では，地元に残る若者とは，実は地元に取り残された若者である，という見方も可能であることを久世の分析は示している。

いうまでもなく地域ごとの賃金格差，求人格差は非常に大きく，条件のよくない地方に定住するということは，そうしたリスクを引き受けることを意味する。とくに地元に残る強い理由がない限りは，よい求人のある都市に出たほうが有利な選択であることは間違いない。

　こうした状況で地元に残るには，地元に「いる」ための意味を見いだすことが求められる。それを強く下支えするのが地元における人間関係である。

　この人間関係の構造を明らかにしたのが，新谷周平（2002）による，郊外都市のストリートダンスを行う若者グループの研究である。新谷は，彼らがダンスを続けながら，フリーターあるいは無業という立場に身を置き続けることの背景に「場所，時間，金銭の共有」に支えられた「地元つながり文化」が存在することを指摘した。そして，この「地元つながり文化」が彼らの地元での生活を可能とし，また，彼らが「地元つながり文化」を維持するために就職を避けていることなどを明らかにしている。

　このように，一定の人間関係が何らかの利益につながるとき（上記の「地元つながり」の例を利益と呼ぶか否かについては異論もあろうが），それを社会関係資本（ソーシャル・キャピタル）と呼ぶ。社会関係資本とは，社会学や経済学などで扱われる概念であり，社会における信頼・規範・ネットワーク──簡単にいえば人と人のつながり──を資本とみなす考え方である。

　この社会関係資本の議論の中でよく参照されるのが，アメリカの社会学者マーク・グラノヴェターが発表した「弱い紐帯の強さ」という考え方である。簡単に説明すると，「他者とのつながりの程度は，知り合い程度のゆるい付き合い（弱い紐帯）のほうが，家族や親友などの親密な付き合いよりも，よい情報が効率的に伝わる」ということになる。とくに異なるネットワーク同士を結ぶ役割を，弱い紐帯は担っているという。逆に，強い紐帯のみで結ばれたネットワークは，他のネットワークともつながらないし，その内部で共有される情報も広がりを見せない，ということである。

　たとえば小学校からずっと一緒の友だち集団，というような地元の友人関係は，親密性と閉鎖性の強い「強い紐帯」である。新谷によると，地元を「居場所」とする若者たちは，情緒的なつながりだけでなく，就職の世話や金銭の貸し借り，寝泊まりの場の提供も仲間内で完結させているという。「地元つなが

り」がただの友人関係ではなく，ある種の生活共同体としても機能していることがわかる。

　また，阿部真大 (2013) は地元に住む若者たちへのインタビューから，彼／彼女らの家族・友人関係は濃いものの，地域での人間関係には興味をもっていないこと，そして，その良好に見える家族関係も，実のところ，経済的理由で実家を離れられず，一緒にいなくてはならないから，という理由で良好な関係を築いているのではないかと述べる。地元の「強い紐帯」はそこに住む者の生活を丸抱えし，その中で生活を完結させる。

　こうした親密な関係性はかけがえのないものである。そしてこの強い紐帯という資本——財産と言い換えてもよいだろう——は唯一無二であるがゆえに，彼／彼女らの生活を地元の人間関係という「居場所」に縛りつける。

　空間性の差異が縮小することにより，都市と比べて一見遜色ない生活が可能になってきたこと，精神的物質的に支え合える友人や家族が常に側にいること，こうした条件が揃ったとき，地元は決して恵まれているとはいえない生活における「居場所」として，若者たちを支えるようになる。

　地元に生きるということは，濃い関係性にズッポリとはまって生きることを意味する。それはまさに，不安定な場に「ずっとい続ける」ことであり，地元

> **Column ❻ 人と人のつながりは個人の財産？ 社会の財産？**
>
> 　社会関係資本に対する立場は，大きく2つに分けることができる。
> 　1つは，本文中でも触れた，社会関係資本は私有財産であり，資本（個人のもつネットワーク）の蓄積は，コネや人脈による転職や昇進，人々の健康の増進など，個人（あるいは組織外部にネットワークをもつ組織）にとっての利益になるという立場（ナン・リンなど）である。
> 　もう1つは，社会関係資本は，社会の共有財産であり，資本（ある社会の内部における密なネットワーク）の蓄積は，社会全体の利益になるという立場（ロバート・パットナムなど）である。たとえば住民同士のコミュニケーションが密な地域では，住民同士が信頼・連帯しやすく，市民の政治・社会活動への参加が盛んとなり，地域活性などの政策の効率性が高まる，という例があげられる。
> 　この2つの立場の存在は「よい社会関係資本」とはどういうものか，を考えるきっかけとなるだろう。たとえば前者のようにキャリアアップをめざす個人にとって役に立つ社会関係資本は，多くの情報や人脈を手に入れられるような，さまざまなネットワーク同士をつなぐ社会関係資本（弱い紐帯／ブリッジ型）かもしれない。一方で後者のように，社会全体において1つの目標を達成するような場合には，その社会内部において緊密なつながりをもつ，閉じた社会関係資本（強い紐帯／ボンド型）のほうが有効に働くだろう。「よい社会関係資本」はそれを活用する主体が誰（何）なのか，その目的は何なのかによって，大きく異なるのである。

に「居場所がある」ことは，そのネットワーク内にい続けることを可能にする。そして同時にそれは「強い紐帯」として彼／彼女らを地元という「居場所」に縛りつける。しかしそれは，彼／彼女らにとっては「居場所がある」ことであり，肯定的に捉えられることであろう。

　同時に忘れてはならないのは，地元という空間に取り残され，なおかつ地元のネットワークをもたない者の存在である。経済的な資源に乏しく，社会関係資本こそが重要性をもつ地元においてネットワークから切り離されることは，東京の「居場所のなさ」とは明らかに異質な喪失である。

5 「居場所がある」ことと「居場所がない」こと

　本章では「居場所」という視点から現代社会のいくつかの事象について検討してきた。私たちが「居場所」という言葉で表現するような空間は、「逃げ場」であるだけではなく、私たちの生存や生活を支える場であったり、そこから「逃げ出せない」ような場所でもあることがわかるだろう。

　ある空間に「いる」ということには、その空間に「いやすい」「いることが許される」「いれば利益がある」「いるしかない」といった複数の意味が含まれている。こうしたさまざまな「居方」を「居場所」として表現してきたことが「居場所」のイメージの難しさなのだろう。一方である空間に「いられない」ときには、そこが場所としてどのような意味をもちうるか見通せないまま、一様に喪失として捉えられる。「居場所のなさ」は多様でありつつも、確かな喪失や排除として問題化されるのである。

　本章の論点から、あえて「居場所がある」ことの意味をすくいあげるならば、「居場所」を手に入れることは、自らがいる空間を選択することである、とすることができよう。それは移動の自由の問題である。私たちが複数の空間や集団を行き来できる自由をもつ限り、どういった空間に自らの立ち位置を定めるか、という「居場所」の問題からは逃れることができない。さまざまな条件によってその自由が脅かされるとき、たとえば自立支援現場や「地元」のような安心な場所が「居場所」となったり、「居場所」の獲得に向けた闘争が行われたりする。また、空間が均質化し、移動の必要がなくなったときには、「居場所」の問題はさしあたり問われなくなる。

　流動性が高いといわれる現代社会における「居場所」の問題は、流れに飲み込まれないための足場探しの問題であるのと同時に、限られた足場の上でその流れに取り残されてしまう問題でもあるというアンビバレントな問題として理解できる。私たちが必要としているのは、飛び石のように自由に選択できる「居場所」なのではないだろうか。

CHECK POINT

- [ ] 1 個人の拠り所を表す言葉としての「居場所」は私たちの生き方の現代的な変化に伴って登場してきた。
- [ ] 2 社会における「居場所」が自立支援の手段となったり，「居場所」をめぐる社会運動が起こるようになったりしてきた一方で，従来の社会運動や就労支援が「居場所」化するようにもなってきた。
- [ ] 3 「いやすい」均質化した空間と，若者を物質的精神的に支える人間関係が，地元に「い続ける」ことを可能にしている。

読書案内 | Bookguide

田中治彦・萩原建次郎編『若者の居場所と参加――ユースワークが築く新たな社会』東洋館出版社，2012 年。
　→社会教育学者と「居場所づくり」実践者による書。「居場所」論の現在の展開を見通すことができる。

中根千枝『タテ社会の人間関係――単一社会の理論』講談社現代新書，1967 年。
　→社会人類学者による日本人論のロングセラー。日本人にとっての「場」の意味についての議論はいまだ参考になる点が多い。

レイ・オルデンバーグ著／忠平美幸訳『サードプレイス――コミュニティの核になる「とびきり居心地よい場所」』みすず書房，2013 年。
　→都市社会学において注目を集める概念「サードプレイス」。まちづくりと「居場所」の関係について考えさせられる。

引用文献 | Reference

浅野智彦，2011，『趣味縁からはじまる社会参加』岩波書店。
阿部真大，2013，『地方にこもる若者たち――都会と田舎の間に出現した新しい社会』朝日新書。
新谷周平，2002，「ストリートダンスからフリーターへ――進路選択のプロセスと下位文化の影響力」『教育社会学研究』第 71 集。
太田聰一，2005，「地域の中の若年雇用問題」『日本労働研究雑誌』No. 539。
久世律子，2011，「若者問題の地域格差――都道府県別データによる分析」樋口明彦・上村泰裕・平塚眞樹編『若者問題と教育・雇用・社会保障――東アジアと周縁から考える』法政大学出版局。

グラノヴェター，M.／渡辺深訳，1998，『転職——ネットワークとキャリアの研究』ミネルヴァ書房．
筒井美紀・本田由紀，2009，「序論」本田由紀・筒井美紀編『リーディングス 日本の教育と社会 19 仕事と若者』日本図書センター．
トゥアン，Y.／山本浩訳，1993，『空間の経験——身体から都市へ』ちくま学芸文庫．
橋口昌治，2011，『若者の労働運動——「働かせろ」と「働かないぞ」の社会学』生活書院．
古市憲寿，2011，『絶望の国の幸福な若者たち』講談社．
マートン，ロバート・K.／森東吾・森好夫・金沢実・中島竜太郎訳，1961，『社会理論と社会構造』みすず書房．

CHAPTER

第 **7** 章

排　除
犯罪からの社会復帰をめぐって

> 　底辺はずっと今まで底辺だったんですよ。悪いことしてる間って，ずっと底辺なんですよ。でも，悪いことしてる間の底辺のときは，もう救いようないんですよね。相談する相手もいなければ，頼る相手もいなかったんです。本当の底辺の底辺だったんですけど。今，底辺ですけども，まあその，世話になるとこがあるっていうだけで，その，不安はかなり違います。その，悪いことしてる間は「あした，どうしよう。あさって，どうしよう」の本当の底辺ですけども，今それが全くないんで。(Xさんインタビュー)

INTRODUCTION

　上記はある元犯罪者に行った，犯罪からの社会復帰に関するインタビュー調査から抜粋したものである。犯罪は社会に対してどのような影響を及ぼすのだろうか。そして，元犯罪者はその後どのように生きていくのだろうか。私たちはその過程において，どのように元犯罪者に関わっていくのであろうか。この章では，普段あまり考えることがないであろう「元犯罪者の社会復帰」から「社会」に出会っていこう。

1 「元犯罪者の社会復帰」から見る「社会」

「社会」と「自分」のあり方を見つめるために

　本章では「社会」と「自分」に出会う方法として，Xさんの語りを中心に「元犯罪者の社会復帰」という視点を提供しようと思う。

　第1章で論じられていたように，現代社会の特性として，それぞれの人が抱える「憎悪」を「社会全体の構造的な問題点」に向けるのではなく，「特定の集団や個人」に対して向ける傾向があるならば，元犯罪者は格好の対象となりえる。なぜならば，犯罪者は「社会」の規範や秩序を乱すという存在であり，「社会」に対してネガティブな影響を与えるとみなされるからだ。おそらく読者の中にも犯罪被害にあった人がいるだろう。自分の自転車を盗まれたことも立派な犯罪被害の経験である。その際に，盗んだ人物に対して怒りを覚え，その人物が目の前にいたら，糾弾するだろう。犯罪は人々にネガティブな影響を与えるという性質をもちろん兼ね備えており，ある意味では真っ当な理由をもって犯罪者は「憎悪」の対象となる。そして，元犯罪者のその後の人生がどのようなものになろうとも，「犯罪を起こした」という理由をもとに，それは考察の対象に入らないことが多い。

　しかし，犯罪への対策は多くの問題を抱えている。いくら元犯罪者に「憎悪」を向け続けたとしても，私たちは「犯罪」という問題から遠ざかることはできないのだ。元犯罪者がいくら反省したとしても，その反省を受け入れ，維持できる土壌がなければ，再び犯罪者に戻ってしまう。「元犯罪者の社会復帰」という主題を通じて，「社会」と「自分」の，ある意味では醜い，あり方を見つめていこう。

「あした，どうしよう。あさって，どうしよう」の本当の底辺よりマシ？

　元犯罪者は，犯罪を起こしたあとに，どのような人生を送っていくのだろうか。INTRODUCTION の語りは，筆者が元犯罪者に対して行ったインタビュー調査の一部分である。インタビュー調査を行った目的は，「元犯罪者の社会復

帰」の実態やその過程について把握することであった。この語りの内容に本章で取り組む論点が含まれている。以下に語り手であるXさんについて簡潔に述べよう。

Xさん（男性，インタビュー時50代前半）はいろいろな要因から生活苦に陥り，本や郵便はがきなどを窃盗し，転売する犯罪を繰り返し，刑務所に入所した。その後，Xさんは刑務所を出所して，「元犯罪者の社会復帰」を支援する施設である更生保護施設に入所する。更生保護施設に在所している間，Xさんは派遣会社に登録するなどして，真面目に働いていた。Xさんにとって更生保護施設での生活は，多少の制限はあったが安定した生活ができるものであり，悪くなかった。Xさんは約9カ月間更生保護施設に在所した。しかし，そこを退所するまでに安定して自立した生活ができるほどの貯蓄はできなかった。

そこでXさんは福祉機関に相談し，約3カ月間の自立支援を受けた。更生保護施設退所後は，福祉機関によって手配されたアパートで，自立準備に向けて生活した。Xさんは更生保護施設に在所していたときからアルバイトとして勤務していた職場に勤め続けた。そこでの働きぶりが認められ，正社員として雇用される見込みになった。しかし，病魔がXさんを襲い，入院することになる。そのためXさんは退職することになり，正社員として雇用されるチャンスを失った。苦境に陥ったXさんは，以前に相談した福祉機関の職員の

> **Column ❼ デュルケムの犯罪観**
>
> 　このコラムでは社会学史上の巨人の1人であるエミール・デュルケムの犯罪観に着目しよう。
>
> 　デュルケムは「われわれは，或る行為が犯罪であるからそれを非難するのではなく，それは，われわれがそれを非難するから犯罪なのである」(デュルケム〔訳書 1989〕『社会分業論（上）』142-43) と述べる。つまり，犯罪はある行為の性質をさすのではなく，ある行為に対する人々の反応により生み出されると述べる。もっと簡単にいえば，犯罪だから「悪い」のではなく，人々に「悪い」とみなされるから犯罪になるのである。
>
> 　さらにデュルケムは「およそ犯罪行為のないような社会はない」からして，「犯罪は正常である」(デュルケム〔訳書 1978〕『社会学的方法の規準』150, 153) と主張する。勘違いしやすいのだが，デュルケムは犯罪という行為自体を正常なものと主張してはいない。社会にはある規範が存在し，その規範を誰かが逸脱した場合に，その逸脱を人々が非難することによって犯罪は生み出されるものであるとデュルケムは述べる。逆にいえば，社会に規範があるからこそ犯罪が存在するわけである。極端な話をいえば，法律という規範が存在しなければ，犯罪もまた存在しない。ただし，そのような世界は無秩序であり，とてもカオスな状況であることは容易に想定できる。
>
> 　そして，デュルケムは犯罪には機能があるという。社会の人々が犯罪者を非難することにより，人々は道徳意識を強化し，その規範を強めるのである。また，犯罪者という存在は私たちの規範意識を強めさせ，それによって社会がより「安定」した状態になるという意味で，社会にとって正常な存在であるとデュルケムは主張する。それゆえに「犯罪者はもはや根本的に非社会的な存在，社会のなかによび入れられた一種の規制的な要素，すなわち同化しえない異物などではなく，まさしく社会生活の正常の主体としてあらわれる」(デュルケム〔訳書 1978〕『社会学的方法の規準』160) のである。

協力もあり，生活保護を受給することができた。退院後，Xさんは福祉施設に入所することになり，そこで療養していた。前記のインタビューはその時点で行ったものである。

　前記のXさんの語りから，以下のことを考えよう。まずXさんが言う「底辺」の変化である。Xさんは「悪いことしてる間って，ずっと底辺なんです

よ。でも，悪いことしてる間の底辺のときは，もう救いようないんですよね」と語っており，犯罪を繰り返しているときの自分を底なし沼のように悪い状況が続いていたと表現した。他方で現状については，「今，底辺ですけども，まあそのー，世話になるとこがあるっていうだけで，その，不安はかなり違います」と述べていた。少なくとも「あした，どうしよう。あさって，どうしよう」と，近い将来について悩むことがない点では不安はない，だから今後二度と犯罪に手を染めることはないとXさんは語った。

だが，「底辺はずっと今まで底辺だったんですよ」という言葉からわかるように，Xさんは自身が「底辺」にい続けていると捉えていることも考えてみよう。相談する相手や頼る相手などの人間関係があることによって，生活に対する不安はある程度解消できているとしながらも，Xさんは自身が「底辺」にい続けていると語るのである。また，Xさんはさまざまな制度などによって保護されているのにもかかわらず，自身が「底辺」にいるとする。それはなぜなのだろうか。

2 社会的なバリアの存在？

▶ 統計から見る「元犯罪者の社会復帰」

犯罪件数は増えている？ 減っている？

この第2節では，「元犯罪者の社会復帰」をめぐる日本の状況を，法務省などによる犯罪に関する統計から簡潔に説明しよう。その前に，犯罪に関する統計について次のことを確認しておきたい。つまり，犯罪に関する統計は，犯罪の状況そのものを表しているとは限らないことである。Column ❼のデュルケムの話を思い出してほしいが，犯罪を，ある行為に対する人々の反応により生み出されるものと捉えるならば，統計的な数字は犯罪の事実を純粋に表しているのではなく，警察という統制機関による対応の状況を表しているともいえる。ただし，そうであったとしても，犯罪統計を用いて「元犯罪者の社会復帰」の傾向を把握することは可能である。

まず，実際の犯罪件数の動向はどうなっているのだろうか。ここでは『平成

25年版 犯罪白書』から刑法犯の認知件数の推移について把握してみよう（図7.1）。認知件数とは，犯罪被害者や目撃者によって警察に届け出があり，それを警察が事件として認知した件数のことをさしている。認知件数はあくまで「認知」された事件数だけであり，実際に起きた事件の総数を表すものではないことに注意したい。

図7.1を見てわかるように，『平成25年版 犯罪白書』によると刑法犯の認知件数は1996年から毎年戦後最多を記録してきたが，2002年に約369万件に達してから徐々に減少し，2012年には約201万件にとどまった。その主な理由は，Xさんのような窃盗犯の減少にあるといえる。例年，窃盗犯は刑法犯の過半数を占めることが多い。図7.1のとおり，窃盗犯の認知件数も，2002年に約238万件を記録してから2012年では約104万件に減少しており，先述の刑法犯の認知件数の推移にはそのことが反映されている。なお，窃盗を除く一般刑法犯の認知件数も2004年に約58万件を記録してから減少している。しかし，2012年に約34万件を記録しており，2000年までの認知件数より高い状況である。

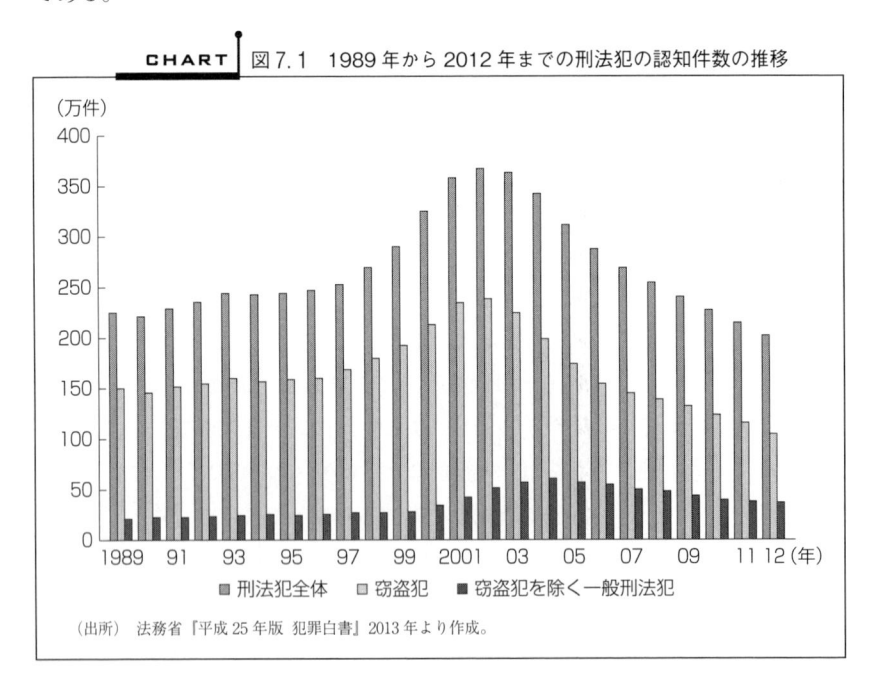

CHART 図7.1　1989年から2012年までの刑法犯の認知件数の推移

（出所）法務省『平成25年版 犯罪白書』2013年より作成。

問題は再犯者！

このように，刑法犯の認知件数は減少傾向にある中で，注目すべきは再犯者率の推移である。ここでいう再犯者とは，以前に犯罪（道路交通法違反を除く）により検挙されたことがあり，再び検挙された者をさす。なお，検挙とは警察が逮捕するなど，捜査機関によって特定された犯罪行為者を被疑者とすることをいう。また，再犯者率とは検挙人員中に再犯者が占める割合をさす。

図7.2のように，再犯者の人員は2007年から徐々に減少している。しかし，それ以上に初犯者の人員の減少する度合いが大きい。そのため，初犯者・再犯者の人数自体は減りながらも，再犯者率は上昇し続け，2012年には45.3％に達している。

慎重に考察する必要があるが，上記の統計から考えるに，実際の刑法犯の認知件数が減少している状況にもかかわらず，「元犯罪者の社会復帰」をめぐって厳しい状況があることが垣間見えてくる。つまり，ある人が一度犯罪を起こ

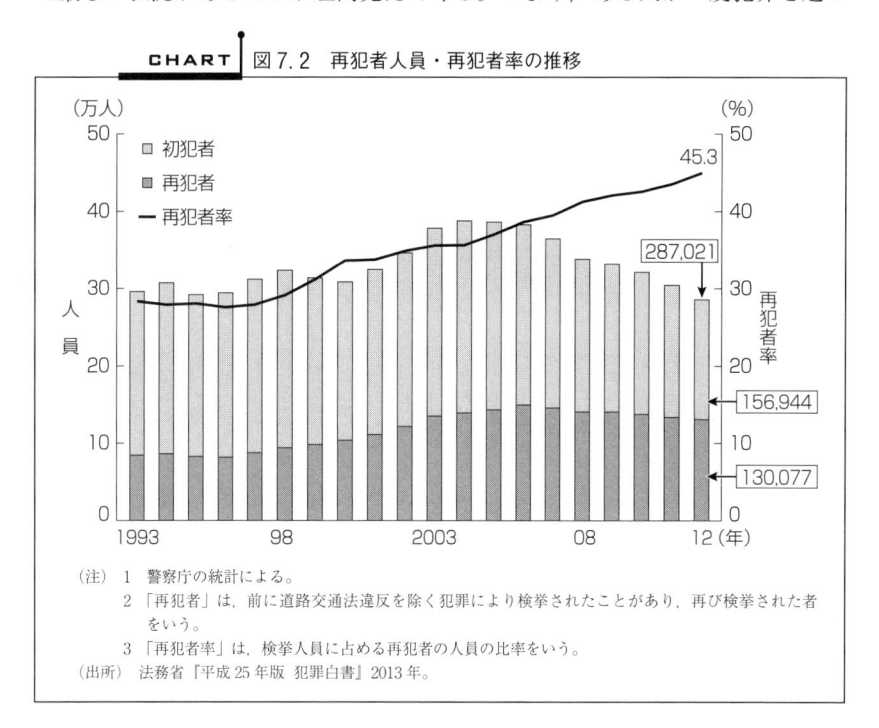

CHART 図7.2　再犯者人員・再犯者率の推移

(注) 1　警察庁の統計による。
　　 2　「再犯者」は，前に道路交通法違反を除く犯罪により検挙されたことがあり，再び検挙された者をいう。
　　 3　「再犯者率」は，検挙人員に占める再犯者の人員の比率をいう。
(出所)　法務省『平成25年版 犯罪白書』2013年。

> **Column ❽　保護観察制度**
>
> 　「元犯罪者の社会復帰」に関わりが深い制度としては更生保護制度があり，なかでも保護観察制度があげられる。保護観察とは，元犯罪者や元非行少年に対して，社会内処遇を行い，再犯防止や更生を図り，社会の安定を図るものである。対象者は下記の表のとおりである。
>
> 　保護観察の内容は，指導監督と補導援護の2つがある。指導監督は，保護観察官や保護司との面接を通して，あらかじめ決められた遵守事項に関する確認，社会生活を送るうえでの指導などが行われる。補導援護は，就労支援や生活支援など，社会への再統合に向かううえで必要な援助を行うものである。また，アルコール依存や薬物依存など犯罪にいたってしまうような問題に対して，専門的な処遇も行われる。
>
> **表　保護観察の対象者**
>
> | | |
> |---|---|
> | 1号観察 | 家庭裁判所で保護観察に付された少年（20歳までまたは2年間） |
> | 2号観察 | 少年院からの仮退院を許された少年（原則20歳に達するまで） |
> | 3号観察 | 刑事施設からの仮釈放を許された人（残刑期間） |
> | 4号観察 | 裁判所で刑の執行を猶予され保護観察に付された人（執行猶予） |
> | 5号観察 | 婦人補導院からの仮退所が許された人（補導処分の残期間） |

したことにより，その後の人生に社会的なバリアが生まれ，そのバリアのせいで再び犯罪を起こしてしまうという悪循環が，いまだ残っているといえる。

　次節では「元犯罪者の社会復帰」には何が必要であると考えられ，それに向けてどのようなことが行われてきたのかについて検討しよう。

3　「元犯罪者の社会復帰」が成功するには何が必要か？

住居と就労

　「元犯罪者の社会復帰」を達成するうえで，どのようなことが重要になるのか。まず何といっても住居である。Xさんは住居がない状況に困り，そのため仕事が安定せず，窃盗にいたったと語る。

まず住居がないのが一番やっぱり困って，次の職を探す間も，その，住むとこがないので，どうしてもその当時ですとカプセル（ホテル）に泊まったりしながら就職探ししてたり，してたんですけども，なかなか，その，うまくいかずに。で，手持ちのお金がなくなって，それで生活費に困って思いついた本盗ってきて……（Xさんインタビュー）

極端にいえば，住居がなければ生活に際して必要な社会的サービスを受けることができない。刑務所を出所する際，家族や友人などの頼りになる人物のもとに帰る人もいる。その一方で身寄りのない人も多くいる。そのような人に対して，民間により運営されてきた更生保護施設と呼ばれる施設が，従来から住居を提供してきた。更生保護施設は2014年1月1日時点で全国に103カ所存在し，男子専用の施設がほとんどであるが，女子専用の施設や男女共用の施設も存在する。なお，更生保護施設では住居を提供するだけではなく，生活上のスキルや自身の問題点を解決させるなどの「教育」や，のちに述べるような就労支援や食事の提供などの「支援」が行われている。

ただし，更生保護施設だけではそのようなニーズを満たせない状況であるといわれている。その中で近年では，いわば国立の更生保護施設ともいえる自立更生促進センターや，2011年より開始された緊急的住居確保・自立支援対策に基づいた自立準備ホームなどの施設設置が進み，住居確保の方策が進められている。

住居にならび「元犯罪者の社会復帰」の重要な要因となるものとしてあげられるのが，就労である（以下は，相良〔2015〕を参照）。Xさんの場合も，仕事をしているときは犯罪を起こす機会もなかったと語る。

（窃盗事件を）やってないですね。もちろん働いてるとそんなことやってる間もありませんし。（略）その3回（注：窃盗で逮捕された回数）が，3回ともやっぱりもう共通してるのが仕事してないときです。（Xさんインタビュー）

たとえば，『平成24年版 犯罪白書』では「刑務所出所者等の社会復帰支援」

CHART 図 7.3　有職者と無職者の再犯率

```
(%)                                    (2002-2011 年の累計)
40                              36.4

30

20

10      7.4

 0      有職者                   無職者
```

(注)　1　保護統計年報による。
　　　2　「無職者」は，定収入のある無職者，学生・生徒および家事従事者を除く。
　　　3　「再犯率」は，有職者および無職者に対する保護処分の取消し，仮釈放の取消し，刑執行猶予の取消し，戻し収容および身柄拘束のまま保護観察が終了となった者の比率である。
　　　4　職業不詳および交通短期保護観察を除く。
(出所)　法務省『平成 24 年版　犯罪白書』2012 年。

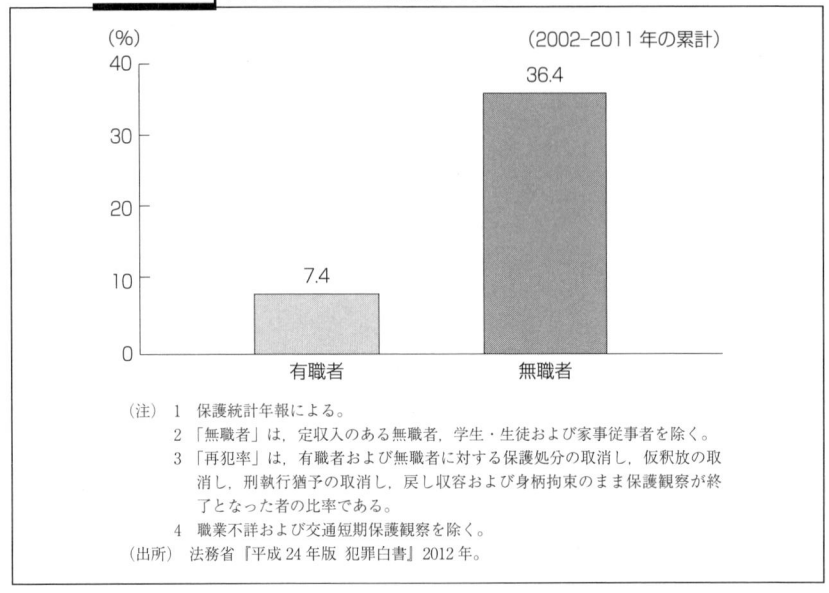

として特集が組まれている。その中で，2002 年度から 2011 年度までの保護観察対象者の累計から就労状況別の再犯率を見ると，有職者の場合は 7.4% であるのに対し，無職者の場合は 36.4% となっている（図 7.3）。ここから，「元犯罪者の社会復帰」において就労支援が重要であると指摘されている。

　なお，従来から元犯罪者に対する就労支援は行われている。元犯罪者に対する民間の就労支援の代表例としては，協力雇用主があげられる。協力雇用主とは，元犯罪者の改善更生に協力するために，犯罪前歴を承知のうえで雇用する民間の事業主をさす。協力雇用主の中には保護観察所に登録する者や更生保護施設と独自に連携をもっている者がある。そして，2009 年より全国更生保護就労支援機構が活動し始め，協力雇用主に対する支援体制も整いつつある。

　また，近年においてはさまざまな公的な就労支援が行われている。たとえば，2006 年より法務省と厚生労働省の連携のもとで刑務所出所者等総合的就労支援対策が実施されている。この制度の内容は，公共職業安定所（ハローワーク）の通常業務に加えて，保護観察および更生緊急保護対象者に対し，予約制により担当者とマンツーマンで求人開拓から就職までの一貫した支援を行うこと，また雇用主や事業者に対してはトライアル雇用・職場体験講習・身元保証制度

の紹介や導入を行うことである。また，2011年より一部の保護観察所において更生保護就労支援モデルが開始され，保護観察および更生緊急保護対象者に対して就労活動，定住支援，職場定着など継続的な就労支援も行われつつある。

どうやって「犯罪者」になるのか？

このように，「元犯罪者の社会復帰」に関しては，さまざまな処遇・支援制度が設けられている。しかし，それらが有効なのかどうかを検討するには，そもそもなぜ人が「犯罪者」になり，何らかの罰を受けたのちにどのように「元犯罪者」になっていくのかという，現実のプロセスをふまえたうえで，処遇・支援制度と照らし合わせる必要がある。

ではまず，人が「犯罪者」になる過程について考えていこう。社会学において犯罪は逸脱の一種とされる。逸脱とは社会や集団において決められた約束事に反していることをさす。Column ❼でデュルケムが述べていたように，ある行為者が，法律という約束事に沿って，警察などの犯罪を取り締まる側からその行為が「犯罪」であると認定され，「犯罪者」として取り締まられるともいえる。

そして，「犯罪者」とみなされた側は，「犯罪者」としてのふるまいを覚えていく。それは「犯罪者」とみなされた瞬間に覚えるのではなく，「犯罪者」というレッテルを貼られた者同士の中で，そのふるまいが学習されていくのである。そして，その学習を続けることにより，「犯罪者」というアイデンティティを獲得する。

たとえば，マリファナという麻薬の使用者になっていく過程を研究したハワード・ベッカーによれば，マリファナ使用者は初回使用時に「気持ちよさ」を覚えたわけではない。むしろ，マリファナを吸引することによって不快な思いをしたこともある。しかし，ベテランのマリファナ使用者との関わりからマリファナの吸引方法を教授され，いかなる状況が「気持ちよさ」につながるのかも学習する。つまり，マリファナの吸引と「気持ちよさ」を感じる方法を学習することを通じて，「マリファナ使用者」のアイデンティティを獲得していくのである（ベッカー 訳書 2011: 37-56）。

さて，「犯罪者」のふるまい方やアイデンティティを獲得したとしても，生

きていくうえではそれ以外の人との触れ合いは避けられない。その中ではできる限り，ほかの人々に「犯罪者」とばれないように生きていく方法も学ばなければならない。なぜならば，「犯罪者」ということを他者に露呈することにより，警察などによって取り締まられる可能性があるだけではなく，他者からスティグマ，すなわち「逸脱者」という烙印を押され，忌み嫌われる存在となってしまうからである（ゴッフマン 訳書2009）。いくら「犯罪者」とはいえ，他者との関係性が良好なものでなくなれば，生きていくことは困難なのである。

どうやって「元犯罪者」になるのか？

このように「犯罪者」になることにも複雑な過程が存在する。では，いったん「犯罪者」になったうえで，さらに「元犯罪者」になるにはどのようなプロセスが必要なのだろうか。上記から考えると，第1に犯罪者ではない「市民」としてのふるまいを再び学習し，そのアイデンティティを獲得すること，第2に「犯罪者」となったがために付与されたスティグマを取り除くことが必要とされるだろう。その際に重要になるのが，他者との親密な関係である。

なぜ他者との親密な関係が，「元犯罪者の社会復帰」にとって大きな要因になるのか。これに関して示唆を与えるのが，非行の原因論を追究したトラビス・ハーシの研究である。ハーシは「人はなぜ逸脱行動をしないのか」という発想をもとに，少年非行に関する実証的な研究を進めた。ハーシの研究はあくまで非行の原因論を追究したものであるが，逆にいえば非行の原因を除去・修正することにより社会復帰に導けるということになる。その中で，ハーシは少年が非行をしない理由として，少年が社会との絆（以降，ボンド）を結ぶことにあるとした（ハーシ 訳書1995）。

ハーシはいくつかあるボンドの要素として，他者との親密な関係性（愛着attachment）を重要視する。頼りになる人や相談に乗ってくれる人の存在という，他者との親密な関係が社会復帰に重要になると指摘している。

INTRODUCTION のXさんのインタビュー内容で「相談する相手もいなければ，頼る相手もいなかったんです。本当の底辺の底辺だったんですけど」という言葉があるように，他者との関係性はXさんの「社会復帰」においても重要であった。もちろん，就労がよき同僚や上司との出逢いのきっかけにつなが

ることもあろう。

4. 「元犯罪者の社会復帰」の現状

元犯罪者の就労は困難か？

　ここまで見てきたように，就労と親密な他者は「元犯罪者の社会復帰」において重要な要因になっている。しかし，ただ単純に就労すればよい，他者と関係性を結べばよいという問題ではなく，その就労や他者との関係性の「質」が問題となるだろう。では，「元犯罪者の社会復帰」における就労と他者との関係性の現状はどうなっているのだろうか。筆者の今までの調査などをふまえて，考えていこう。

　就労の場合，第3節であげたように，近年においては公的な就労支援施策の拡充が図られている。しかしながら，公的な就労支援施策はあくまで正規雇用を想定しており，残念ながら元犯罪者が置かれた状況とはそぐわない点がある。

　第1に，元犯罪者の「能力」の制約である（→第2章）。元犯罪者の中には，知的能力の限界や精神的な問題などにより複合的な不利を抱えている者が少なくない。そのため，正規雇用の職場で要求されている「能力」に応えられない場合がある。加えて，元犯罪者の学歴も中卒や高卒など「低い」ことが多く，正規雇用にいたりにくい現状がある。そして，正規雇用にすぐに結びつくような資格を取得する人も多くはない。

　第2に，元犯罪者の経済状況である。元犯罪者の多くが，刑務所から出所した際の所持金は多くない状況である。仮に正規雇用の職業に就けたとしても，翌月の給料日まで給料は支給されないことになり，すぐに生活費がなくなってしまう。元犯罪者の多くは，働いたらできるだけ速やかに給料がほしい状況に置かれている。

　第3に，「前科」というスティグマを抱えることである。日常生活の多くの場面においては，元犯罪者は「前科者」というスティグマを露呈しなくても生きていける。元犯罪者はわざわざ自ら「前科者」であることを公衆に晒す必要はない。しかし，他者から要求されて「前科者」であることを晒さざるをえな

くなる可能性をもつ。就労の場面もその1つにあたる。たとえば，履歴書の存在である。

　読者の中にも履歴書を書いたことがある人がいるかもしれないが，履歴書には自身の学歴や職歴などの経歴を書く欄がある。切れ間なく何かしらの職場に所属しているような経歴をもつ人は少なくなく，その場合には履歴書の経歴欄に「空白」の期間はないだろう。しかし，刑務所で受刑した元犯罪者の場合，刑務所に入所していた期間はいわば「空白」の期間になってしまう。「空白」の期間があるからといって，ただちに「前科者」とは認識されないだろうが，就労の面接において疑惑の目をもたれることはあるだろう。また元犯罪者にとっても，履歴書に記載する度にこの「空白」への対策に追われてしまい，その度に自分が「前科者」であることを認識せざるをえなくなる。Xさんの場合，この「空白」を，就労していたことにして誤魔化していたが，面接先にその仕事を知る人がいた場合には困ったと語る。

　　仕事の面接ひとつ受けるにしても，それを言わないと，その間の空白って，やっぱりどうしてもできてくるんですよね。その空白をうそで埋めるわけ

ですけども,「仕事してなかったです」とは言えないので「こんな仕事してました」って言うんですけども。ところがその仕事に関して詳しい人がいると,ちょっと話,突っ込まれると困っちゃうとき,あるんですよね。
（Xさんインタビュー）

元犯罪者はどんな仕事に就くのか？

　以上の状況から考えると，元犯罪者の就職は非正規雇用に集中することになる。その中でもとくに建設業や製造業などが多くなる。先述した協力雇用主の多くも建設業や製造業である。

　たとえば，「能力」の制約に関していえば，非正規雇用の比較的多くは「能力」をそれほど求めない単純労働であり，「能力」という面での就職へのハードルは少し低くなる。だが，実際のところ非正規雇用であっても職務内容は重労働であり，続けていくことは難しい場合も多い。また，それだけではなく，会社や現場での人間関係に気を配る必要がある場面もある。それらから考えると非正規雇用が「単純」と言い切ることはできない。入口に簡単にたどり着けても，継続するのは至難であることが想像できる。

　次に経済状況であるが，日雇いの派遣労働であれば，1日の仕事が終われば日当という形で給料がもらえる。これに関しては，経済的に困窮している元犯罪者にとっては都合がよい。ただし，その日当も高いものではない。また，稼働日数に関しては安定しない。加えて，上記のようにハードな仕事であるために身体がもたないおそれもある。また社会保険に未加入である場合も少なくないため，その後の生活の保障がないともいえる。

　そして，スティグマに関しては「受容」されるというよりも「無視」されるという面が大きい。たとえば，Xさんはそのときに同じ更生保護施設に在所していた人に誘われて，ある派遣会社の登録会に参加した。同じ登録会に，同じ住所の人が来るという偶然はあまりないだろう。Xさんは派遣会社の担当者から2人がどんな関係であるか，どんな人たちなのかと疑われるかもしれないと思った。しかし，会社の担当者は上層部に情報シートをFAXで流すだけで，とくに何も言わなかった。

いや，行こうって，おまえと事実上同じ住所書くんだぞって。おまえそれで何か問題あったらおまえも駄目になっちゃうぞと言って，まあ，いいですよって言うから，ほんとにいいんか，おまえつったら，いいです。ほんじゃ書いちゃうよっつって書いて出したけど，何の問題もない。俺と同じ住所の人間何人もあそこへ登録をしてたと思うんですけど（Xさんインタビュー）。

以上の出来事は，派遣会社がXさんたちに対する違和感を受け入れたことを意味しない。むしろ，違和感を無視したともいえるだろう。その背景には，派遣会社が元犯罪者を雇うメリットがある。その会社側にとっては，いつでも切り離せる非正規労働層を抱えることにより，景気の好不況の波を乗り越えられるのである（→第1章・第3章）。つまり，そこで勤務する人々の今の生活背景やそれまでの人生についての情報は，必要がないことを意味している。とにかく会社の労働力として利用できるかどうかという情報だけが必要になるのである。それゆえにスティグマになりうるような情報に関しても「無視」できるのである。

元犯罪者は他者とどのような関係になりやすいのか？

元犯罪者が他者と結ぶ関係性については，親密になることは少なく，「現在」だけの関係性になりやすい。元犯罪者にとって，「家族」や「友だち」など親密な関係であった他者との関係は，逮捕を契機に途切れることが多々ある。また，今後再び「家族」や「友だち」と親密な関係を結んでいこうとしても，「前科」があることにより相手に迷惑がかかると考え，控えてしまうこともある。Xさんの場合，家族に対して刑務所に入所していたことを一切触れずに連絡をとっていた。それまでに3年以上連絡をとっていないことが幸いして，犯罪を起こしたことは家族にはわからなかったようだ。

3年ぐらい全然連絡とってなかったんで。その「3年間にいろいろあったんで」って言ったときに，もう，もうもう，もうそれ，もういいから，って。ほんでもう，その口ぶりからは「悪いことして，（刑務所に）入って

た」とは思ってないと思うんですけどね。ただ連絡とらなかったと，勝手に連絡とらなかったっていうだけで，悪いことして中へ入ってたとは思ってはなかったみたいです。(Xさんインタビュー)

そして，犯罪後に出会った人物とは，犯罪を起こしたという「過去」，今後お互いに歩んでいく「未来」などを遮断した，「現在」だけに特化した関係性をもつのである。たとえば，Xさんは更生保護施設で出会った自身と同じような境遇にある人に対して，悪い感情は抱いていないが，「未来」における深い付き合いを望んではいなかった。

その，まあ（更生保護施設に在所していた人は）悪い人間，人間的に悪くないんで，その，連絡をとったりするのは全然いいんですけども，やっぱり，その，あんまり深い付き合いは……。申し訳ないですけどね（Xさんインタビュー）

また，就労の場面においても同様に人間関係は良好であり，仕事ぶりも認められていたが，プライベートではあまり関わりはなかったようだ。

一緒に行ってた，仕事先でまあ割と気が合ったりして，「帰りに飯，食おうか」「お茶，飲もうか」っていうぐらいはありますけども，まあその連絡先，知ってるだけで，とくに物事を相談したり，関係ない日にわざわざ出てまでっていうんはないですね。(Xさんインタビュー)

5 「ふさわしい場所」で生きていく

| Xさんのその後 |

自分が，その，勤労意欲がないとか働く気がないんじゃないんで。環境さえあれば仕事，したいですし，しなきゃなんないと思いますし。そういった意味では，大きな，そういう不安は，大きな不安は少ないです。(Xさ

んインタビュー)

　さて，Xさんのその後について記述しよう。上記の語りのようにXさんは闘病しながらも，就労意欲を見せるなど，犯罪をしていた頃に比べて将来に向けて不安はないと語る。しかし，病気が悪化して亡くなってしまった。Xさんは亡くなるまでに再び犯罪をしなかった。Xさんは相談する相手や頼る相手との関係性を保ちながら，「本当の底辺」から「底辺」へと，多少は良いほうへ自分の生き方が変わったといえる。
　そういった意味では犯罪から立ち直ったといえるのかもしれない。しかし，筆者はXさんに関わった者として釈然としない思いを抱えている。Xさんが置かれた状況に関して，今までをふまえてもう少し考えていこう。
　まずXさんのように刑務所に入所するということは，社会からの「隔離」を意味する。隔離は社会に対してさまざまな影響をもたらす。まず，社会秩序に何らかの脅威をもたらす温床となったリスクを除外し，人々の不安を抑える。それにより犯罪者によって乱された社会秩序の安定を試みる。いわば，隔離によって私たちから犯罪者を見えないものにして安心するのである。
　さらに，犯罪者をある場所に隔離することにより，犯罪者に対して再び社会に戻すための「教育」がなされる。その際に犯罪者は「私たちの社会の住民」ではなく，「犯罪者の社会の住民」とみなされ，「私たちの社会」に再び適応させるための教育が行われる。すなわち，犯罪者を隔離することで，彼らを「犯罪者の社会」から離脱させ，それによって教育の効果を上げようと試みるのである。
　その教育は犯罪者にどのような影響をもたらすのであろうか。
　第1に，犯罪者に「犯罪者としての生き方」を消去させたうえで，「一般市民としての生き方」を学習させる。犯罪者という存在は社会に脅威をもたらすものであるが，教育しだいでは再び社会に戻すことができると考えられ，そのために刑務所という隔離施設は存在する。刑務所は犯罪者を再社会化する施設といえる。
　第2に，社会の労働力として再び活動させることである。やはり，刑務所においても就労は犯罪者が社会復帰をするうえで重要とみなされており，就労規

範を受刑者に内面化させるように働きかけている。そして，他者に二度と迷惑をかけないように生きるということも学習していくのである。

元犯罪者の「ふさわしい場所」とは？

　さて，犯罪者は隔離され，そして隔離された場所において教育されるという流れにはある前提が存在する。それは，刑務所から出た元犯罪者を抱え込むことができる社会があるということである。つまり，元犯罪者は私たちと同じ「一般市民」に変容したのだから，再び社会の一員として復帰して，社会に抱え込まれるはずだという前提である。

　しかし，現代社会においては「私たちの社会の住民」として，元犯罪者を抱え込めているとはいえないだろう。なぜならば，元犯罪者が今後の生活を送るに「ふさわしい場所」を社会の中に用意し，そこに元犯罪者を閉じ込めるメカニズムが生まれているからである（ヤング　訳書2007）。では，元犯罪者に用意された「ふさわしい場所」とはどのような場所であろうか。それは犯罪を起こした「過去」を理由において，それよりはまともな「現在」を納得させて，それを維持することを強いるような場所である。

　しかし，元犯罪者は「ふさわしい場所」にすらたやすくい続けられない。まず，労働面から考えてみよう。元犯罪者の多くが非正規雇用されることを論じたが，それは生存すら保障できない「貧困」と隣り合わせの状況にもなりえることを意味する。

　たとえば，Xさんのように病気などのトラブルになることによって，雇用を継続できなくなってしまう。しかし，「社会」は元犯罪者などの「社会的弱者」を非正規雇用市場へ労働力として供給するように動いている。非正規社員は取り替え可能な労働力なので，「社会的弱者」であっても一時的には就くことができる。動けなくなったら，その人物のせいとして排除する。

　元犯罪者の場合，「すでに人に迷惑をかけてこの現状にいるのだから何とかしろ」「ただでさえ，仕事が少ない状況なのに与えてやっただけありがたいと思え」という旨の理由をもって，非正規雇用で雇われ続けることや正規雇用からの排除が「正当化」されるだろう。

　元犯罪者は歯車の1つとして，それでも「今のほうがマシである」と納得し

ながら，「ふさわしい場所」から退場しないようにしがみつく。それゆえにXさんは「環境さえあれば仕事，したいですし，しなきゃなんないと思いますし」と語っていたのだろう。

「ふさわしい場所」にい続ける困難さは，他者との関係性にも表れてくる。まず元犯罪者の場合，親密な関係であったはずの家族とはすでに交流がない場合が多く，他者との関係性を結ぶことをある意味ではあきらめている側面がある（→第5章）。また，Xさんは相談する相手や頼る相手はいたとするが，それはXさんが困ったときにだけ現れる存在ともいえるだろう。そのため，元犯罪者の多くは，「現在」だけの関係をもって他者との付き合いを繰り返していくことになる。それは「友だち」とすらいえないような関係であり，生活を維持する資源にはなりえない可能性がある（→第4章）。他者との付き合いが浅ければ，自身が抱える「前科」というスティグマを露呈する機会がないからいいといえるのかもしれない。しかし，そのような「現在」だけの関係性はいつか途切れる可能性があり，そのとき「ふさわしい場所」にすらいられなくなってしまうだろう。Xさんは他者とは「現在」だけの関係性しか結べずに「孤独感」があったと語る。

> 言い方悪い（けど），上面だけの付き合いだったんで，やっぱり孤独感っていうのはずっとありましたね，ここ（更生保護施設）にいるときも。（Xさんインタビュー）

経済面やモラルの面などに関して，元犯罪者が暮らしていくのに「ふさわしい場所」が用意されているからこそ，「私たちの社会」は安定するといえるだろう。経済面でいえば，非正規労働市場はいわずもがな経済の大部分を支えている。またモラルの面では「あのようになってはいけない」というような，私たち自身の「正当性」を確保するための資源にもなっている。それゆえに「ふさわしい場所」は社会にとって正常な存在となる。その一方で，元犯罪者は「ふさわしい場所」にすらい続けることが困難である。「ふさわしい場所」から漏れ出た場合，犯罪をした場合ならば再び「教育」が施され「ふさわしい場所」に戻そうとする。

Xさんは犯罪から立ち直ったといえるかもしれない。しかし，Xさんが生きる場所としてあてがわれた場所は，やはり「底辺」としか表せないようなところだった。たとえ，Xさんが「本当の底辺」よりマシだと語ったとしても，「底辺」であることは変わりないのである。Xさんの犯罪からの立ち直りが確認できたとしても，その後に生きていく場所自体が「底辺」であったということの意味は相当に重い。

　現状において，私たちは元犯罪者に対して，「ふさわしい場所」でその後の人生を過ごすことという条件を，どこかでつけてしまっているのである。そして，「ふさわしい場所」は元犯罪者の「居場所」とはなりえないのである（→第6章）。本章では紙幅の制約から男性の元犯罪者に焦点を当てているが，「ふさわしい場所」に関しては他の例もある。たとえば，不登校者，シングルマザー，ホームレス，外国人労働者，派遣・非正規労働者，ネットカフェ難民，精神障害者，生活保護受給者など，私たちの近くに存在するさまざまな人々が，同じような状況に置かれている。現代社会はこうした人々を排除し，「ふさわしい場所」へと配置する構造ももってしまっているのである。

　そして，「ふさわしい場所」からも退場してしまった人々に待っているのは社会からの「廃棄」である（バウマン 訳書2007）。「廃棄」とは，社会からその存在をまるで「ゴミ」のように扱われることを意味する。「ふさわしい場所」から退場してしまった場合は「廃棄」して，社会の人々に見えないよう「ゴミ」を「処理」するという論理が働くのである。もっとも「廃棄」する人々が溢れ返り，「処理」できないまま，いたるところで「廃棄」された人々が目に見えるようになっている。元犯罪者が生活に困った挙句，食べ物を万引きするような事件はその表れの1つといえるだろう。

　確かに元犯罪者は，犯罪という，他者に対してネガティブな影響を及ぼすような行為をしたという事実はある。そのことに関して反省をし，再び犯罪にいたらないように学ぶ必要はある。その一方で，私たちもまるで元犯罪者に対して施しを与えるように彼らの社会復帰に「ふさわしい場所」を別に用意するのではなく，すべての人間が安心して暮らしていける社会をめざすことが必要であろう。

　そのためには就労自立だけを生きていくための唯一の方法として設定せず，

公的扶助とさまざまな社会参加の機会（たとえば，中間的就労やボランティア活動など）の組み合わせなど，いわば「自立」の方法を増やしていくことが重要になるだろう。また，生きていくうえでの悩みを自己責任で終わらせるのではなく，悩みをシェアできる場（たとえば，ある問題や目標を共有する当事者の集まりであるセルフヘルプグループなど）を社会にもっと広げるべきであろう。「元犯罪者の社会復帰」においてそれらを達成するうえで，関連する制度や実践などを批判的に問い直し続けることが，求められているのである。

[付記] 本章は2012年度財団法人社会安全研究財団「社会安全に関する研究助成」若手研究助成対象「更生保護施設のエスノグラフィー——『問題』・『変容』・『処遇』を焦点に」および2014年度日本学術振興会科学研究費補助金研究活動スタート支援「更生保護施設における在所者の社会復帰に向けた介入に関する事例研究」による研究成果の一部である。

CHECK POINT

- □1 「元犯罪者の社会復帰」にあたり社会的なバリアが存在し，そのバリアがゆえに再び犯罪を起こしてしまうという悪循環が社会に存在する。
- □2 「元犯罪者の社会復帰」に向けた支援が広がりつつあるが，現状においてさまざまな課題が存在している。
- □3 元犯罪者にとって「ふさわしい場所」を用意し，そこで生きるように仕向ける構造ができている。
- □4 しかし，元犯罪者は「ふさわしい場所」にすら居続けることが容易ではない状況にある。

読書案内　　　　　　　　　　　　　　　　　　　　　　　Bookguide

ハワード・S. ベッカー著／村上直之訳『完訳 アウトサイダーズ——ラベリング理論再考』現代人文社，2011年。
→逸脱者がいかにしてそのふるまいを覚え，逸脱者としてのアイデンティティを習得するのか，統制側に着目したうえで進めた革新的な研究。

アーヴィング・ゴッフマン著／石黒毅訳『スティグマの社会学——烙印を押されたアイデンティティ（改訂版）』せりか書房，2009年。
→「スティグマ（恥）」を付与された人々がどのように生きていくのか。その実践をゴッフマンは巧みに描き出す。

T. ハーシ著／森田洋司・清水新二監訳，『非行の原因——家庭・学校・社会へのつながりを求めて』文化書房博文社，1995年。

→「人がなぜ非行にいたるのか」ではなく，「人はなぜ非行にいたらないのか」という当時において斬新な考えをもって行われた研究である。

ジョック・ヤング著／青木秀男・伊藤泰郎・岸政彦・村澤真保呂訳『排除型社会——後期近代における犯罪・雇用・差異』洛北出版，2007年。

→「逸脱者」にとって「ふさわしい場所」とは。ヤングは「排除」と「包摂」の理論から「ふさわしい場所」が生まれた過程を描き出す。

引用文献　　　　　　　　　　　　　　　　　　　　　　　Reference

ゴッフマン，E.／石黒毅訳，2009，『スティグマの社会学——烙印を押されたアイデンティティ（改訂版）』せりか書房。

相良翔，2015，「更生保護分野における就労支援の現状と課題」『職業リハビリテーション』28。

バウマン，Z.／中島道男訳，2007，『廃棄された生——モダニティとその追放者』昭和堂。

ハーシ，T.／森田洋司・清水新二監訳，1995，『非行の原因——家庭・学校・社会人のつながりを求めて』文化書房博文社。

ベッカー，H.／村上直之訳，2011，『完訳 アウトサイダーズ——ラベリング理論再考』現代人文社。

ヤング，J.／青木秀男・伊藤泰郎・岸政彦・村澤真保呂訳，2007，『排除型社会——後期近代における犯罪・雇用・差異』洛北出版。

CHAPTER

第 8 章

分　　断

社会はどこに向かうのか

CHART 図 8.1　あなたは自分の父親を越えられたか（2009 年）

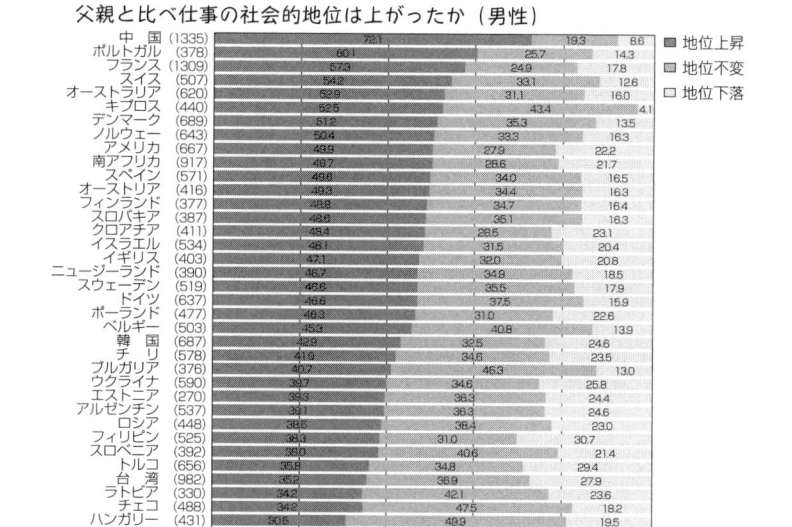

父親と比べ仕事の社会的地位は上がったか（男性）

凡例：地位上昇／地位不変／地位下落

国	(N)	地位上昇	地位不変	地位下落
中国	(1335)	72.1	19.3	8.6
ポルトガル	(378)	60.1	25.7	14.3
フランス	(1309)	57.3	24.9	17.8
スイス	(507)	54.2	33.1	12.6
オーストラリア	(620)	52.9	31.1	16.0
キプロス	(440)	52.5	43.4	4.1
デンマーク	(689)	51.2	35.3	13.5
ノルウェー	(643)	50.4	33.3	16.3
アメリカ	(667)	49.9	27.9	22.2
南アフリカ	(917)	49.7	28.6	21.7
スペイン	(571)	49.6	34.0	16.5
オーストリア	(416)	49.3	34.4	16.3
フィンランド	(377)	48.8	34.7	16.4
スロバキア	(387)	48.8	35.1	16.3
クロアチア	(411)	48.4	28.5	23.1
イスラエル	(534)	48.1	31.5	20.4
イギリス	(403)	47.1	32.0	20.8
ニュージーランド	(390)	46.7	34.9	18.5
スウェーデン	(519)	46.6	35.5	17.9
ドイツ	(637)	46.6	37.5	15.9
ポーランド	(477)	46.3	31.0	22.6
ベルギー	(503)	45.3	40.8	13.9
韓国	(687)	42.9	32.5	24.6
チリ	(578)	41.9	34.6	23.5
ブルガリア	(376)	40.7	46.3	13.0
ウクライナ	(590)	39.7	34.6	25.8
エストニア	(270)	39.3	36.3	24.4
アルゼンチン	(537)	39.1	36.3	24.6
ロシア	(448)	38.6	38.4	23.0
フィリピン	(525)	38.3	31.0	30.7
スロベニア	(392)	38.0	40.6	21.4
トルコ	(656)	35.8	34.8	29.4
台湾	(982)	35.2	36.9	27.9
ラトビア	(330)	34.2	42.1	23.6
チェコ	(488)	34.2	47.5	18.2
ハンガリー	(431)	30.5	48.9	19.5
日本	(510)	30.6	30.0	39.4
アイスランド	(429)	26.8	47.3	25.9

（注）　国際的な継続的共同調査である ISSP（International Social Survey Program）の 2009 年「職業と社会に関する国際比較調査」による。「現在のあなたの仕事の社会的な位置づけは，あなたが 15 歳のときの父親の仕事と比べてどうですか」に 7 つの選択肢すなわち「1. 自分のほうがかなり高い」「2. 自分のほうが高い」「3. だいたい同じくらい」「4. 自分のほうが低い」「5. 自分のほうがかなり低い」「6. 自分は仕事をしたことがない」「7. 父親はいなかった，父親は仕事をしていなかった，父親の仕事がわからない」で答える設問への男性の回答結果。地位上昇は 1＋2，地位不変は 3，地位下落は 4＋5 とし，1〜5 の計（図のカッコ内の数値）を 100 とする構成比で示した。

（資料）　ISSP HP（http://www.issp.org/index.php）
（出所）　「社会実情データ図録」。http://www2.ttcn.ne.jp/honkawa/4682.html

INTRODUCTION

　本書の各章では，現代社会の諸相を，多様な角度から描いてきた。しかしいうまでもなく，ここまでに述べてきたような状況は，世界中のどこでもつるりと均等に発生しているわけではない。グローバル化によって国境を越えたヒト・モノ・カネ・情報の流動性が高まっても，いまだに「国」という統治単位は重要な存在感を発揮し続けているし，1つの「国」の中でも，個々人の置かれている社会環境の違いに即して，ふるまい方や感じ方，その個人にとっての社会と自分の見え方には，相当なムラやマダラが存在する。かっちりとしていた近代社会の枠組みや境界線がぐにゃぐにゃに溶け出しているように見えても，実際には今なお多くの分断線が人々の間に縦横に走っているのである。その分断線を見つめることによって，現代のありようを深く理解することができると考える。

　見つめるべき分断線の中から，本章では，日本，世代，性別，階層，地域を取り上げ，その線の両側で何が起こっているのかを素描してみたい。さらに，実際にはくっきりと存在するそれらの分断線を，覆い隠すように作用している「言葉」の問題についても指摘しておきたい。

1　世界の中での日本

日本の人々の閉塞感

　図 8.1 を見てほしい。タイトルと注にあるように，これは自分が 15 歳のときの父親の仕事と比べて，現在の自分の仕事の社会的地位が上昇したと思うか下降したと思うかを，多数の国で調査した結果である（図は男性の回答結果）。一目見てわかるとおり，日本は「地位上昇」と答える比率が図の中で最下位から 2 番目であり，「地位下降」と答える比率は突出して 1 位である。他の国では「地位上昇」と答える比率が 50％ 弱を占める場合が多いのに対し，日本は 30％ にすぎず，逆に「地位下降」が 40％ 近くに達している。現代の日本の男性の間には，「親が就いていたくらいの仕事にも就けない自分」という悲観的な感覚が，世界的に見ても際立って色濃いのである。なお，この回答と，各国の 1 人当たり GDP との関連を見ても，相関はほぼ存在しない。すなわち，現時点で経済的に豊かな国であるか否かと，子世代が親世代よりも地位が上昇し

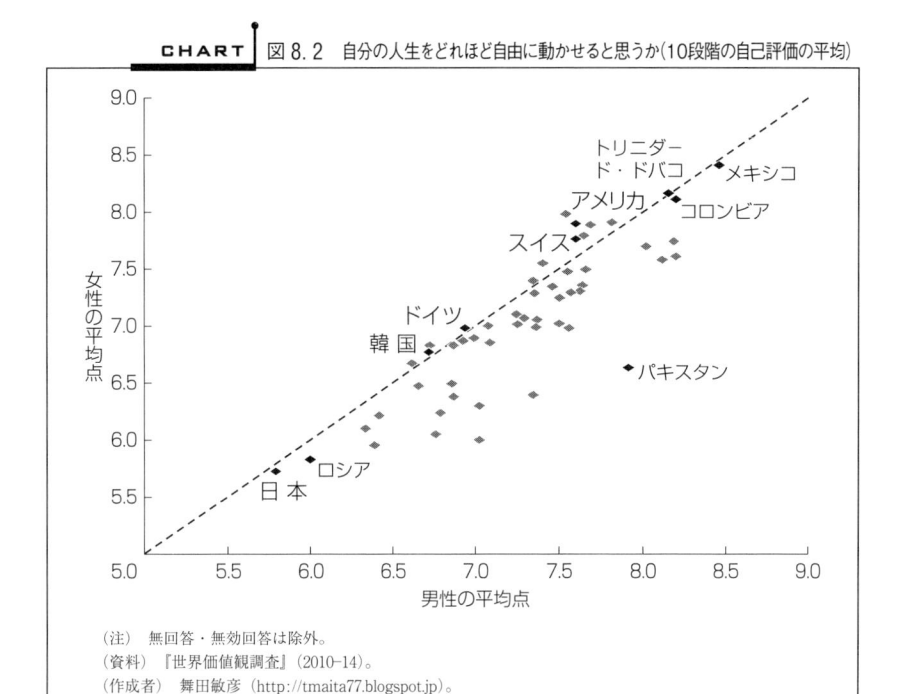

CHART 図 8.2　自分の人生をどれほど自由に動かせると思うか（10段階の自己評価の平均）

（注）　無回答・無効回答は除外。
（資料）　『世界価値観調査』（2010-14）。
（作成者）　舞田敏彦（http://tmaita77.blogspot.jp）。

たと感じる度合いは，互いに別々の事象であるといえる。

　これ以外にも，日本は国際比較調査で特異な結果を示すことがしばしばある。もう1つ例をあげておこう。図8.2は，自分の人生をどれほど自由に動かせると思うか（10段階評価）について，多くの国で調査をした結果を示している。横軸は男性，縦軸は女性の回答である。この図でも，日本は男女どちらも，図中の国々の中でもっとも低い値を示している。自分の人生を自分の力で変えていけるという感覚が，日本では他国と比べてきわめて低調である。先に見た図8.1は，古い世代と比べたときの現在の自己認識の低さを示していたが，それに加えて，その状態をどうにもできないという無力感も，日本では蔓延している。

「失われた20年」

　これら2つの図に表れている結果に基づく限り，「明るい今，明るい明日」を思い描けない度合いは，世界中で均一であるにはほど遠く，とくに日本とい

う国では，世界最悪といってよいほど黒々とした不安や絶望が渦巻いているように見える。そして，そのことには，複雑に絡み合ったいくつもの理由が考えられる。

　まず，周知のとおり，バブル経済が崩壊した 1990 年代初頭以降の日本は，「失われた 20 年」と呼ばれる長期的な経済の低迷のもとにあり，それを反映した形で雇用問題や労働条件の悪化が顕在化してきた（→第 1 章・第 3 章）。同時に 90 年代以降，日本の大学進学率は急激に上昇しており，少なくとも学歴という点では親世代より上昇移動した者がとくに若年世代には多い。それにもかかわらず，親世代と比較して「地位上昇」を実感できていないという現状は，労働市場の劣悪化に大きく影響されていると考えざるをえない。すなわち，他の社会と横断的に比較しても，時系列的に自国の過去と比較しても，現代の日本の人々は，まず経済や雇用，賃金の面で閉塞を感じざるをえない状況にあることは間違いない。

　しかし，「明るい今，明るい明日」を描けない理由はそれだけではない。1990 年代以降の「失われた 20 年」の中にある日本の人々が，この閉塞状態を変えていける，そこから脱していけると感じにくい理由をより深く理解するためには，1990 年代よりも前の時期に遡り，この国がたどってきた独特な歴史的経緯を知る必要がある。

2 独特な「近代化」プロセス

「半圧縮近代」という経緯

　日本という社会の歴史的経緯の独特さは，図 8.3 から読み取ることができる。世界各国の国民 1 人当たり GDP の推移を長期にわたって描いたこの図の中で，日本は，1960 年頃からグラフが立ち上がり，1990 年頃まで急角度で上昇して，その後は停滞している。注目すべきは，日本と同様の動きをしている国が，他にはほぼ見られないということである。

　日本以外の国々は，①日本よりもかなり早い時期から上昇が開始していたグループ（一部を除く欧米諸国），②日本よりもかなりあとの時期から上昇を開始

CHART 図8.3 世界各国の国民1人当たりGDPの長期推移

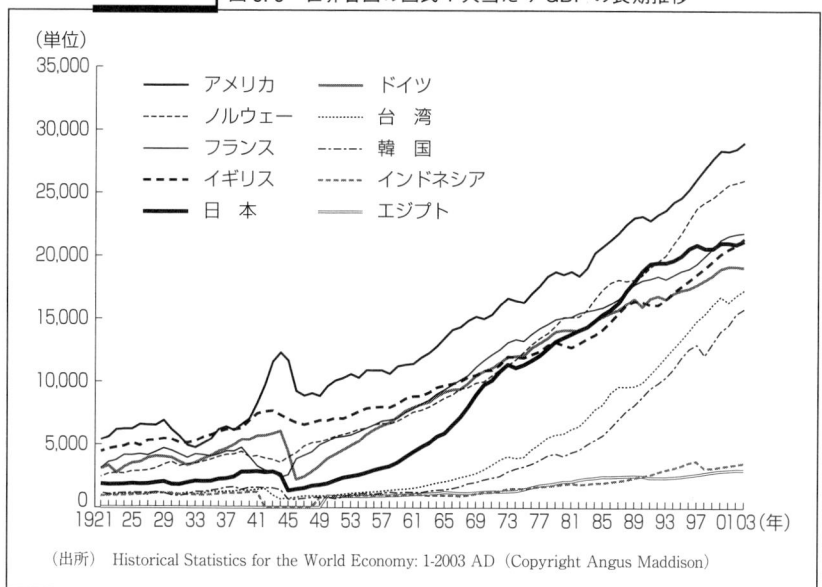

(単位)凡例: アメリカ、ドイツ、ノルウェー、台湾、フランス、韓国、イギリス、インドネシア、日本、エジプト

(出所) Historical Statistics for the World Economy: 1-2003 AD (Copyright Angus Maddison)

したグループ (アジア諸国など), ③まだ明確に上昇が開始していないグループ (アフリカ諸国など) の3つに大きく分けられるが, 日本はどのグループの中にも含まれておらず, ①と②の間を通り抜ける形で折れ線グラフが流れている。このような, 日本が①と②の中間を通るという形状の時系列グラフは, 図8.3の国民1人当たりGDPだけでなく, 合計特殊出生率など, 他の社会指標に関しても観察される (落合 2013)。

経済発展の開始時期とその後のスピードに関する, 日本のこうした特異な位置どりは, 近年の社会学の中で「半圧縮近代」という言葉で表現されるようになっている (落合 2013)。すなわち, グループ①に含まれる, いわゆる先進諸国は, 歴史的に早い時期から産業化と経済発展を開始し, それ以降ゆっくりと時間をかけて民主主義や社会保障, 人権意識などをなだらかに成熟させ,「近代化」を遂げてきた。また, グループ③に含まれる, いわゆる後発諸国は, 1980年頃までに徐々に発展の条件が整い, それ以後はいっきに経済と社会の変化が進んでいることから, この後発諸国は「圧縮された近代」と呼ばれる

━━━━━━━━━━━━━━━━━━━━━━━━━━━━━━━━keyword
近代化 18世紀後半から19世紀にかけてヨーロッパを起点として発生した, 産業化, 都市化, 国民国家の成立, 民主化, 教育の普及などを含む社会変容。日本では明治維新がそのメルクマールとされる。

2 独特な「近代化」プロセス

（張 2013）。しかし日本は，①と②の間の中間的なプロセスをたどってきたため，「半圧縮近代」と呼ばれているのである。

「戦後日本型循環モデル」の成立・深化そして破綻

　この「半圧縮近代」の過程で，日本では主に1960年代に，筆者が「**戦後日本型循環モデル**」と名づけた，特異な社会構造が急激に成立し，その後の70年代・80年代に定着と深化を遂げてきた（本田 2014a・b）。この間の約30年間にわたって日本社会を覆っていた「戦後日本型循環モデル」は，その爛熟期には「ジャパン・アズ・ナンバーワン」「一億総中流社会」などの言葉で表現されて，国内での自負と国外からの称賛の対象となっていた。確かに，1970年代はじめの石油危機後もかなり高い水準の経済成長率や低い失業率を達成し，社会の中の人々に「明るい明日がある」という実感を広く生み出していたという点では，この社会モデルには利点もあった。しかし同時にこの社会モデルは，受験競争の激化や「会社人間」的な働き方，空洞化する「マイホーム」，社会保障の手薄さなど，さまざまな社会問題の原因ともなっていた。

　さらに，バブル経済の崩壊を経た1990年代以降には，この社会モデルの破綻が明らかになっている。しかし，1960年代から80年代にかけての約30年間というその支配期間は，一方では①の先進諸国のように十分な成熟を経て次の段階に移るには短すぎ，他方では②の後発諸国のように21世紀の現状に対して機敏な変革を実現していくには長く定着しすぎたという，きわめて中途半端なものであった。それゆえ現在の日本は，過去のモデルと決別し，その破綻を乗り越えて新たな社会モデルを組み立て直さなければならない状況にあるにもかかわらず，それを進めることができずに立ちすくんでいる状態にある。

　このような社会背景が，現在の，とくに若者世代の間で，「戦後日本型循環モデル」の恩恵を享受していた親世代と自分たちの落差に呆然とする気持ち（冒頭の図8.1・図8.2）をもたらしていると考えられるのだ。

---

keyword

戦後日本型循環モデル　　教育・仕事・家族という3つの社会領域が，互いに一方向的に資源を流し込む形で緊密に結びついた社会構造。新規学卒一括採用，「日本的雇用慣行」，性別役割分業，教育への私費負担の大きさ，社会保障の家族関連支出の少なさなどを特徴とする。

3 世代間の価値観の接近，現実の乖離

各世代が生きてきた時代

　ある社会の変化が急スピードであればあるほど，その中でいつ生まれてどのような時期を生きてきたか，すなわち「世代」ということが，その社会の構成員の中を区切る分断線として重要になってくる。ただし，「世代」を単に分断や対立としてだけ捉えることは，単純すぎる見方である。事態を複雑にしているのが，ある「世代」と別の「世代」の間に，親子という密度の濃い関係が成

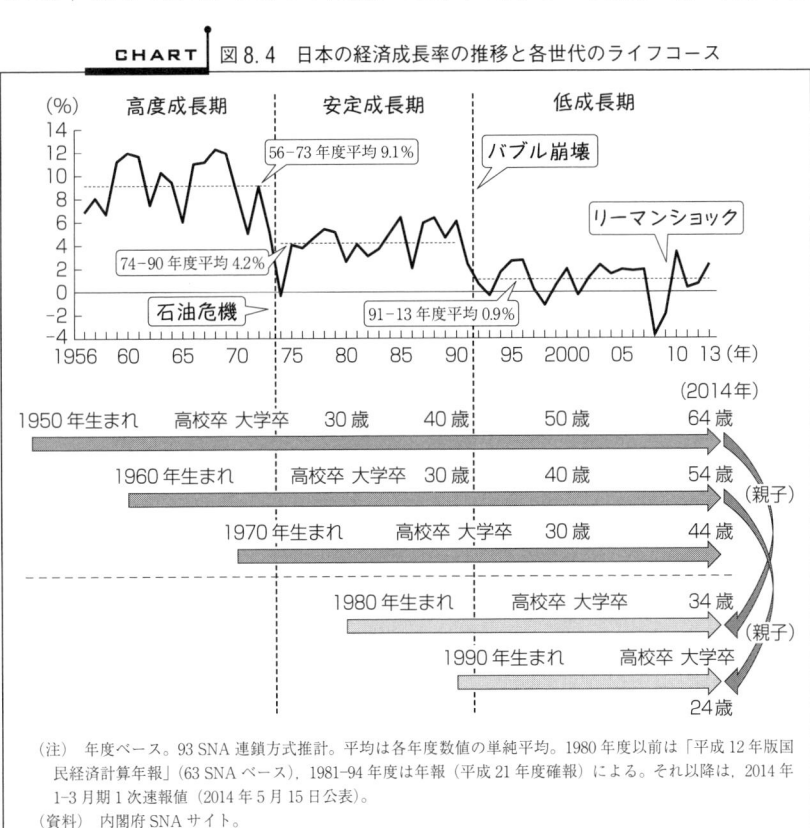

CHART 図8.4　日本の経済成長率の推移と各世代のライフコース

（注）　年度ベース。93 SNA 連鎖方式推計。平均は各年度数値の単純平均。1980 年度以前は「平成 12 年版国民経済計算年報」（63 SNA ベース），1981-94 年度は年報（平成 21 年度確報）による。それ以降は，2014 年 1-3 月期 1 次速報値（2014 年 5 月 15 日公表）。
（資料）　内閣府 SNA サイト。
（出所）　経済成長率の推移は http://www2.ttcn.ne.jp/honkawa/4400.html

立していること，そして現実の変化と意識の変化のスピードにずれがあることである。

　図8.4は，経済成長率の推移に照らし合わせる形で，1950年以降10年おきに生まれた世代のライフコース（人生）を書き込んだものである。互いに30歳離れている世代同士には，親子関係にある人々が多く含まれていると考えられる。

　図8.4内の経済成長率は，石油危機とバブル経済崩壊をそれぞれ境界として，高度成長期・安定成長期・低成長期という3つの時期に区分されるが，現代の日本に強く影響する屈折はバブル経済の崩壊の時期に生じている。こうした推移を図の中の各世代に照らし合わせると，1970年生まれの世代はバブル崩壊前に間に合う形で教育機関を卒業して社会に出ることができていたが，1970年代半ば以降に生まれた世代は，新規学卒労働市場の「氷河期」「超氷河期」という言葉に象徴される，「戦後日本型循環モデル」の破綻に直面しながら生きている。2014年時点の年齢でいえば40代半ばのところに，世代を区分する太い分断線が引かれていることになる（図8.4内の水平な破線を参照）。そして，現代日本において多くの親世代と子世代は，その分断線を挟んだ両側に位置している。このような構造は，各世代の現実や意識にどのように反映されているのか。

自由と平等の実現に向かっているのか？

　ここで，社会変化・世代・親子関係というテーマに関して参照しておきたいのは，社会学者の見田宗介（2007）の議論である。見田は，長期にわたり繰り返し実施されている社会調査のデータに基づき，親世代と子世代の間の社会意識のギャップが近年になるほど小さくなっていることを指摘する。そして，20歳台に対象を限定して1973年と2003年の間でさまざまな意識を比較すると，性別役割分業型の家族像や，余暇よりも仕事に重点を置く働き方への支持が大きく減っていることに注目し，これからの社会において「自由」と「平等」という理念が実現されていくだろうという予測を示している。この見田の認識は正しいのだろうか。

　直近の状況を把握するために，主に21世紀に入ってからの時期に関して，

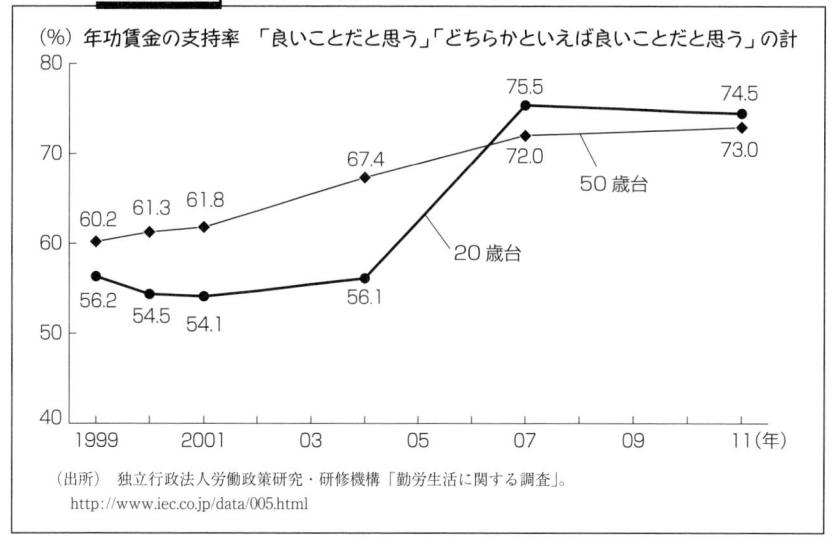

CHART 図 8.5　年功賃金を支持する比率（20 代・50 代）

(%) 年功賃金の支持率　「良いことだと思う」「どちらかといえば良いことだと思う」の計

- 50 歳台: 1999: 60.2, 2000: 61.3, 2001: 61.8, 2004: 67.4, 2007: 72.0, 2011: 74.5
- 20 歳台: 1999: 56.2, 2000: 54.5, 2001: 54.1, 2004: 56.1, 2007: 75.5, 2011: 73.0

（出所）　独立行政法人労働政策研究・研修機構「勤労生活に関する調査」。
http://www.iec.co.jp/data/005.html

　20 代の若者と，その親世代にあたる，バブル崩壊前に社会に出ていた 50 代の中高年層との間で，いくつかのデータを比較してみよう。それは，見田が分析対象としていた時期のあとを引き継いで検討することでもある。

　まず図 8.5 は，「年功賃金」（勤続年数とともに給与が増えていくようなあり方）を支持するかどうかをたずねた結果である。支持率は，50 代はあとの時点になるほど，20 代は 2007 年調査から顕著に，いずれも高くなっている。その結果，とくに 2007 年と 2011 年については，「年功賃金」への支持率が世代間で非常に近づきつつ上昇し，しかも子世代のほうがむしろ親世代を上回っている。親子の意識が似てきているという点では，見田の指摘はこのデータについても当てはまる。しかし注意すべきは，この図が「年功賃金」という，バブル崩壊前の「戦後日本型循環モデル」の特色の 1 つであった，旧式の社会のあり方への肯定を意味するものだということである。「年功賃金」は，それと引き換えに，「会社人間」として企業に対する従属を要求される仕組みでもあり，見田が展望している「自由」の実現とは逆のベクトルである。

　しかも，「年功賃金」は，近年になるほど現実には当てはまらなくなっており（図 8.6），またそもそも「年功賃金」の対象とはならない非正規雇用が，近年ほど，若い世代ほど，増大しているのである（図 8.7）。それにもかかわらず，

3　世代間の価値観の接近，現実の乖離

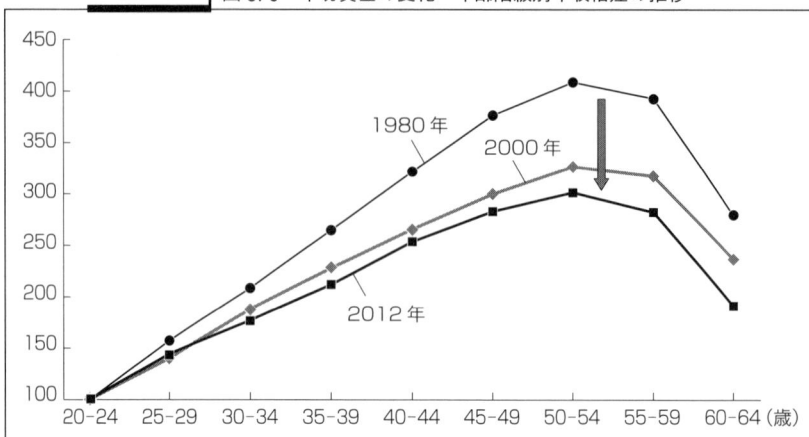

CHART 図 8.6　年功賃金の変化：年齢階級別年収格差の推移

(資料)　厚生労働省大臣官房統計情報部『賃金構造基本統計調査』より政策統括官付評価官室作成。
(注)　1　企業規模 1,000 人以上，男性，大学・大学院卒。
　　　2　20-24 歳を 100 として算出。
　　　3　年収＝きまって支給する現金給与額（毎年 6 月の額）×12 ＋前年 1 年間の年間賞与その他特別給与額。
(出所)　厚生労働省『平成 25 年版 厚生労働白書』。

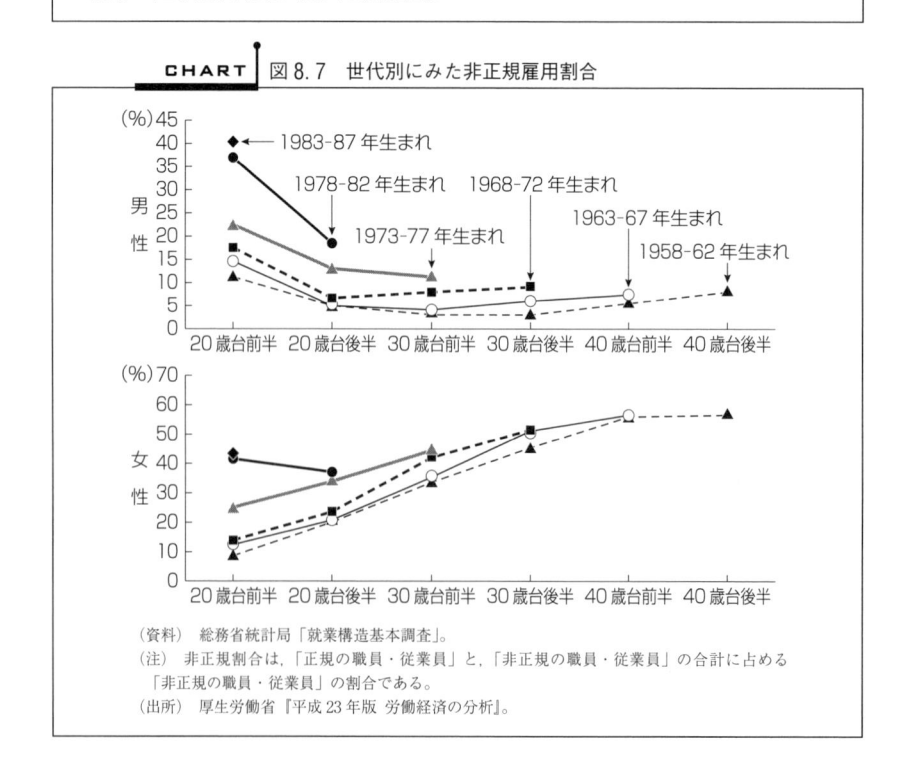

CHART 図 8.7　世代別にみた非正規雇用割合

(資料)　総務省統計局「就業構造基本調査」。
(注)　非正規割合は、「正規の職員・従業員」と、「非正規の職員・従業員」の合計に占める「非正規の職員・従業員」の割合である。
(出所)　厚生労働省『平成 23 年版 労働経済の分析』。

CHART 図 8.8 「夫は仕事, 妻は家庭」に賛成する比率（性別, 20代・50代）

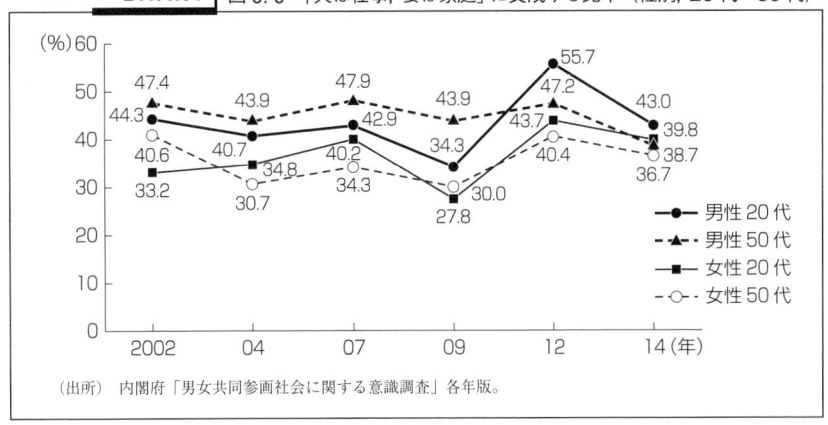

男性20代: 2002年 44.3, 04年 40.7, 07年 42.9, 09年 34.3, 12年 55.7, 14年 43.0
男性50代: 2002年 47.4, 04年 43.9, 07年 47.9, 09年 43.9, 12年 47.2, 14年 39.8
女性20代: 2002年 33.2, 04年 34.8, 07年 34.3, 09年 27.8, 12年 40.4, 14年 36.7
女性50代: 2002年 40.6, 04年 30.7, 07年 40.2, 09年 30.0, 12年 43.7, 14年 38.7

（出所）内閣府「男女共同参画社会に関する意識調査」各年版。

CHART 図 8.9 国を愛する気持ちが「強い」比率（性別, 20代・50代）

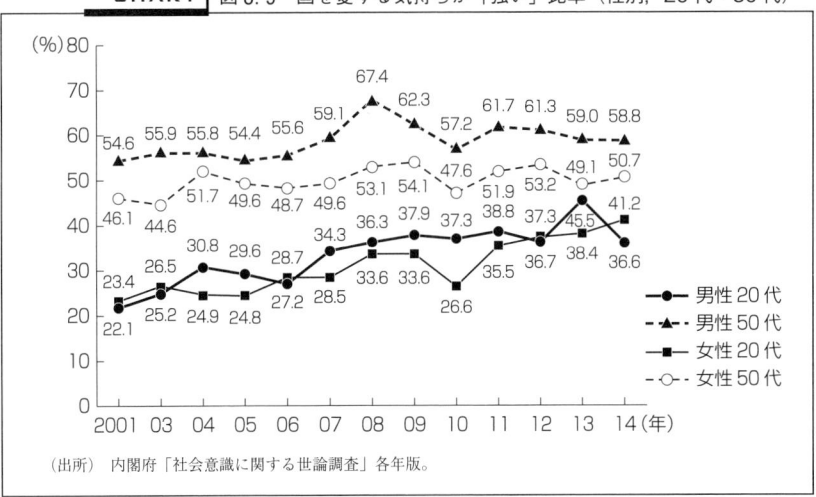

男性20代: 23.4, 26.5, 30.8, 29.6, 28.7, 34.3, 36.3, 37.9, 37.3, 38.8, 37.3, 45.6, 36.6
男性50代: 54.6, 55.9, 55.8, 54.4, 55.6, 59.1, 67.4, 62.3, 57.2, 61.7, 61.3, 59.0, 58.8
女性20代: 22.1, 25.2, 24.9, 24.8, 27.2, 28.5, 33.6, 33.6, 26.6, 35.5, 36.7, 38.4, 41.2
女性50代: 46.1, 44.6, 51.7, 49.6, 48.7, 49.6, 53.1, 54.1, 47.6, 51.9, 53.2, 49.1, 50.7

（出所）内閣府「社会意識に関する世論調査」各年版。

　こうした現実と反する形で,「年功賃金」への支持が, その恩恵にあずかってきた50代だけでなく20代でも増大している。

　これと似た意識変化が, 性別役割分業（図8.8）や,「愛国心」（図8.9）についても見いだされる。図8.8では, 2012年以降の調査において, 若い世代, とくに男性の「夫は仕事, 妻は家庭」に賛成する比率が, 中高年世代を上回る水準になっている。図8.9では, かつては20代で低かった「愛国心」が, じりじりと上昇して50代に接近してきている。

保守化する若者？

　これらはいずれも，古い社会のあり方や，高齢層で強い保守的な考え方を，若年層がいっそう支持するようになるという方向での意識変化である。しかし現実には，専業主婦世帯の減少と共働き世帯の増加により，純粋に「夫は仕事，妻は家庭」を実現している家庭はますます少数派になっているし，政府は人々の生を守るセーフティネットを拡充するどころか「戦争ができる国」へと歩を進めている。世代間の意識の接近という点では，見田の指摘はやはり当てはまっている。しかし，それが向かう方向は，見田が述べるような「自由」や「平等」の実現とはむしろ逆向きであり，1990 年代以降の社会の現実とも乖離している。

　なぜ若い世代の間に，このような意識の保守化が見られるのか。その理由は明確にはわからない。しかし，① 2010 年前後に 20 代である層の親世代が，「戦後日本型循環モデル」の爛熟期をとくに享受していた層であり，子世代である若者が親子関係の密接化によりその影響を受けている，② 2002〜2008 年頃の一次的な「いざなぎ越え」の景気回復により，「かつての"良かった日本"に再び戻れる」という期待が若者の中にも生まれている，③「戦後日本型循環モデル」が破綻しつつあることがわかっているからこそ，過去を美化する意識が生まれている，といった複数の仮説が考えられる（本田 2014b）。理由がいずれであっても，日本の若者は，崩れてしまった現実と，過去のままにとどまっている意識の間で，引き裂かれた状況に置かれている。それこそが，本章の冒頭で示した図 8.1 や図 8.2 のような無力感の根底にある事態なのではないだろうか。

4　世代を貫くさまざまな分断線

性別に囚われた人生

　このように，現代日本における世代間の関係は，きわめて「もじれた」状態にある（本田 2014b）。しかし同時に，各世代と交差する形で，他のいくつもの

分断線が走り，人々の間に異なる現実をもたらしていることも見過ごしてはならない。その1つは，先の図8.7にも表れていたような，性別による分断線である。日本では国会議員，管理職，研究職などに占める女性比率が先進諸国の中ではきわめて低く，性別による分断線がとくに太いことはよく知られている（→第3章・第5章）。次の図8.10・図8.11からも，労働市場では男性がきわめて有利であり，家庭での家事・育児は圧倒的に女性が担っていることは明らかである。

「戦後日本型循環モデル」のもとでの正社員の働き方は，企業の無限定な要請に応えて際限なく時間とエネルギーを供出するという性質のものであり，それは家事・育児・介護との両立を難しくしていた。そのため，男性が正社員として主たる稼ぎ手となり，既婚女性は仕事をする場合もパートなど非正社員として家事・育児・介護に差し支えない範囲で働く場合が多いという棲み分けが，強固に形成されている。それは，女性が男性に対して経済的に従属するという大きな問題を，今なおもたらしている。

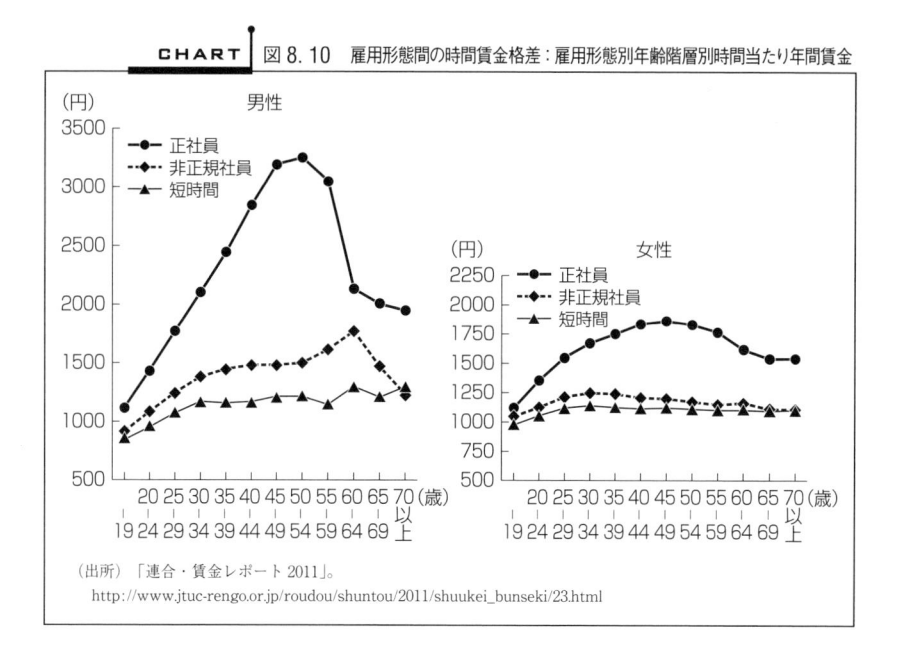

CHART 図8.10 雇用形態間の時間賃金格差：雇用形態別年齢階層別時間当たり年間賃金

(出所)「連合・賃金レポート2011」。
http://www.jtuc-rengo.or.jp/roudou/shuntou/2011/shuukei_bunseki/23.html

4 世代を貫くさまざまな分断線

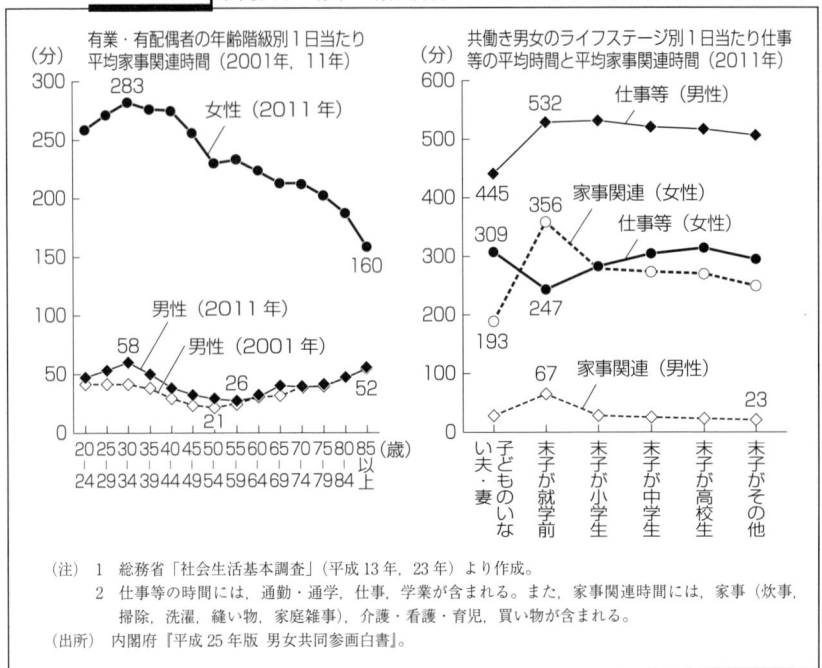

CHART 図8.11　有業・有配偶者の1日当たり平均家事関連時間（男女別）

左図：有業・有配偶者の年齢階級別1日当たり平均家事関連時間（2001年，11年）
- 女性（2011年）：283分（30歳前後ピーク）→160分（85歳以上）
- 男性（2011年）：58分→52分
- 男性（2001年）：21分，26分

右図：共働き男女のライフステージ別1日当たり仕事等の平均時間と平均家事関連時間（2011年）
- 仕事等（男性）：445→532分
- 家事関連（女性）：309→356分
- 仕事等（女性）：193→247分
- 家事関連（男性）：67→23分
- 横軸：子どものいない夫・妻／末子が就学前／末子が小学生／末子が中学生／末子が高校生／末子がその他

（注）1　総務省「社会生活基本調査」（平成13年，23年）より作成。
　　　2　仕事等の時間には，通勤・通学，仕事，学業が含まれる。また，家事関連時間には，家事（炊事，掃除，洗濯，縫い物，家庭雑事），介護・看護・育児，買い物が含まれる。
（出所）内閣府『平成25年版　男女共同参画白書』。

男性の中で高まる無力感

ただし，1990年代以降の労働市場の不安定化・劣悪化は，若い男性をも直撃しており，一方では低賃金の非正規雇用の増加（図8.7，図8.10）に見舞われ，他方では正社員に対してさらなる過重労働・長時間労働を求める「ブラック企業」問題も浮上してきた（→Column ❸）。そのような「ひどい仕事」の増大は，「男は仕事」という従来からの役割を首尾よく果たせない男性に対して，心理的にも大きなダメージを与える結果となった。

図8.12は，21歳時点（2007年）から25歳時点（2011年）にかけて同じ調査対象を追跡した調査において，後半の23～25歳の3年間に「無力感」の度合いがどのように変化したか（前半2年間には「無力感」に関する質問が含まれていない）を男女別に示している（Honda 2014）。23歳時には男女間で無力感に差は見られなかったが，25歳までに男性は無力感が上昇，女性は低下した結果，25歳時では男性のほうが女性よりも，統計的に意味のある水準で無力感が大

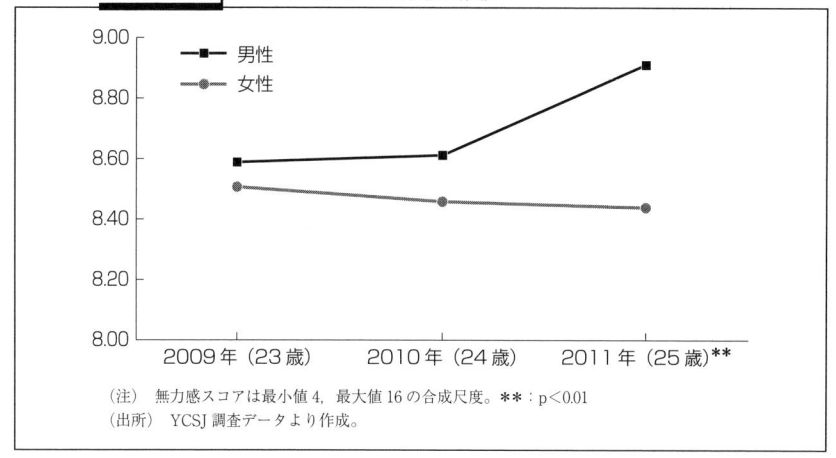

CHART 図 8.12　性別　無力感の推移

（注）無力感スコアは最小値 4, 最大値 16 の合成尺度。＊＊：p＜0.01
（出所）YCSJ 調査データより作成。

きくなっている。

この無力感に影響する要因を，多変量解析を用いて探ったところ（図表は割愛），仕事の「過重性」（労働時間が長すぎることや責任の重さ）と「周辺性」（使い捨て的な扱われ方）という変数が強く影響していた。とくに男性では仕事の「過重性」が，25 歳時の無力感の大きさや，23 歳時からの無力感の増加幅に強く影響していた。さらに，親の学歴が高いほうが，むしろ本人は無力感をより強く感じるということも見いだされた（Honda 2014）。

この結果は，「男は仕事」という，従来からの性別役割分業規範が，仕事の世界で女性よりも有利であるはずの男性にとっても強い呪縛となっており，職場環境や賃金の劣悪化により自らが「男は仕事」規範をうまく満たせなくなれば——とくに親世代と比べて——，女性よりも大きなダメージを受けることを意味している。性別を典型とする固定的な分断線は，人々をその線のどちらかの側に閉じ込め，閉じ込められた先の世界のいびつさによって傷つけるように働きがちなのである。

階層と地域

世代と性別に加えて，見すごすことのできない重要な分断線はほかにいくつもある。1 つは，さまざまな資源をどれほど備えている家庭に生まれたか，すなわち「社会階層」であり，もう 1 つは，住んでいる地域や，これまでの地域

CHART 図 8.13　地域移動類型別 世帯収入

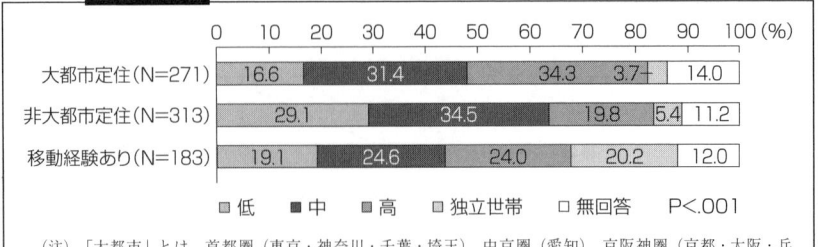

	低	中	高	独立世帯	無回答
大都市定住（N=271）	16.6	31.4	34.3	3.7	14.0
非大都市定住（N=313）	29.1	34.5	19.8	5.4	11.2
移動経験あり（N=183）	19.1	24.6	24.0	20.2	12.0

P<.001

（注）「大都市」とは，首都圏（東京・神奈川・千葉・埼玉），中京圏（愛知），京阪神圏（京都・大阪・兵庫）を意味している。世帯収入「低」は 400 万円未満，「中」は 400 万円以上 800 万円未満，「高」は 800 万円以上を意味し，「独立世帯」は調査対象者が単独で世帯を営んでいる場合を意味する。
（出所）　YCSJ 調査データより作成。

間移動の経験である。

　図 8.13 は，先の図 8.12 と同じデータを使い，21 歳から 25 歳までの居住地域と出身家庭の世帯収入（21 歳時点）の関係を示している。また図 8.14 は，居住地域・親学歴別に，本人の学歴を示したものである。

　まず図 8.13 では，とくに「大都市定住」層と「非大都市定住」層との間の世帯収入の相違が明確である。「大都市定住」層では世帯年収「高」が約 3 分の 1 を占めているのに対し，「非大都市定住」層では逆に「低」が約 3 割を占めている。第 6 章で触れたように，近年，少子化に伴って若者は親元を離れない「地元志向」が強まっているといわれているが，同時に大都市と地方との間の雇用機会や賃金水準の格差ははっきりと存在している。そのため，大都市圏に生まれてそこでずっと過ごす若者たちと，非大都市圏に生まれてそこに居続ける若者たちとの間には，そもそも生まれ落ちた家庭の経済的な豊かさからして，かなりの確率的な差異が見られる。

　そして図 8.14 からは，地域と出身家庭の双方からの影響が，若者の教育達成に色濃く反映されていることが読み取れる。「大都市定住」で親学歴が「高」（両親のいずれかが四年制大学を経験）である場合，近隣に大学が多く学費を保護者が負担可能であることから，大学を最終学歴とする若者の割合が 3 分の 2 近くに達しており，とくに「大学文系」が多数を占めている。他方で，同じ「大都市定住」であっても，親学歴が「低」（両親のいずれもが中等後教育を経験していない）であれば，大学の学歴をもつ若者は 3 割弱にとどまり，代わって高校や専門学校が最終学歴である者が半数を超えている。

CHART 図 8.14 地域移動類型・親学歴別 本人学歴

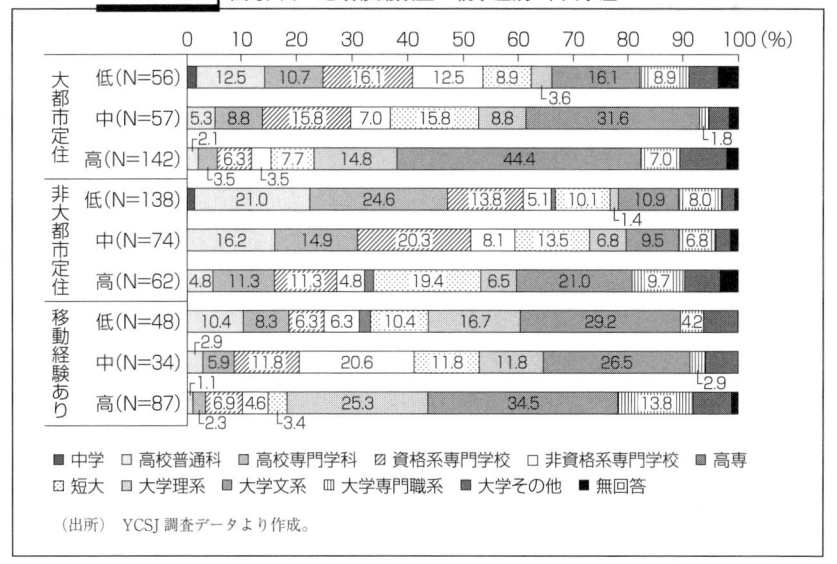

		0 10 20 30 40 50 60 70 80 90 100 (%)
大都市定住	低(N=56)	12.5 / 10.7 / 16.1 / 12.5 / 8.9 / 16.1 / 8.9 (3.6)
	中(N=57)	5.3 / 8.8 / 15.8 / 7.0 / 15.8 / 8.8 / 31.6 (1.8)
	高(N=142)	2.1 / 6.3 / 7.7 / 14.8 / 44.4 / 7.0 (3.5, 3.5)
非大都市定住	低(N=138)	21.0 / 24.6 / 13.8 / 5.1 / 10.1 / 10.9 / 8.0
	中(N=74)	16.2 / 14.9 / 20.3 / 8.1 / 13.5 / 6.8 / 9.5 / 6.8 (1.4)
	高(N=62)	4.8 / 11.3 / 11.3 / 4.8 / 19.4 / 6.5 / 21.0 / 9.7
移動経験あり	低(N=48)	10.4 / 8.3 / 6.3 / 6.3 / 10.4 / 16.7 / 29.2 / 4.2
	中(N=34)	2.9 / 5.9 / 11.8 / 20.6 / 11.8 / 11.8 / 26.5 (2.9)
	高(N=87)	1.1 / 6.9 / 4.6 / 25.3 / 34.5 / 13.8 (2.3, 3.4)

■中学　□高校普通科　▨高校専門学科　▨資格系専門学校　□非資格系専門学校　■高専
□短大　■大学理系　■大学文系　■大学専門職系　■大学その他　■無回答

(出所) YCSJ 調査データより作成。

他方で，「非大都市定住」層では，親学歴が「高」であっても，大学の学歴をもつ若者の割合は「大都市定住」の親学歴「高」と比べて約半分にすぎない。そして「非大都市定住」で親学歴「低」であれば，高卒で社会に出ている者の割合は，「大都市定住」の世帯収入「低」の場合よりも倍ほども多いのである。

なお，「定住」ではなく地域間移動を経験している若者の中では，とくに親学歴が「高」である場合に，「大都市定住」の親学歴「高」と比較してもいっそう大学の学歴をもつ者が多い。これは，高学歴の親をもつ若者の地域間移動が，多くの場合，入試難易度や威信の高い大学への進学という形で——それは地方から大都市への移動であることが大半である——なされていることによる。言い換えれば，地方において高い社会階層の家庭出身の若者は，大学進学をきっかけにして大都市へと流出しているということになる。少子化による人口減少が地方で顕著に生じ，自治体の消滅すら危惧される事態が起きていることの背後には，こうした人材の「吸引力」を都市が発揮してしまっていることがある。

このように，どこの，どのような家庭に生まれたかによって，若者の人生にはまず学歴面での格差が刻印され，さらにそれらは本人の仕事や収入の格差，意識や行動の違いなどにも影響を及ぼしていく（学歴による収入や雇用形態の違

CHART 表 8.1 社会意識と社会活動の規定要因

	決定係数 (R^2)	学歴	職業的地位	経済力	年齢	性別
不公平感	0.039				**	
向社会性	0.025	++			+	男＞女
ネオ・リベラリズム的格差観	0.110	++		++	**	男＞女
多様性の要因	0.115	++	+		***	女＞男
美術館・博物館利用	0.140	+++	+	+	++	女＞男
図書館利用	0.139	+++	+	+		女＞男
選挙投票	0.078	++		+	+++	
ボランティア・NPO 活動	0.049	++			++	
プレミアム商品購入	0.141	++	++	++	**	
海外旅行	0.159	+++	+++	++		

（注）　＋は正，＊は負の直接効果を表し，記号の個数はその大きさを示している。
（出所）　吉川（2014: 191）。

いに関しては**第 3 章**を参照）。

　たとえば吉川徹（2014）は，個人間の社会意識や社会活動の違いをもたらす要因を計量的に分析した結果を，**表 8.1** のようにまとめている。表に示されている意識や活動に関して，学歴の影響力が強いことがわかる。

　こうして地域と社会階層は，人々の生き方や考え方に分岐を生み出す。それ

Column ❾　連鎖する貧困

　家族という場において，親世代がもつ収入・資産・知識・人的ネットワークなどの資源は，子世代にも受け継がれる傾向がある。そのこと自体も，社会の公正さという点では問題視されてしかるべきだが，いっそう明確に問題なのは，困窮状態が世代を超えて固定化されてしまう場合，すなわち「貧困の再生産」が生じる場合である。

　日本では，「子どもの相対的貧困率」（世帯の1人当たり所得が社会全体の中央値の半分に達しない状態を相対的貧困という）はじりじりと上昇を遂げ，2012年の国民生活基礎調査の結果では16.3%となっている。とくに，大人が1人である世帯（その多くは母子家庭である）においては54.6%にも達しており，これは国際的に見てもきわめて高い水準である。

　そして，子ども期に貧困を経験したことは，成人したあとの貧困につながりやすいことが確認されている。図8.15は，15歳時の暮らし向きが「大変苦しい」「やや苦しい」状態であった者が，「普通」であった者と比べて，①成人後の生活困窮，②低学歴（中卒もしくは高校中退），③暮らし向きが「大変苦しい」，④生活保護受給のそれぞれになる確率が何倍になるかを統計的に算出した阿部彩の研究結果である。一見して明らかなように，15歳時の暮らし向

CHART　図8.15　子ども期の貧困の連鎖の実態

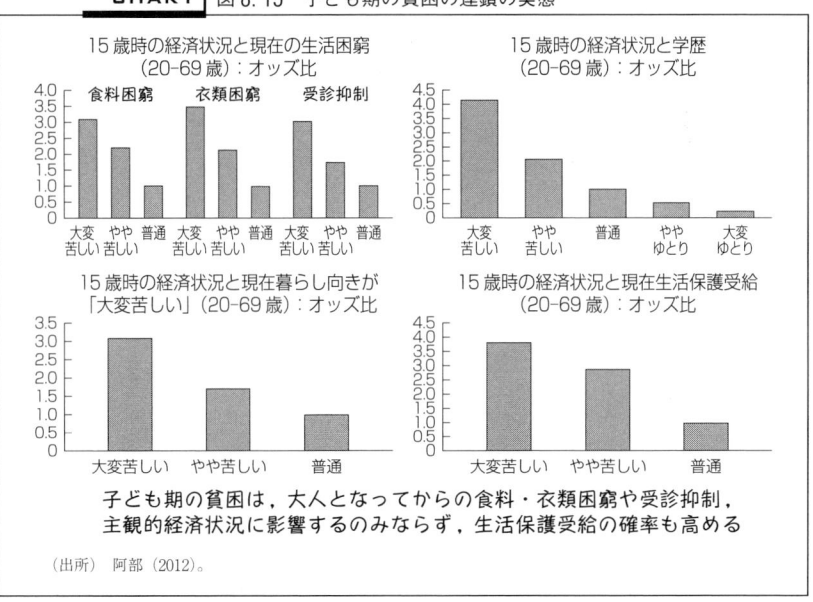

子ども期の貧困は，大人となってからの食料・衣類困窮や受診抑制，主観的経済状況に影響するのみならず，生活保護受給の確率も高める

（出所）　阿部（2012）。

> きが大変苦しかった場合，①〜④に陥る確率は，暮らし向きが普通だった場合と比べて 3〜4 倍にもなる。
> 　こうした状況を重く見て，2014 年 6 月には「子どもの貧困対策の推進に関する法律」が，8 月には「子どもの貧困対策に関する大綱」が策定された。しかしこの大綱について社会保障研究者の大沢真理は，①日本では保護者が就労していても貧困率が高いにもかかわらず保護者の就労支援が重視されていること，②日本では税と社会保障制度による再分配が機能していないこと，③子どもの教育支援，とくに就学前教育の支援が手薄であること，の 3 点から不十分であると指摘している（大沢 2014）。
> 　貧困を脱することができないならば，それは絶望やあきらめをもたらす。そんな人々を生み出し放置している社会を許してよいのかという問いが，社会の構成員全体に突きつけられている。

は，ただの分岐ではなく，異なる集団に属する人々同士が，互いに共感したり理解し合ったりすることを難しくするような断絶——**第 1 章**で論じた憎悪やルサンチマン——につながることもしばしばある。区分線のどちらか側に位置している自分（たち）を守るために，区分線の向こう側に批判の種を見つけたり捏造したりすることは容易である。そして何も実質的な改善には向かわず，ただ社会内部の「否定」の総量が増えていくのである。

⑤ 閉塞と分断を覆い隠す言葉

　以上に見てきたように，現代の日本社会には総じて沈鬱な空気が漂っているが，それはこの社会がたどってきた歴史的な経路と，その結果として社会の中に縦横に書き込まれている，世代・性別・地域・階層などの太い分断線に由来すると考えられる。
　しかし，このような閉塞と分断に満ちた厳しい現実に，あたかも表面だけクリームを塗りたくって見えなくするかのような，抽象的な「きれいごと」を言い表す言葉が，この社会には広がっている。
　それを象徴する出来事が，2014 年 1 月 14 日に，「あふれる"ポエム"?!

——不透明な社会を覆うやさしいコトバ」というタイトルのNHK「クローズアップ現代」という番組で紹介されて注目を浴びた,「居酒屋甲子園」である。「夢はひとりで見るもんなんかじゃなくて,みんなで見るもんなんだ! 人は夢を持つから,熱く,熱く,生きられるんだ!」といったスローガンを,さまざまな飲食店の従業員がかわるがわる発表する「居酒屋甲子園」に対して,驚きや違和感を表明する反応がインターネット上で多数見られた。上記の番組以外でも,政策や地方自治体の条令,J-POP の歌詞や広告のコピー（たとえばマンション広告など）などにも,ポエム化が観察されることが指摘されている（2014年6月の東洋経済オンライン連続特集「日本『ポエム化』現象のナゾ」など）。

　コラムニストの小田嶋隆（2013）によれば,ポエムとは,論理によらず,欲望と感情に依拠したレトリックである。こうしたポエムが増殖していくのはなぜか。阿部真大（2014）は労働・仕事に関するポエム化に焦点を絞り,産業構造のサービス化に伴い「仕事での自己実現」への誘引力が高まっていることを指摘している。拡大する第三次産業では,利用者との絶え間ないコミュニケーションを通じて利用者のニーズに気づき,臨機応変に対応を変えることが必要になる。こうした労働の性質が,「やりがい」や「夢」などの「ポエム」に結びつきやすいというのが阿部の見立てである。

　他方で,児美川孝一郎（2013）は,今世紀に入って教育機関で広く行われるようになった「キャリア教育」を題材とし,それがやはり「自分らしい生き方」「やりたいこと」「夢」「個性」といったキーワードを核にしていることに批判的な検討を加えている。日本のキャリア教育は,1990年代後半における若年雇用問題の深刻化への対策として教育現場に導入されたが,そもそも日本の雇用慣行では具体的な職務を軸とした採用や育成はなされていないうえに,仕事の現実について知識をもたない生徒や学生は,イメージ先行型の憧れなどに基づいて「夢」を選択する。しかし実際に就職する際には,とにかく正社員になるよう促される矛盾があると児美川は述べている。

　このように,いかなる場面で使われるかによってポエム化の背景や影響には相違があるが,包括的にまとめれば,ポエムとは一方では,労働者からは就労意欲を,消費者からは購買意欲を,国民や地域住民からは社会貢献意欲を,それぞれ合理的な報酬や便益を伴わずに感情ベースで調達する装置であるといえ

る（本田 2011）。しかし他方でポエムは，厳しく不透明な現実や追い込まれた場所を生きていくことに，何とか意味を見いだそうとする人々の叫びである場合もある。前者のような，権力や財力をもつ者が繰り出してくるポエムは，そのからくりを冷徹に批判すべきである。それに対して後者を無下に否定することはできないが，それでも，ポエムは現実と乖離した精神論や感情論を掲げることで，問題の正確な分析と対処どころか，個人に過大な負荷を課すだけに終わる危険をもつことは，何度でも指摘していく必要があると考える。

6　現在を超えて，その向こうへ

　私たちは，折り重なる分断線が形づくる檻に閉じ込められ，過去と現在のギャップ，現実とポエムのギャップに目くらましをされて，どこにも行けなくなっているように見える。

　しかし本章で論じてきたこの社会のあり方は，ある1つの「見え方」を提示したにすぎない。すべてを見通せてはいないし，他の描き方の可能性も豊富にあるだろう。ここで示してきたデータや，取り上げてきた分断についても，それらだけが事実であるわけではない。ただ，私たちが知らず知らずに巻き込まれている状況のごく一部を，あまり性能のよくないサーチライトで照らしてみた結果にすぎない。

　しかし，前に進むための1つの手掛かりにはしてもらえるかもしれない。昔の日本を恋しがったり，人々を隔てる線をさらに濃くぐりぐりと描き込んだり，あやふやな言葉にすがってみたりすることにはどうやら意味がなさそうだ，ということは感じてもらえたかもしれない。

　では，それをふまえて私たちはどこに行こう？　私やあなた，1人ひとりの感じ方や動き方が，物事の分布を変え，人々の間を区切る線の位置や濃さを変え，そしてこの社会の，さらには世界の，これからを作り出していく。では，とりあえず歩き出そうか，薄明りの見える方へ。

CHECK POINT

- □ 1 　日本の人々の間には現在と将来に関して閉塞感が強い。
- □ 2 　それは「戦後日本型循環モデル」が1990年代以降に破綻したにもかかわらず，意識面ではいまだそれに強く囚われていることによる。
- □ 3 　さらに，日本の人々は，世代・性別・地域・社会階層などの強い分断線で仕切られた人生を歩んでいる。
- □ 4 　こうした現実は，「きれいごと」を語るポエムで覆い隠されている。
- □ 5 　しかし，1人ひとりの意識や行動により，現実は変えていける。

読書案内　　　　　　　　　　　　　　　　　　　　　Bookguide ●

小熊英二編『平成史（増補新版）』河出ブックス，2014年。
　→バブル経済崩壊後の四半世紀の構造変化を，政治・経済・教育など社会領域ごとに気鋭の論者が読み解く書。

平沢和司『格差の社会学入門――学歴と階層から考える』北海道大学出版会，2014年。
　→社会的な格差や不平等に関する社会学の諸理論や方法論，基本概念と知見を整理した，有用な手引き。

本田由紀『社会を結びなおす――教育・仕事・家族の連携へ』岩波ブックレット，2014年。
　→「戦後日本型循環モデル」の特徴と背景，その破綻と変革の青写真について，コンパクトにまとめている。

引用文献　　　　　　　　　　　　　　　　　　　　　Reference ●

阿部彩，2012，「フロンティア分科会　幸福部会第1回　部会長提出資料」。
　http://www.cas.go.jp/jp/seisaku/npu/policy09/pdf/20120210/shiryo5.pdf
阿部真大，2014，「ポエム化する労働」『POSSE』vol. 24。
大沢真理，2014，「貧困の連鎖を断ち切るために」『NHK視点・論点』
　http://www.nhk.or.jp/kaisetsu-blog/400/200018.html
小田嶋隆，2013，『ポエムに万歳！』新潮社。
落合恵美子，2013，「アジア近代における親密圏と公共圏の再編成――『圧縮された近代』と『家族主義』」落合恵美子編『親密圏と公共圏の再編――アジア近代化からの問い』京都大学学術出版会。
吉川徹，2014，『現代日本の「社会の心」――計量社会意識論』有斐閣。

児美川孝一郎，2013，『キャリア教育のウソ』ちくまプリマー新書。
張慶燮，2013，「個人主義なき個人化──『圧縮された近代』と東アジアの曖昧な家族危機」落合恵美子編『親密圏と公共圏の再編──アジア近代からの問い』京都大学学術出版会。
中村良平，2014，「持続可能な地域経済の設計を目指して──経済循環の視点から考えるまちづくり」季刊『企業経営』第128号。
本田由紀，2011，『軋む社会──教育・仕事・若者の現在』河出文庫。
本田由紀，2014a，『社会を結びなおす──教育・仕事・家族の連携へ』岩波ブックレット。
本田由紀，2014b，『もじれる社会──戦後日本型循環モデルを超えて』ちくま新書。
見田宗介，2007，「近代の矛盾の『解凍』──脱高度成長期の精神変容」『思想』No. 1002，岩波書店。
Honda, Y., 2014, 'Who Feels Powerless?: An Examination on Self-Attitudes of Japanese Youth,' XVIII ISA World Congress of Sociology.
Maddison, A., Historical Statistics for the World Economy: 1-2003 AD, http://www.google.co.jp/url?sa＝t&rct＝j&q＝&esrc＝s&source＝web&cd＝8&ved＝0CHQQFjAH&url＝http%3A%2F%2Fwww.ggdc.net%2Fmaddison%2Fhistorical_statistics%2Fhorizontal-file_03-2007.xls&ei＝YbiEU4fxEtff8AXbtYCIAw&usg＝AFQjCNHO2IdEVcj3r216GeLvRdPI6dBtVw&sig2＝lqbG356YDSpcBI46Om036A

事項索引

（太字〔ボールド〕の数字書体は，本文中で keyword として表示されている語句の掲載ページを示す）

● あ 行

愛国心　189
アイデンティティ　165, 166
圧縮された近代　**106**, 183
アニメ　13-15
アノミー　137
暗　数　**34**, 121
生きづらさ　134, 137
生きる力　37, 38
イクメン　118, 119
いざなぎ越え　5, 190
いじめ　81, **89**, 91, 92
一億総中流社会　184
逸　脱　158, 165
逸脱行動　137, 166
遺伝の影響　48
居場所　131-145, 147, 151
　　ポータブルな――　147
　　――がない　133, 134, 137, 138
　　――のなさ　133, 136, 137, 141, 150, 151
居場所化　134, 138, 140, 142, 143
居場所づくり　140
因果関係　46, 48
インターネット　8-12, 14-16, 80
失われた20年　5, 182
AO 入試　39
SNS　94, 95, 131, 133, 142
OECD　43, 44
追い出し部屋　139
オタク　14, 15
お見合い結婚　111, 112
親の介護　123
親負担主義　41

● か 行

解　雇　54, 61
　　――規制　73
　　――撤回　54
皆婚社会　112, 115
会社組織　54-56, 66, 69, 73, 74
会社人間　184, 187
会社身分制　66-69, 71, 72
階　層　180, 193, 198
　　出身――　30, 32, 40, 48
　　到達――　30, 32, 48
核家族　117, 121, 136
格　差　2, 3, 5, 17, 20
学習指導要領　36
隔　離　172, 173
学　歴　**32**, 66, 67, 72, 182, 194-196
学歴社会　29-33, 35, 41, 44, 45, 49
過剰な敏感さ　**88**, 95, 96
家　族　7, 170, 197
　　――からの疎外　124
　　――の孤立　118
　　――への疎外　124
家族難民　121
学　校　83-86
学校教育　30-33, 41, 50
　　――の社会化機能　31, 44, 45
　　――の社会的機能　**31**
　　――の選抜・配分機能　32, 33, 35, 39
学校歴　**32**, 48
感　情　36
完全失業率　**67**
機会の平等　31, 48
企業福祉　117, 120
企業別組合　63, 67

● 203

帰　属　46, 47
規　範　158
キャラ　93, 95
キャリア教育　199
協調性　85, 86, 88, 92
共同生活　112, 116, 124, 125, 127
　──実践　125, 126
協力雇用主　164, 169
虚構の現実化　14
居住地域　194
均質化したロードサイド文化　**146**
勤続年数　64
近代化　90, 105, 106, 112, **183**
近代家族　117, 120, 136
近代社会　30, 31, 49, 90, 180
空　間　133, 134, 140, 147, 151
クールジャパン　14
『黒子のバスケ』　2, 3, 9, 13, 17, 19
グローバル化　180
ケア労働　117
景　気　62, 75, 114
携帯電話　80
刑法犯の認知件数　160, 161
刑務所　172, 173
刑務所出所者等総合的就労支援対策　164
ゲゼルシャフト　90
結　婚　109, 111, 124
ゲマインシャフト　90
ゲーム　13, 14
現実の虚構化　14
現実の〈多孔化〉　11
郊外化　146
工業化　57, 66
公共職業安定所（ハローワーク）　164
合計特殊出生率　104-106, 183
公式組織　59
更生緊急保護対象者　164, 165
更生保護施設　157, 163, 164, 169, 171, 174
更生保護制度　162
高度経済成長　112, 114, 117, 145, 186
公平(性)　27, 28, 33, 38, 40

神戸市児童連続殺傷事件　137
国民国家　183
個人化された能力主義　17
個人の自由　54, 61-63, 68, 75
子育て　117, 124
国公立大学　42, 43
子ども中心主義　117
子どもの貧困対策に関する大綱　198
子どもの貧困対策の推進に関する法律　198
雇　用　56, 123
　──の多様化　70, 71
　──の劣化　71
コレクティブハウス　104, 125
婚外子(率)　110
婚　活　113, 115, 124

● さ 行

再犯者　161
再犯者率　161
採　用　37, 44, 61
サウンド・デモ　142
里親制度　126
差　別　54, 61, 62, 75
産業化　117, 183
三種の神器　63
シェアハウス　125, 126
ジェンダー　64-67, 71, 72, 118
自　己　93
　──の多元化　93, 96, 97
自己コントロール権　94, 98
自己実現　134
失　業　68
指導監督　162
児童虐待　121
自分らしさ志向　93
島宇宙　**91**
地　元　8, 133, 145, 147-151
　──志向　145, 147, 194
　──つながり文化　148

社会意識　186, 196
社会運動　134, 142-144
　　新しい——　143
社会階層　193, 195, 196
社会関係資本（ソーシャル・キャピタル）
　　148, 150
社会参加　176
社会的機能　31-33
　　学校教育の——　**31**
社会的強者　17
社会的弱者　17, 173
社会的ひきこもり　122
社会的役割　133, 139
社会保障（制度）　69, 120, 122, 184, 198
若年定年制　**107**
若年ホームレス　122
ジャスコ化　146
ジャパン・アズ・ナンバーワン　184
自　由　30, 31, 43, 49, 61, 186, 190
　　——な個人　55, 59
就学前教育　198
住　居　162, 163
宗教的組織　61
就　職　44
終身雇用（制度）　63, 138, 140
18歳主義　43
就労支援　140, 141, 162-165, 167, 198
出生力　104
趣　味　133, 144
　　——縁　144
　　——集団　144
少子化　104-106, 109, 110, 120, 124, 195
　　——対策　109, 110
少年犯罪　137
消費社会　145
職　人　57
女性学　118
女性差別撤廃条約　107
女性ホームレス　122
自　立　176
自立支援　140-142, 151, 157

私立大学　42, 43
新規学卒一括採用　45, 184
人口置換水準　**105**
人口転換
　　第1次——　105
　　第2次——　106
人口ピラミッド　105, 106
人物本位　38
親密性　94
親密な関係（性）　6-9, 20, 98, 149, 166
信頼性　35
推薦入試　39
スクールカースト　**91**, 92, 97, 98
スティグマ　166, 167, 169, 170, 174
スマートフォン　10, 11
成員資格　60, 61
　　——のメカニズム　60, 62
生活指導　86
生活保護　120, 122, 197
正規雇用　4, 165
制度的役割　94, 95, 98
性別賃金格差　66
性別役割分業（性分業）　113, 117, 120, 136,
　　184, 186, 189, 193
責　任　26, 27, 46, 47
石油危機　136, 184, 186
セクシャル・ハラスメント　74
世襲制　30
世　代　185, 186, 190
セルフヘルプグループ　176
前科（者）　167, 168, 170, 174
専業主婦　115, 117, 119, 135, 136
全国更生保護就労支援機構　164
戦後日本型循環モデル　**184**, 186, 187, 190,
　　191
憎　悪　→ヘイト
相関関係　48
双生児研究　48
相対的貧困率　197
組織社会　54-62, 66, 68, 73
組織への参入／離脱　60, 61

事項索引　●　205

組織目標　60
卒業主義　44

● た　行

大学・社会制度　27-29, 41, 45
大学の大衆化　42
対人関係　36, 38, 133, 134
対人的役割　94
タイムライン　94
妥当性　**34, 35**
男女雇用機会均等法　107
地位下降　180
地域若者サポートステーション　**140**
地位上昇　180, 182
中央教育審議会　38, 40
中間集団全体主義　89
中　世　30-32
賃金格差　65, 71
強い紐帯　148-150
底　辺　155, 158, 159, 166, 172, 175
　　本当の――　155, 156, 166, 172, 175
テスト理論　34
動機の語彙　**2**
登校拒否(不登校)問題　136
同性婚　**110**
同調圧力　**88**, 97
同輩集団　89, 91, 116
都市化　105, 117, 183
友だち　7, 81, 88, 90
　　――地獄　88, 89
ドラマトゥルギー　**93**, 98
トリレンマ　42

● な　行

二次元の世界　13-15
日本的雇用慣行　37, 184, 199
日本的雇用システム　54, 55, 62, 63, 66, 67, 70, 73, 74
入試制度　27, 28, 35, 38, 39, 47

ネット右翼　17
ネットカフェ難民　122
年功賃金　63, 64, 66, 187
能　力　17, 30-33, 35, 47, 49, 50, 167, 169
　　――の測定　33-35
能力主義　30-33, 35, 39, 40, 43, 45, 48, 49

● は　行

廃　棄　175
排　除　61, 68-70, 141, 151, 175
場　所　133, 134, 147, 151
バーチャル　8, 9, 12, 14, 15, 20
バッシング　15-18, 20
パノプティコン　**86**
バブル(経済)崩壊　4, 5, 16, 67, 135, 182, 184, 186, 187
パワー・ハラスメント　74
半圧縮近代　183, 184
反(脱)原発デモ　142
晩婚化　123
犯　罪　156, 158, 159, 165, 175
犯罪白書　160, 163
非公式組織　59
非人格性　59, 60
(雇用の)非正規化　4, 70, 71
非正規雇用　4, 71, 107, 139, 169, 173, 187, 192
筆記試験　27, 28, 33-35, 37-40, 49
ひとり親世帯　121
評　価　27-29, 33, 35, 36, 38, 40, 50
平　等　30-32, 43, 48, 186, 190
開かれた自己準拠　93
貧　困　5, 173
　　女性の――　122
　　――の再生産　197
ファスト風土化　146
フィクション　13, 49
夫婦別姓　**111**
　　選択的――　111
フェミニズム　118

206

不可視(性)　21
不　況　63, 67, 68, 70, 72-75
ふさわしい場所　173-175
ブラック企業　5, 74, 140, 192
フリースクール　136
フリーター　**70**
ブルー・カラー(BC)　**57, 58**, 59, 65, 66
文化的目標　137, 141
分　業　57-60
分　断　180, 185, 186, 191, 194, 198, 200
分配原理　30
ペアレントクラシー　123
閉鎖性　85, 86, 89, 90
ヘイト(憎悪)　15, 17, 18, 20, 156, 198
ヘイトスピーチ　15-17
保育ママ　126
ポエム化　199
保護観察　162, 164, 165
保守化　190
没場所性　146
補導援護　162
ホームシェア　126
ホワイト・カラー(WC)　**58**, 59, 65-67

● ま　行

マイホーム主義　118
マイルドヤンキー　146
負け組　2, 3, 5, 6, 8
窓際族　140
マンガ　13-15
未婚化・晩婚化　107-109
三菱樹脂・高野事件　54
無業者(層)　68, 69
　若年——　69

村社会　116
無力感　181, 190, 192, 193
命令体系　59, 60
元犯罪者の社会復帰　156, 157, 159, 161-167, 176

● や　行

優しい関係　86, **87**, 88, 95, 96
有効求人倍率　**67**
傭兵部隊　61
弱い紐帯　148, 150

● ら　行

ライフコース　106, 186
リアル　8, 9, 11, 13, 15, 20
離婚率　116
流動性　140, 151
ルサンチマン　18, 198
レリバンス　17
恋愛結婚　112, 115
労働運動　144
労働協約　73
労働市場　61-63, 68, 75, 182, 191, 192
労働市場政策　75
　積極的——　75
労働法制　73, 74

● わ　行

若　者　8, 68, 69, 74, 84, 87, 93, 138, 140, 142, 144, 145, 184, 190
若者自立支援　134, 140, 141

人名索引

● あ 行

阿久澤麻里子　17
浅野智彦　93, 144
東浩紀　146
阿部彩　197
阿部真大　149, 199
新谷周平　148
家入一真　131-134, 142, 144, 145
一色清　27, 36
上野千鶴子　90
大沢真理　198
太田聰一　147
大平健　87
奥山敏雄　59
小沢雅子　3
小田嶋隆　199
落合恵美子　117

● か 行

加藤智大　2, 12
北田暁大　146
吉川徹　196
ギデンズ，アンソニー　90
久世律子　147
グラノヴェター，マーク　148
玄田有史　69
ゴッフマン，アーヴィング　93
児美川孝一郎　199
今野晴貴　74

● さ 行

下條信輔　35, 36

鈴木謙介　11, 94
須藤靖　27

● た 行

高野達男　53-55, 67
デュルケム，エミール　158, 159, 165
テンニース，フェルディナント　90
土井隆義　87, 88
トゥーレーヌ，アラン　143

● な 行

内藤朝雄　89
永山則夫　2
ニーチェ，フリードリヒ　18

● は 行

ハーシ，トラビス　166
パットナム，ロバート　150
原田曜平　146
フーコー，ミシェル　86
古市憲寿　142
ベッカー，ハワード　165
ベンサム，ジェレミ　86
本田由紀　28

● ま 行

舛添要一　131
マートン，ロバート・キング　137
三浦展　146
見田宗介　186, 187, 190
道下裕史　71
宮崎勤　2

宮台真司　14, 91, 124, 146
ミルズ，ライト　2

● や 行

矢野眞和　41

山田昌弘　3, 113, 115, 121

● ら 行

リン，ナン　150
レルフ，エドワード　146

◆編者紹介

本田由紀（ほんだゆき）

現在　東京大学大学院教育学研究科教授

主著　『若者と仕事──「学校経由の就職」を超えて』東京大学出版会，2005 年
　　　『多元化する「能力」と日本社会──ハイパー・メリトクラシー化のなかで』NTT 出版，2005 年
　　　『「家庭教育」の隘路──子育てに強迫される母親たち』勁草書房，2008 年
　　　『軋む社会──教育・仕事・若者の現在』双風舎，2008 年（のち河出文庫）
　　　『教育の職業的意義』ちくま新書，2009 年
　　　『学校の「空気」』（若者の気分）岩波書店，2011 年
　　　『社会を結びなおす──教育・仕事・家族の連携へ』岩波ブックレット，2014 年
　　　『もじれる社会──戦後日本型循環モデルを超えて』ちくま新書，2014 年

有斐閣ストゥディア
YUHIKAKU

現代社会論──社会学で探る私たちの生き方
Contemporary Society: Exploring Our Way of Living by Sociology

2015 年 6 月 30 日　初版第 1 刷発行
2020 年 1 月 30 日　初版第 5 刷発行

編　者　本田由紀（ほんだゆき）
発行者　江草貞治
発行所　株式会社　有斐閣
　　　　郵便番号 101-0051
　　　　東京都千代田区神田神保町 2-17
　　　　電話 (03)3264-1315〔編集〕
　　　　　　 (03)3265-6811〔営業〕
　　　　http://www.yuhikaku.co.jp/

印刷・株式会社理想社／製本・牧製本印刷株式会社
© 2015, Yuki Honda. Printed in Japan
落丁・乱丁本はお取替えいたします。
★定価はカバーに表示してあります。
ISBN 978-4-641-15018-8

JCOPY　本書の無断複写（コピー）は，著作権法上での例外を除き，禁じられています。複写される場合は，そのつど事前に（一社）出版者著作権管理機構（電話03-5244-5088, FAX03-5244-5089, e-mail:info@jcopy.or.jp）の許諾を得てください。